细说博弈

微观动机与宏观行为

MICROMOTIVES AND MACROBEHAVIOR

托马斯·C. 谢林 著
(Thomas C. Schelling)
邓子梁 等 译

中国人民大学出版社
·北京·

"细说博弈"丛书总序

博弈论改变了社会科学的分析方法

张维迎　中国经济学家

自20世纪50年代以来，整个社会科学最大的变化或许就是博弈论的引入。作为一种分析方法，博弈论首先改变了经济学，继而正在改变整个社会科学。博弈论的主要开创者是美国数学家约翰·纳什（John Nash），博弈论最重要的概念和分析工具是纳什均衡。以纳什为界，经济学可以划分为纳什之前的经济学和纳什之后的经济学。当然，这个转变持续了数十年，大约到20世纪末才基本完成。

经济学是亚当·斯密创立的。在纳什之前，经济学基本上可以被定义为有关资源配置的理论，主要研究物质财富如何生产、如何交换、如何分配，它的核心是价格理论。我们过去说，懂不懂经济学就看你懂不懂价格理论。社会关系本来是人与人之间的关系，但在新古典经济学的市场中，每个人做决策时面临的是非人格化的参数，而不是其他同样做决策的人，人与人之间的关系完全通过价格来间接体现。给定价格参数，每个消费者均做出使自己效用最大化的选择，于是就形成了需求函数；每个生产者均做出使自己利润最大化的选择，于是就形成了供给函数。这种思维进一步简化就变成了成本-收益分析，或者叫供求分析。在市场中，似乎总有一只"无形之手"来使需求和供给相等，从而达到所谓的均衡。这种思维应用于宏观经济学，就是总需求和总供给分析。这就是传统经济学的基本理论。所以，保罗·萨缪尔森在他的教科书里有一句隐喻："你可以让鹦鹉变成经济学家，只要它会说需求和供给。"

新古典经济学家在发展出这套非常成熟的价格理论之后所构建的数学模型确实逻辑严谨、形式优美。但当我们用这样的理论去分析社会问题时，就会面临很多困难，其中的一个困难就是大量的行为其实是没有价格的。最简单的例子是，政治谈判和竞选就没有价格，这里的没有价格是指没有用货币表示的价格。另外，人们在实际决策中不仅关心物质利益，还关心非物质利益。例如，我找工作的时候并不只关心工资，我还关心其他方面，如工作环境、影响未来职业发展的因素、这个职业的社会声誉等。有些职业的工资可能不高，但它使从业者有成就感。比如媒体记者的工资不算高，但为什么很多人愿意从事这一行呢？因为它有着很高的成就感。经济学家其实也是这样。这是价格理论难以分析的。

更为重要的是，人在做决策时面临的不一定只是非人格化的参数，还面临其他人的决策。此时，他做还是不做某件事，依赖于其他人做还是不做；或者他的选择依赖于其他人的选择，而不是简单地只面临价格或收入等非人格化的参数。例如，两个人讨价还价时，一个人采用什么样的策略、价码是多少，依赖于他认为对方的价码是多少，而不是在给定的价格参数下机械地选择。即便应用于最简单的例子——去地摊上买东西，传统价格理论的局限性也很大。

传统经济学假定，一个生产者在做决策时，要素价格给定、产品价格给定、生产技术给定，然后最小化成本，选择最优要素投入组合，再选择最优产量。但在现实竞争中并非如此。比如寡头企业做决策时，价格不是给定的,它不仅取决于己方,还取决于对方。这时就没有办法用传统价格理论进行分析。

当然,传统经济学的这些局限性并没有阻碍经济学家试图把传统价格理论应用于非经济问题的研究,这方面的典型代表是诺贝尔经济学奖得主、芝加哥大学教授加里·贝克尔(Gary Becker)。他试图用经济学方法去分析所有的人类行为。另外,我们知道,法经济学也试图用成本-收益方法来阐述法律制度。

现在来看,这些研究总体上并不令人满意,这时就迫切需要一种新的更为一般化的分析方法来克服前面所讲的价格理论的缺陷:它可以用于分析非价格、非物质的东西,可以用于分析人与人之间的相互关系或互动的情况。这种方法就是博弈论。

在约翰·纳什于1950年发表他的经典论文之前,也有其他学者提出过博弈论思维,比较有名的是19世纪法国数学家安东尼·古诺和约瑟·伯特兰,以及20世纪计算机的发明人冯·诺依曼及其合作者奥斯卡·摩根斯坦,但博弈论真正成形还要归功于纳什。所以,我们一般认为,博弈论的创始人就是纳什。纳什对博弈论的贡献,在某种意义上就像亚当·斯密对经济学的贡献。在斯密之前也有很多经济学理论,但他是第一个把它们整合成系统理论的经济学家。

博弈论是分析人与人之间互动决策的一般理论。所谓"互动",是指一个人的所得(如效用、利润等)不仅依赖于自己做什么,也依赖于其他人做什么。因此,他做什么选择依赖于他预测别人会做什么选择。纳什对博弈论的最大贡献是定义了后来被称为"纳什均衡"的概念。它是博弈论最重要的分析工具,其他均衡概念都是它的变种或修正版。假定每个人独立做决策,什么样的结果最可能出现?纳什均衡就是理性人博弈中最可能出现的结果,或者说最可能出现的一种策略或策略组合。如果博弈的不同参与人的策略(选择)组合构成纳什均衡,这就意味着给定别人的选择,没有任何人有积极性单方面改变自己的选择。例如,如果一个制度是纳什均衡的，这就意味着给定别人遵守它的条件，每个人都愿意遵守它；反之，如果一个制度不是纳什均衡的，这就意味着至少有一部分人不会遵守它，也可能所有人都不会遵守它。

2005年诺贝尔经济学奖得主罗伯特·奥曼（Robert Aumann）和博弈论专家塞尔久·哈特（Sergiu Hart）在一篇文章里说，博弈论可以被视为社会科学中理性一脉的罩伞，或者说为其提供了一个"统一场"理论。这里的"社会"，可以做宽泛的理解，既包括由人类个人组成的社会，也包括由各种参与人组成的群体，如国家、公司、动物、植物、计算机等。博弈论不像经济学或政治学等学科的分析工具那样，采用不同的、就事论事的框架来对各种具体问题进行分析，如完全竞争、垄断、寡头、国际贸易、税收、选举、遏制、动物行为等。相反，博弈论先提出在原理上适用于一切互动情形的方法，然后考察该方法在具体应用上会产生何种结果。

2007年诺贝尔经济学奖得主罗杰·迈尔森（Roger Myerson）教授曾说，发现纳什均衡的意义可以和生命科学中发现DNA双螺旋结构的意义相媲美，纳什构造了经济分析新语言的基本词汇。博弈论语言越来越多地变成了经济学语言。现在讲的社会科学的纯理论就是指博弈论，这种评价并非言过其实。

有了博弈论，经济分析就从传统的资源配置理论转变成了研究人类合作或者说激励机制的理论。经博弈论改造后的经济学不再是简单的价格理论，而是可以用于分析各种各样制度的理论。传统经济学只可以用于分析市场制度（也不尽如人意），而博弈论不仅可以用于分析市场制度，也可以用于分析非市场制度；传统经济学只可以用于分析物质财富的生产和分配，而博弈论不仅可以用于分析物质问题，也可以用于分析非物质问题；传统经济学只可以用于分析经济问题，而博弈论不仅可以用于分析经济问题，也可以用于分析社会、政治、文化问题以及它们之间的相互关系。此外，博弈论还可以用于分析物种和制度的演化。有了博弈论之后，演进分析变得更透彻了。

所以说，博弈论使经济学发生了根本性转型，也正在使其他社会科学发生这种转型，包括政治学、社会学、法学、国际关系研究、军事学，甚至最基础的心理学、动物学都开始运用博弈论发展出的分析方法。

当然，作为一种方法论，博弈论也受到了广泛的批评，特别是来自实验心理学家的批评。最大的批评是针对理性人假设的。博弈论继承了经济学的传统，假设人是理性的，每个人的决策都基于理性计算。不仅每个人自己是理性的，而且每个人都知道他人是理性的，也知道他人知道自己知道他人是理性的，如此等等。现实中的人当然不可能像博弈论假设的那么理性。一个人既有理性的一面，也有非理性的一面。我们有情绪，我们的认知有限，我们的毅力有限，我们也不是完全自利的动物，我们不可能对社会规范不管不顾。既然自己不可能完全理性，也就不能假定他人一定理性，这使得纳什均衡并不总是能给出合理的预测。一个典型的例子是"最后通牒博弈"（ultimatum game）。设想两个人分一块蛋糕，A提出分配方案，B可以选择接受或拒绝；如果B接受，则两个人按照A的方案分配；如果B拒绝，则蛋糕被拿走，两个人均一无所获。在理性人假设下，这个博弈的纳什均衡是A把整块蛋糕留给自己，B什么也得不到，因为在拒绝的情况下B也只能得到0。但无数的实验证明，A分给B的份额远大于0，甚至可能接近蛋糕的一半。但到目前为止，对博弈论的批评与其说是动摇了博弈论的基本分析方法，不如说是推动了博弈论的发展，使博弈分析变得更为完善。在可预见的未来，博弈论一定会在社会科学中大放异彩！当然，如何将非理性行为纳入博弈分析，仍然是一个巨大的挑战。

1994年的诺贝尔经济学奖被授予约翰·纳什、莱因哈德·泽尔腾（Reinhard Selten）和约翰·海萨尼（John Harsanyi），以表彰他们三人对博弈论的开创性贡献。此后的大部分诺贝尔经济学奖得主获奖的理由都与他们对博弈论（包括信息经济学）的贡献有关，这标志着博弈论进入了经济学的主流。

正是在纳什等人获奖的1994年秋，北京大学中国经济研究中心成立，我开始在北京大学给经济学博士生开设博弈论课程。应该说，这是博弈论首次进入中国大学的经济学课程。我于1996年出版了《博弈论与信息经济学》教材，对在中国推广博弈论做了一定贡献。2004年，我在北京大学开设了全校通选课"博弈与社会"，该课程受到了来自不同院系的本科生的欢迎。2013年，我出版了面向整个社会科学读者群体的《博弈与社会》（2014年出版了教材版《博弈与社会讲义》），得到了读者的积极反馈。

除了我的上述两本书外，在过去的20多年里，先后有多个不同版本的外文版博弈论教材和专著被翻译成中文出版，也有其他中国学者出版了与博弈论有关的图书，从而使博弈论在中国逐渐流行起来。但与学术市场对博弈论图书的潜在需求相比，供给远远不足。中国人民大学出版社"细说博弈"丛书的出版正逢其时。这套丛书既有入门级的，也有专业级的。作者都是全球博弈论领域的顶级学者，其中不乏诺贝尔经济学奖得主，包括约翰·纳什、约翰·海萨尼、莱因哈德·泽尔腾、罗伯特·奥曼、托马斯·谢林、罗杰·迈尔森、埃尔文·罗斯和劳埃德·沙普利等。我相信，这套丛书一定会受到读者的欢迎，在中国经济学界和社会科学界产生积极影响，为中国社会科学的发展做出重要贡献。

译者序

21年前的2004年夏天，我刚开始经济学博士研究生阶段懵懂的学术研究，中国人民大学出版社邀请我参与翻译这本著作。当我发现这是一部1978年出版的"老书"时，多少有些诧异。到2005年秋天本书出版前夕，诺贝尔经济学奖公布，托马斯·谢林（本书作者）和罗伯特·奥曼因"通过博弈论分析增进对冲突与合作的理解"共同荣获诺贝尔经济学奖。这本图书一时间洛阳纸贵。中国人民大学出版社卓越的选书能力，给我留下了深刻印象。

在本书出版后，我继续攻读经济学博士学位。2009年，从英国诺丁汉大学博士毕业后，我回到中国人民大学工作，从事与跨国公司和国际贸易相关的企业全球战略研究。对于博弈论，我有相当长的时间没有研究了。2024年，我受到中国人民大学出版社的邀请，修订本书并加译了英文修订版新增的序言和第8章（诺贝尔奖演讲）。通过这次机会，我再次通读了这部著作，同时全面研究了谢林博士。他的生平可以用八个字概括——经世致用、学富五车。

经世致用：谢林的职业生涯横跨学术界和政策界。谢林的学术经历与他在美国军政高层担任政策顾问的经历相辅相成。谢林于1921年出生于美国加利福尼亚州，1951年从哈佛大学获得经济学博士学位。读博士期间，他在丹麦和法国参与了欧洲复兴计划（1947—1951年），在博士毕业后进入总统行政办公室工作（1951—1953年）。根据《哈佛宪报》的介绍，从事行政工作期间，他的大部分学术论文都是在完成白天的行政工作后利用晚上的业余时间独自撰写的。1953年，谢林返回学术界，在耶鲁大学担任经济学副教授。1958年，37岁的谢林离开耶鲁大学后加入哈佛大学任教，并工作了31年之久。1990年后，谢林在马里兰大学工作了15年，2016年去世，享年95岁。1958年，谢林在著名的战略咨询公司——兰德公司工作了1年，而后其职业生涯显著转向核武器政策研究。在冷战时期，谢林为管控美苏外交分歧和核扩散风险做出了重要贡献。

学富五车：谢林的学术影响横跨经济学界和诸多社会科学界。他的作品不但被经济学者引用，还被更多领域的学者引用。他发表了关于军事战略和军备控制、能源和环境政策、气候变化、核扩散和恐怖主义的多篇文章，他的研究兴趣还包括有组织犯罪、外援和国际贸易、冲突和谈判理论、种族隔离和融合、征兵、卫生政策、烟草和毒品政策、公共政策以及商业伦理问题。我借助JSTOR论文数据库，对谢林在学术期刊上的发文情况进行了检索。谢林在经济学顶级刊物——《美国经济评论》上发表了3篇论文（1949年、1956年和1992年），均为独立作者。在哈佛大学工作的31年里，谢林共发表23篇学术论文，其中20篇为独立发表，19篇发表在非经济学刊物上。谢林开创了非数理博弈论，几乎不使用同时代经济学家或博弈论学者常用的复杂数理分析工具，他在1984年出版的著作中甚至自谑为"走上歧路的经济学家"（errant economist）。然而，正是这种大道至简和直击问题的创作风格，使其学术作品具备了穿透学科边界和便于大众传播的能力。谢林最有影响力的作品并不是学术论文，而是1960年出版的著作《冲突的战略》和1978年出版的本书《微观动机与宏观行为》。前者令其在美国决策层和智库界声名鹊起，后者使其在学术界和其他各界的影响力得到了进一步巩固。

谢林经世致用、学富五车的传奇学术人生像一面镜子,照出了学科无限细分和考核高度量化可能产生的问题。社会科学理论的产生,必须来自对现实的深刻洞察,而对社会科学理论的运用,必然也是跨学科的情景。但当今学术界,暂且不说实现经济学、政治学、社会学等一级学科之间的跨界合作,就算是同一个学科下的二级学科之间,学者们的对话与合作似乎也有些困难。有时,学者们沉迷于学术论文的发表,而忘记了为什么出发。

谢林在本书中生动展示的思维角度,对于我们理解当今世界的诸多问题仍然很有价值。有关自动调温器的过度调整,让人想起各种羊群效应和集体非理性,而这一点在自媒体普及的今天更值得警惕;有关临界质量的讨论,让人想起平台经济时代大型科技跨国公司竞相"烧钱",以求突破市场份额临界点后实现加速网络效应和全球寡头垄断。本书体现了作者对经济学过度强调个体自由决策的批判,暗示了人际协调、法律秩序和国家干预的必要性。本书的第 8 章(诺贝尔奖演讲)更是对其毕生经世致用学术观点的升华。它提醒我们,**在百年未有之大变局加速演进的今天,更为错综复杂的微观动机将带来更加难以预测的宏观行为,因而大国的外交关系和全球协调机制就显得尤为重要**。

谢林博士已经离我们远去,但他的人生启迪还将指引更多的学者去努力探索社会运行的规律,他的精神财富必定还会持续影响更多的人去建设更和谐的世界。

邓子梁
北京大学教授

新版序言[1]

在过去的几年里,我出版了诸多作品,但本书无疑是我笔下最富有趣味性的一本。它让我得以在文字中尽情挖掘那些曾激发我灵感且至今仍牵动我心的社会现象。诺顿出版公司决定推出其新版,说明对这些现象抱有兴趣的读者并不在少数。

《微观动机与宏观行为》问世至今约 30 载,我仍会偶尔抚书怀旧并翻看几页。对于那些不认识我的读者而言,他们或许难以从书中察觉到我的经济学家身份。这令我倍感欣慰——我坚信,即便在摒弃了常规的数学模型后,我仍能传达那些意义深远的思想观点。每当发现仍有读者能够回忆起书中的开篇之语,我总是感到十分惊讶。

2005 年,我荣获诺贝尔经济学奖,一些读者或许会对此产生好奇:这本书是否对获奖有所贡献?我无法提供确切的答案,因为评选委员会在选择我和罗伯特·奥曼教授时,并未明确引用特定的作品。然而,颁奖词中提到,此奖项授予我是因为"通过博弈论分析增进对冲突与合作

---

[1] 本序言写于 2006 年。——译者注

的理解"。这本书难道与博弈论无关吗？

我将博弈论定义为：研究理性的个体在面对两种抑或多种可能的选择时，如何依据其他人将要或正在做的选择做出最佳决策。显然，本书所讲的正是这种"相互依赖的决策"。尽管一些博弈论学者对此有更严格的定义，即对这类决策的数学分析，但我从不用过多的数学方法。显然，评选委员会在此并未采用那种严格的定义。虽然我在创作之初并未想过将其归于博弈论，但现在回看，我意识到这本书的确很容易被理解成关于多人博弈论的著作。特别是第7章，如果当时我意识到了，也许会明确将其定义为博弈论。

对于那些喜欢我所倡导的博弈论的读者，他们可能会对我的其他可能引起评选委员会注意的作品感兴趣。《冲突的战略》（哈佛大学出版社，1960，1980）便是其中之一；该书同样非数学化，主要是关于两个个体而非多个个体的情境，并与我在斯德哥尔摩作为获奖条件所做的正式获奖演讲颇有相似之处。那场演讲已经融入了本书最初的7章之中，诺顿出版公司的编辑认为，读者可能会对我在获奖后选择谈论的内容感到好奇。

不时有人询问我，书中呈现的想法究竟源自何处，或是如何形成的。要回答这个问题并不容易，这一切都要追溯到30多年前的往事。我想，大多数灵感都来自对那些激发我好奇心的行为的观察。当这些例子在书中被提及时，读者可能会认为我事先已经有了这个想法，而例子不过是为了阐释想法而存在的；然而，在很多时候，恰恰是这些例子激发了我的想法。例如，我用交通信号灯的例子来阐释协调的概念；实际上，是交通信号灯帮我理解了什么是协调。此外，我还用高速公路上的一个床垫引发的交通拥堵作为例证：每个人都在排队等着绕过它，好奇究竟发生了什么，但当他们终于绕过去时，却没有人愿意停下车去移开那个床垫。这是我亲身经历过的事情。

事实上，我认为很多读者对这些生动的例证比对理论本身的记忆更为深刻，而这些令人印象深刻的例证反过来又帮助他们回忆起理论是如何起作用的。我曾读到一个冰球比赛中的伤害事件，而一个头盔本可以预防这一切；这个案例帮我理解了竞争性自我危害行为背后的动机。读者只需记得那次冰球事故以及它所代表的原则。（如果是现在，我可能会用类固醇作为例子。）

《微观动机与宏观行为》起初并不是作为一本书来编写的。第 1 章被设计成整本书的引言，而其他各章则是独立的，它们早在整本书构思成形之前就已存在。最终，这些章节似乎恰到好处地拼凑到了一起。新加入的最后一章——我的诺贝尔奖演讲——是我酝酿了半个世纪的成果；如果要我对将其纳入本书找一个理由，我会说它讨论了社会（国际）行为规范的演进：遵循规范的决定本身往往会加强这些规范。

我希望这本书的新版能够在接下来的 30 年里继续被人们阅读。

目　录

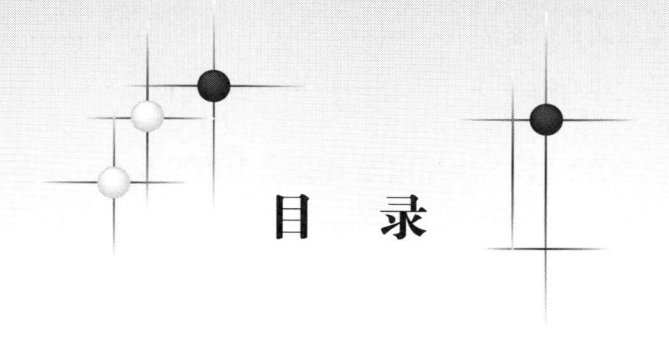

第 1 章　微观动机和宏观行为 ········ 001
　　目的性行为 ········ 006
　　市场行为 ········ 008
　　均衡分析 ········ 013
　　交换和其他交易行为 ········ 015
　　人为市场和局部市场 ········ 020
　　互动行为 ········ 022

第 2 章　抢凳子游戏中必要的数学分析 ········ 030
　　概念的定义 ········ 034
　　两类群体的匹配 ········ 038
　　两类群体的分布率 ········ 040
　　成长的动态学 ········ 041
　　加速原理 ········ 043
　　在分配中的地位 ········ 046

排队等候和循环运输系统 ··· 048
　　漏损和衰退系统 ··· 051
　　模式和结构 ··· 054

第 3 章　自动调温器、次品以及其他类似模型集合 ············· 061
　　社会科学中的模型 ··· 065
　　临界质量、倾斜以及次品 ··· 069
　　临界质量图解 ··· 079
　　公　地 ··· 087
　　自我实现及其他预期 ··· 091
　　自我约束的传统习俗 ··· 095
　　社会契约 ··· 100

第 4 章　分类与融合：种族与性别 ···························· 109
　　个体激励和集体性的结果 ··· 112
　　一些数量限制 ··· 113
　　分隔的机制 ··· 114
　　分类和争先恐后 ··· 115
　　一个自我形成的邻里模式 ··· 119
　　连锁反应 ··· 122
　　这是"分隔"状态吗？ ··· 125
　　有界邻里模式 ··· 126
　　关于"容忍度"分布的描述 ··· 129
　　"容忍度"数据的图形转换 ··· 130
　　迁移的动力 ··· 131
　　其他"容忍度"安排 ··· 132
　　另一组数据 ··· 134
　　种族融合论者的偏好 ··· 136

目 录

政策和工具 …………………………………………… 136

第 5 章　分类与融合：年龄与收入 ……………………… 138

分类与融合的模型 …………………………………… 139
离散变量与连续变量 ………………………………… 139
离散的行动与连续的行动 …………………………… 140
限制性恒等式 ………………………………………… 140
开放式模型 …………………………………………… 141
封闭式模型 …………………………………………… 142
封闭模式中的其他偏好 ……………………………… 143
更为一般的公式 ……………………………………… 149
第三个房间 …………………………………………… 150
分离或不分离的最优性 ……………………………… 151
建模的需要 …………………………………………… 152
几个应用 ……………………………………………… 154
其他的一些"分类变量" ……………………………… 156
模型的结构 …………………………………………… 156
市场上的类比 ………………………………………… 158
随着时间流逝而发生的改变 ………………………… 159
中介变量 ……………………………………………… 160

第 6 章　选择孩子们的基因 …………………………… 162

选择的菜单 …………………………………………… 162
选择的技术 …………………………………………… 164
性别选择的特异性 …………………………………… 165
选择孩子们的性别 …………………………………… 166
选择其他特征 ………………………………………… 171
选择后代的一些人口学后果 ………………………… 172

选择后代在文化方面的一些后果 …………………………… 173
　　　预测，还是猜测？ …………………………………………… 173
　　　与传统优生学的对比 ………………………………………… 174
　　　一些动机性的或者人口学意义上的结构 …………………… 175
　　　为谁而选择？ ………………………………………………… 176
　　　拥有选择的后果 ……………………………………………… 177

第 7 章　曲棍球头盔、夏令时以及其他二元选择 …………… 179
　　　知识和观察 …………………………………………………… 181
　　　囚徒困境 ……………………………………………………… 182
　　　概念的扩展 …………………………………………………… 183
　　　重要参数 ……………………………………………………… 186
　　　一些不同的结构 ……………………………………………… 190
　　　交叉曲线 ……………………………………………………… 191
　　　有条件的外部性 ……………………………………………… 193
　　　公　地 ………………………………………………………… 195
　　　双重均衡 ……………………………………………………… 196
　　　作为不完整双重均衡的 MPD ………………………………… 198
　　　曲线弯曲度 …………………………………………………… 198
　　　一致性 ………………………………………………………… 199
　　　互补性 ………………………………………………………… 201
　　　充足性 ………………………………………………………… 203
　　　概要总结 ……………………………………………………… 204

第 8 章　惊人的六十年：广岛的遗产（诺贝尔奖演讲） ……… 208
致　　谢 ………………………………………………………………… 218

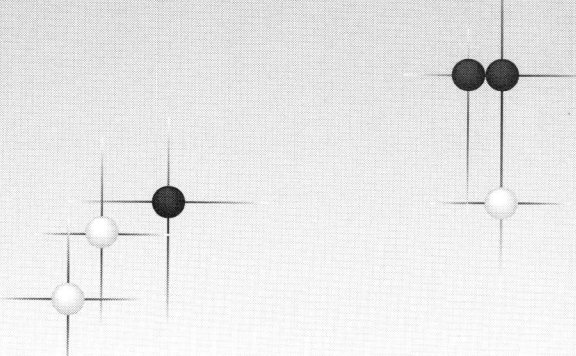

第1章
微观动机和宏观行为

我曾一度受邀从晚上8:00开始给很多听众做报告。当我在陪同人员的陪伴下从讲台侧门进入报告厅，站在讲台侧面，并将麦克风挂在脖子上时，我看见前12排一个听众都没有。我猜想报告并不是从晚上8:00开始，而是从晚上8:15才开始，因为学术会议可能都是这样，但接下来，我惊奇地发现主持人走上了讲台，冲着几排空椅子点了点头，并且开始介绍我。尽管有一点抵触情绪，我还是从侧厅走上了讲台。

大厅里有800人，他们拥挤地集中在从第13排到接近后墙的座位上。当我做报告时，感觉似乎在对一群位于河对岸的人演讲。此后，我问了主办方为何这样安排听众就座。

主办方根本就没做安排。

自始至终根本就没有安排任何座位，大厅里也没有引座员。这种座位安排完全是自愿的，仅仅反映听众的偏好。我们要推想的是，听众的这种偏好到底是什么？

有可能每个人都偏好挤进最靠后的20多排里，而把前12排座位空出来。但是，每个人除了能决定自己的位置外，对于其他人坐在哪里无法控制。人们也没有在自己能接受的范围内对一个就座计划进行投票。

他们所做的只不过是当他们走在过道上扫视整个大厅时，从他们所能看到的可供选择的座位中选择座位就座而已。

我们能不能猜测一下，人们在选择他们的座位时所遵循的是什么法则？我必须在这里补充一点，就我所知，在不同排就座的人之间没有任何差别。坐在前面或后面的人并没有看起来老一些，或者穿得更好一些，或者主要是男性或女性。坐在前面的听众——我指第13排——可能看上去比其他听众更专注，或许他们知道，即使是那个距离，我也能清楚地看到他们昏昏欲睡或打着盹儿，从而更能使他们打起精神来听讲。

尽管我如此好奇，我也忘了问主办方，人们在不同排就座时是什么顺序。观众是以从后往前的顺序就座吗？人们在最后20多排选择座位时是随机的吗？或者是最先到的人坐在了第13排，后来者就顺次在后面就座？最后这种情况是不可能的，因为如果最早来的人选择的座位形成了一个就座区的前部界限，后来的人都挤在这个界限后面的座位上，那么就要求最初选择的这个界限所能容纳的人数应该正好是当时到场的人数，而这只能是一种巧合。这一动态过程必须与下列事实相一致，即在一个紧凑区域里就座的人们并不知道后面到底要来多少人。

我们之所以关注人们在选择时的所作、所为、所想等问题，原因有多种。一个原因是我们对这个结果不满意；我们希望他们都坐在前24排，而不是最后24排，或者是分散坐在整个听众席中。如果我们想改变听众的就座模式，但以尽可能不进行组织或干预他们的偏好为前提，那么我们就需要知道自己能否含蓄地改变他们的行为动机或者他们对于观众席的认识，以使他们"自觉"地选择一个更好的就座模式。

在这样做之前，我们必须知道听众是否喜欢他们选择的就座安排，以及他们按照各自的选择方式选择座位这一事实是否证明了他们一定对最后的结果满意。

另一个引起我们兴趣的原因可能在于，这个过程中的某些因素提醒我们去注意这些有关人们以某种模式自觉定位的其他情况。这种模式虽然是人们自己选择的，但它未必具有明显的优势。选择住址就是一个这样的例子。这种观众席里的就座过程给我们提供了观察其他情况的线索。

我请读者们推测这种就座模式的目的并不是想写一本关于听众席管理的小册子，也不是要由此来推断人们的住址选择行为、群体行为或者停车行为等。这里只不过是要就本书的内容给出一个生动的例子。本书所要阐述的是一种分析模式，分析是绝大部分社会科学研究的特征，尤其是偏向理论性的研究部分的特征。这种分析探讨揭示了某些社会群体的个人的行为特征与群体特征之间的关系。

这一分析有时使用所谓的个体倾向（intention）作为对群体的预测。如果我们知道每位听众作为有社会性的人，都想和别人坐在一起，但又总想与其他人之间空出一个座位，我们就可以预测当全体听众都到场时将出现怎样的就座模式。换句话说，这种分析就是我请读者做的工作——尝试推导出什么样的个人行为倾向或行为方式将会导致我们所观察到的这种模式。如果其他一些行为最终也可能带来这种模式，我们就可以从中找到一些选择这些行为的依据。

当然，也有一些简单的情况，其中集体仅仅是个人的外延（extrapolation）。如果我们知道每个司机都在天黑的时候打开车灯，那么我们可以依此推测出从直升机上能够看到一个区域内的车灯同时亮起来。我们甚至可以根据黄昏来临时马萨诸塞州高速公路上向西运动的车灯流来获知我们的方位。但是，如果大多数人只是看到部分迎面而来的汽车已经开灯了才打开自己的车灯，那么从空中观察到的景象就会不一样。在第二种情况下，司机根据他人的行为做出反应，并同时影响着他人的行为。人们对周围的环境做出反应，而在这个环境中的其他人，则对他们周围的环境做出反应，同时他们的环境又是由人们的反应组成的。有时，这种动态过程是序贯的：如果你的车灯促使我打开车灯，那我的车灯又会促使除你之外的其他人打开车灯。有时，这种动力也会相互影响：听到你在按喇叭，于是我也按喇叭，从而促使你一直按下去。

在人们的行为或选择依赖于其他人的行为或选择的情况下，通常不能通过简单加总或者外推得到群体行为。为了找到它们之间的关系，我们通常需要考虑个人和他们所处的环境之间的互动体系，也就是个人和其他个人或个人和集体之间的互动体系。有时，结果是出乎意料的，不容易猜到；有时，分析起来很困难，无法确定。但是，即使是这些具有不确定性的分析也能提醒我们，不能只从所观察到的群体行为就做出有关个体倾向的结论，也不能只从我们所了解或猜测的个体倾向就做出有关群体行为的结论。

回到我的听众这里，让我们来简单猜测一下他们就座的动机所在。（不需要假设他们都有同样的动机。）用什么可能的猜测——即可以选择的假设——来说明是什么导致了那些人做出我所描述的那种结果呢？怎么通过假设来评判这一结果？怎么根据不同的假设来确定结果？每个假设中能允许多大的偶然性和人为设计所带来的偏差？我们能否对每个假设一一考察，并从中选到合适的假设，或拒绝所有假设并继续探索呢？

一种显而易见的可能性是每个人都喜欢尽可能地靠后就座。最早到达的人坐在最后面，后来者虽然希望能来得更早一些，但对于全体听众来说，这种改进是不可能的，因为无论将哪个听众换到后面，都会有另一个听众必须换到前面来。如果我们确实想让他们都往前坐，那么就把最后 12 排座位封起来，这样所有人都能往前移 12 排。

第二种可能性与刚才不同，就是每个人都喜欢坐在其他人的后面——不是大厅的后面，而是别人的后面。（他们可能想在会议结束后尽快退场。）他们可能希望别人坐得尽量靠前，这样他们也能尽量靠前，但仍保持在别人的后面。如果是这样，最早到场的人就要坐得距最后一排足够远，从而给后来者留下就座的余地，因为他们要坐在先来者的后面而非前面；或者，如果先来者认为后来者将采取这样的行为，先来者就会选择最远离后排的座位，否则后来的人将会拥挤在他们的后面。同样，如果我们想让他们往前坐，可以将最后 12 排封起来，这样他们整体都会前移,而且他们自己可能也愿意这样。只是他们没能实现这个结果。

第三种可能性是每个人都想与其他人坐在一起,或者是因为人的社会性,或者是因为不想显得特别孤立。如果最先到达的少数人恰好坐在比较靠后的位子上,后来的人将聚集在他们周围,直到人群挤到后墙。此时,除了往前之外已经没有空位子了,为了与别人靠近,后来的人就会紧挨着人群坐在靠前的位子上。如果我们能够让最先到达的少数人坐在前面,这个过程的结果将完全不同:后来者看到前面已经坐满了,于是就会紧挨着人群坐在靠后的位子上。任何一种方式都会使人们紧凑地聚集在先来者周围。但是,一种情况是人们坐在前面,另一种情况是人们坐在后面。我们可能更喜欢前一种结果,或者是后一种结果。

第四种可能性是每个人都喜欢看到别的听众走进来,就像人们参加婚礼时那样。为了不至于拧着脖子或者防止被别人看见自己,他们选择尽量靠后的地方就座,看着人们在走道里来来往往。但是,一旦听众们都坐下来了,坐在后面就没有任何优势可言了——无论是坐在其他人的后面,还是坐在听众席的后面。如果我们能够大致估计一下听众的规模,并将后排座位封起来,那么每个人都可以任意观察四周,并且更靠近演讲台,同时演讲者与听众之间也不会出现这样尴尬的距离。或者说,如果我们可以使人们从前门而不是后门进来,先来者就会选择靠近前面的好位子,以便观察后来者。

还有另一种假设是,大多数听众在其他场合已经养成了他们的就座习惯,即他们发现坐在前面没有好处。于是,与平时一样,他们不假思索地坐在了后面;尽管他们也许会发现老师并没有要点前排的同学起来回答问题,因而他们完全可以稍微往前坐一些,以便听得更清楚。我们甚至可以假设人们只是因为比较疲惫,所以当他们进入大厅时就会选择最近的空座。然而,这种行为涉及礼貌原则——第一个人无论在哪一排,必然坐在两走道的中间,以使后来的人走的路程最少——这种"最少费劲"的假设就产生了我们现在观察到的结果。

我还发现了一个有趣的假设，尽管非常有限，但它足够充分。这就是每个人其实并不在意他到底坐在哪里，只要不是太靠前就行——例如，不在第一排。在可能被部分坐满的24排座位中，人们并不关心坐在后23排中的哪一排，只不过是不想坐在第一排而已。

实际上，每个人可能都想坐得尽量靠前，但他们都受到一种"不应该坐在第一排"的固定思维的限制。在不知道听众到底有多少人的情况下，为了安全起见，人们会选择坐在后面；当看起来似乎大多数人已经到场之后，后来的人就会穿过已经就座的人群，坐在人群中间的空位子上，而不是去坐前面的空位子。

当然，有些人最终还是坐在了所有人的前面。但是，如果全部听众都往前移12排，他们可能会一样高兴或更高兴。坐在另外23排的人当然也愿意整个人群都往前移。

我们还可以使假设条件更弱，只要紧挨在后面的座位都坐满了，人们并不介意坐在第一排，这样他们自己也不会显得特别突出。这种假设可以导致同样的结果。

目的性行为

需要注意的是，在这些假设中都有一个概念，即人们都拥有偏好、追求目标、尽可能少费力或减少尴尬、使视野或舒适程度最大化、寻找或避免伙伴，或以我们称之为"目的性"行为的其他方式行动。此外，这些目的要么与其他人及其行为直接相关，要么受到由同时也在追求自身目的的其他人构成的环境的限制。有关这种偶然性行为（即依赖于其他人行为）的模型就是我们通常拥有的行为模型。

在其他学科中，比如有时在社会科学中，我们形象地把行为归于动机，因为有些行为看起来就是要达到一种目的的。水寻求其自身平面，大自然厌恶真空，肥皂泡使表面张力达到最小，光在不同媒介中行进的速度不一样，但它会沿着行进时间最短的路径行进。然而，如果我们将水注入一个 J 形的试管中，并且封住较低的一端，那么试管两端的水无法达到自然水平。在这种情况下，没人意识到此时的水处于不自然的状态。如果打开试管的较低一端，水就会洒到地上；此时，没人认为这是因为水要达到自身水平而洒到地上。大多数人不认为光的速度快是因为它本身很着急传播。近年来，有些人认为，向日葵如果不是朝着阳光就会枯萎。我们也知道，树叶寻求在树上的位置，以便在它们之间分配光源来使光合效应最大化。如果从事木材生意，我们就会自然而然地希望树叶能够这样生长，但不是为了树叶本身；我们甚至不能确认树叶的这种行为到底是主动的，还是在酶的驱使下产生的，抑或是一个我们完全无法用"目的"和"寻求"这样的词来归类与评价的化学系统的一部分。

但是，对于人类来说就不一样了。当我们分析人们逃离火灾现场的行为时，我们的意思就是人们确实会试图逃脱，而不仅仅是表现得"好像"不喜欢被烧伤。人不同于光束或者水，我们通常会认为自己的行为是在追求或近或远的目标时有意识的行动或适应性行动，是在所获知的信息范围内和在如何克服所处环境的限制以达到自己目标的情境下所进行的行为。实际上，我们常常可以将此归结为人类解决问题的某种能力，即对如何从一点到达另一点进行估算和直觉观察的能力。如果我们知道一个人正在试图解决问题，并且我们认为他确实能解决这个问题，而且我们也能解决，那我们就会设身处地地去思考如何解决这个问题，并按照我们认为他能理解的方式来解决这一问题。这种方法叫作"代理问题解决法"，是微观经济学中大多数理论的基础所在。

在研究"寻求目标"的无意识的物质（比如寻求自身水平的水或者生物学中进行自我保护和扩散的基因）时，有一个优点：我们时刻记得所谓的动机只不过是为了表达的方便，是一种具有启发意义的类比物，或者是一个有用的定式。对人类来说，我们会陶醉于自己对寻求目标或解决问题的想象中。我们可能会忽视人们会追求错误的目标，或者根本不知道他们的目标是什么，他们有时会沉浸在或经历一些与他们的目标背道而驰的潜意识过程。我们通常会在人们实现了（我们所认为的）追求的目标时夸大他们的成就。

尽管如此，不可否认这种分析模式有待评价。如果人们在采取有目的性的行为时，不对结果的有效性格外挑剔和在意，我们很难得知他们是如何选择行为的。社会科学家更像是森林里的护林员，而不是自然主义者。自然主义者关心导致物种灭绝的原因是什么，而不关心这个物种是否灭绝。（如果一个物种已经灭绝了上百万年，他自然不会去考虑。）而护林员关心的是美洲野牛是否会消失，以及如何使它们与周围的环境保持一种平衡状态。

这种评价的有趣之处也是困难之处在于，需要对群体行为的总体后果进行评价，而不只是单个人在限制性环境下的行为问题。在一栋着火的大楼里，跑是比走能更快到达最近出口的方式，尤其是当别人都在跑的时候；然而，需要注意的是，如果每个人都采取这种对自己最安全的行动，也就是每个人都跑的时候，到底有多少人能够安全离开大楼？来听我演讲的每个人在进入大厅时选择的座位，可能都是在他们看来最好的座位。（在所有 800 人都就座后，当看到别人所坐的位置以及知道有多少人到达时，有些人可能会希望自己能坐在更靠前的位子上。）然而，最有意思的问题并不是有多少人在看到其他人的就座位置后想和别人换座位，而是是否存在其他不同的座位安排能够更好地满足多数人，或者绝大多数人，甚至所有人的需要。

个人如何使自己适应周围的社会环境，与他们从由他们集体营造的社会环境中所得到的满意程度，并不是一回事。

市场行为

在社会科学中，与我刚才所描述的分析最一致的是经济学。经济学中的"个体"指的是个人、农场主或公司的所有者、出租车司机、银行和保险公司经理、医生、学校教师、士兵以及银行或矿产公司的工作人员等。无论他们是否驾驶自己的出租车，或是否管理着洲际航线，大多数人都对整个经济及其运作方式知之甚少。他们知道自己买卖东西的价格，在银行存贷的利息，以及有关当前生活、经营和消费方式的各种不同选择。奶牛场场主无须知道有多少人吃黄油，以及他们住得有多远；也无须知道有多少人养母牛，多少婴儿喝牛奶，或者啤酒和牛奶的消费哪个更高。他需要知道的只是不同饲料的价格，不同奶牛的习性特点，根据黄油脂肪的含量所确定的牛奶销售价格，雇员和电力设备的相关成本，以及如果将养奶牛换成养猪，或者干脆卖了农场去他愿意去的城市找一份合适的工作，他能得到的净收入可能是多少。

然而，不知为何，所有这些行为看上去都像是经过了协调安排似的。计程车能载你去机场，飞机上的午餐有黄油和奶酪，炼油厂为飞机提供燃料，卡车为飞机运输燃料，水泥浇铸机场跑道，电力保证电梯运行，而最重要的是，有旅客想乘飞机去飞机要去的地方。

事实上，在雨天里，你从来都找不到你需要的出租车；在3 000英尺的高空飞翔比在300英尺的高空飞翔更舒适，而且航班有时还会被超额预订。这些事实告诉我们，我们有多么的娇气。有时，我们希望这个精妙复杂的系统可以协调得更好一些。上百万的人每周都在做出上千万的决策：要购买什么，要卖出什么，在哪儿工作，储蓄多少，借贷多少，完成哪些订单，保留哪些股票，移居到哪里，选择什么样的学校，选择什么样的工作，在什么地方建造超市、电影院、发电站，何时投资于地面上的建筑，何时投资于地下的矿产开采，何时投资于货物运输，何时投资于轮船和飞机的制造——如果这些问题让你感到吃惊，那么当你看到这个系统确实管用时会更加惊讶。其实，惊讶是不必要的：一旦你理解了这个系统，你或许认为还有更好的系统，或者这个系统还有更好的运行方式。我只是请你考虑一下，这个系统运行得到底如何？在大多数国家，尤其是那些经济系统受到相对较少干预的国家，系统的运行方式与蚁群一样。

蚁群中的任何一只蚂蚁都知道蚁群是如何工作的，这一点使人们通常感到难以置信。每一只蚂蚁都有自己特定的工作，并且与其他蚂蚁协作，但没有任何一只蚂蚁来关注整个蚁群。这个系统不是哪个蚂蚁设计的。社会生物学的一个重要特征就是将单个蚂蚁的世界与蚁群的世界整体联系起来。蚁群中有各种各样的模式、规则以及不同行动之间的平衡比例，同时还有对群体的维护、修整、探险，甚至紧急情况下的动员。但是，没有任何一只蚂蚁清楚地知道当前有多少蚂蚁在寻找食物，有多少蚂蚁在暴风雨后重建洞穴，以及有多少蚂蚁在协助运送甲壳虫的尸体。每一只蚂蚁都生活在自己的小小世界里，它对当前环境下的其他蚂蚁做出反应，以及对那些不知来源的信号做出反应。为什么这个系统如此运行？为什么这个系统有这样的效率？这是社会学和生物进化论的动态问题。它到底是如何运行的（每一只蚂蚁在自己有限的小世界中所做出的有限决策组合，最后如何形成了我们所描述的蚂蚁社会和蚂蚁经济中丰富而有意义的集体行为模式）？这与我们所谈到的牛奶问题比较类似，即人们是如何知道应该养多少奶牛来生产所需要的牛奶，以形成人们购买由牛奶制造出来的黄油、奶酪和冰激凌，进而弥补养奶牛和挤奶以及将每一小块黄油用铝箔包装并印上航空公司自己的标志等成本。

让你感到惊讶但不一定要赞美的只是由整个集体行为构成的巨大且复杂的系统，一个使身在其中的个体无须了解也毫无察觉的系统。这是不是一个丛林生态系统、一个奴隶系统或者一个寄生性疾病蔓延的社会？假如我们看到了模式、秩序和规则性，那么我们不应该急于判断，而应该首先弄清楚，构成这个系统的个人的行为到底是什么，以及他们的行为如何从整体上形成了我们观察到的模式。这样一来，我们至少可以根据个体的行为动机来评价最终形成的模式是否在一定程度上反映了他们的愿望。

在经济学中，通常的情况好像是大量自由的、未经控制的个人行为带来了并不太差的整体效应。确实，如果有人在那里发号施令，并且知道应该做什么，同时让每个人都按照他所安排的去做，也未必有更好的结果。200年前，亚当·斯密（Adam Smith）将这类系统的特征描述为就好像有一只"看不见的手"在起着协调作用一样。

实际上，经济学家通常并没有进行仔细的观察，也没有将他们观察到的现象与他们所能设想到的其他选择进行比较，就将结果判断为好的。经济学家所做的事情只是从他们所认为的人们的行为特征出发推断出一些系统的整体特征，并推导出一些评价性的结论。如果加拿大的农场主运送了过多的圣诞树到奥尔巴尼（Albany），而送到布法罗（Buffalo）的圣诞树数量不够，那么布法罗的销售商就能以比奥尔巴尼更高的价格卖掉这些圣诞树。有些在奥尔巴尼的人就会买下一些圣诞树，连夜用卡车送到布法罗；第二天，这两个城市中的圣诞树分配将会更加"平衡"一些，这一平衡反映了与其他产品相比，这两个城市的人们对圣诞树需求的迫切程度。其他产品也是这样。

这一过程通常被描述为"市场运行"。"市场"意味着一整套复杂的制度，而在这套制度下，人们可以做出买卖、雇佣和被雇佣、借贷、相互贸易、订立合约，甚至逛街淘便宜货的行为等。经济学家的推理过程可能漏洞百出，但他们在谨慎给出结论时却不无道理。自由市场可能并没有或者根本没有按照你我喜欢的方式在人们之间分配资源和机会，也没有引导人们按照我们喜欢的方式行动，更没有引导人们按照我们喜欢的方式去消费。市场可能更多地鼓励了个人主义而非集体价值，同时市场可能无法阻止人们的短视行为和自我放任。市场还可能会造成雇员与雇主之间、借方与贷方之间不对称的人际关系，赋予物质成就以过高的评价。考虑到经济的高涨和萧条，市场运行有时甚至可以说是很糟糕的。然而，即使市场有这些严重的缺陷，但不可否认的是，它确实对于协调、调节以及整合众多自行其是的个人和组织的行为起到了相当好的作用。

我的目的并不是想要得出有关"自由市场"特性的优点的判断，也不是要讨论自由市场中的价值与其价格是否相符，我感兴趣的是经济学家的观点在经济学之外有多大应用空间。如果说经济学家研究这个问题已经有 200 年了，并且他们中的许多人已经得出了结论，即一个不受约束的自由市场通常是个体之间相互作用的一种有效方式，那么我们是否能够假设，在这些社会活动的其他方面，即非经济学研究的人们追求私利时进行的交互活动的那些方面，是否也能得到这个结论？在此，我必须列举一些这样的行为以供讨论（除了在观众席中选座位这样的行为）。为了举例说明，回忆一下我们所说的语言，以及我们如何说这些语言，我们与谁结婚，是否有孩子，我们给孩子起什么名字，我们与谁做邻居，选择与谁交朋友，玩什么游戏，形成了什么习俗，追求何种时尚，我们是出去散步还是待在家里，我们如何驾驶汽车，在公共场合是否制造噪音或者抽烟，我们怎么管理自己养的宠物，等等。此外，还有饮食习惯，吃午餐的时间，乱扔垃圾或经常打扫卫生的习惯，对小笑话或者流言、新闻以及有用信息的传播，集团及其运动的形成，甚至等待时是否排队，等等。

  所有这些都是人类的行为活动，在这些活动中，他们受到其他人行为的影响，也关心其他人的行为，抑或他们相互关心并相互影响。在许多社会中，包括我们自己的社会在内，这样的行为通常都有不受中央管制的自由，或者只受到法规的间接限制。（字典可能会告诉我，对于一个 7 岁的小孩来说，"炸药"意味着什么。但一个 7 岁的小孩并不是从那里学会这一词语的。）尽管人们可能比较在意集体结果，但他们的决策和行为通常都是从他们自身的利益出发的，并且只受到整体模式中一个有限范围的影响。几乎任何一个与高个子或者矮个子结婚的人，都很难说只是出于对下一代身高的考虑。但是，上一代人相互结合的模式，比如高个子与高个子结婚、矮个子与矮个子结婚、高个子与矮个子结婚，或者随意结合的婚姻，都会影响下一代人关于高矮的看法。

均衡分析

现在，我要说的是，个体自行其是的行为不一定会带来集体的满意后果。经济学研究的是一种特殊情况——一种重要的特殊情况——下面将会说明为什么经济学研究的是一种特殊情况。

但在此之前，我需要先摒弃一个人们给予了过多关注的观点。经济学、生物学以及许多非生命科学中都普遍应用的一种分析方法是对于"均衡"的研究。均衡指的是一种已经没有某些行动、活动、调整或反应的状态，使事物处于静止、不动、"平衡"的状态，或者在几种事物相互作用和相互协调的情况下得以调整，并最终达到了一个相对平衡和静止的状态。如果将奶油倒入咖啡，当咖啡表面不再泛起涟漪时，这就是一种"均衡"；如果奶油在咖啡表面均匀扩散或在咖啡表面形成了一层薄膜，那又是另一种"均衡"。在经济学中，针对圣诞树的需求，就有圣诞树分配上的"均衡"。如果圣诞树的价格在城市与城市之间、城市与郊区之间都非常接近，那么没人能够通过将圣诞树从城市运到郊区，或者从奥尔巴尼运到布法罗挣钱。同样，如果汽油的价格在不同地区差别不大，不超过地区之间的运输成本，并且人们愿意支付的汽油的平均价格与生产者能够以合理利润投放市场的价格是平衡的，那么我们就称汽油市场处于均衡状态。这样的例子还有很多。

一种均衡状态既可以是精确的均衡，又可以是近似的均衡。均衡可能是一种能够无限接近却无法达到的状态，潜在均衡本身就是在不断变化的。同时，均衡可以分为部分均衡或完全均衡，短期均衡或长期均衡。圣诞树可以在城市之间达到平衡，但如果出现了整个市场上的超额供给，那么圣诞树的供应者今年就会赔钱了，明年他们就会减少圣诞树的供给，因而明年或者后年的圣诞树市场就不一定会处于均衡的状态。

这里要说的关键是均衡并没有什么特别的引人之处。均衡只不过是一个结果而已。均衡只是将那些没有稳定下来的因素稳定下来之后所出现的状态。对均衡的思考表明了对调整过程的认可，除非有人对事物的稳定过程特别感兴趣，大多数人都能对事物稳定后的状态进行简化分析。在马尔萨斯（Malthus）的分析里，当食品和其他自然资源的供给相对于人口非常贫乏时，低生育率和高死亡率使人口数量保持在一个稳定的水平上，此时的人口就处于均衡状态。若夏天的公共海滩特别拥挤，以至于对任何想来海滩的人都不再有吸引力，但又不是非常缺乏吸引力，以至于使已经在海滩上的人离开海滩回家，那么此时海滩上的人数就处于均衡状态。当世界上的剩余鲸鱼数量少到人们很难捕捉到足够的数量来获取利润，而现有的少量捕鲸者没有更好的活儿可干，他们捕捉的鲸鱼数量正好能够抵消新出生的鲸鱼数量时，那么我们说世界上的鲸鱼数量处于均衡状态。对于州警来说，当对超速者的拘留处罚频率抵消了人们想开快一点的欲望时，高速公路上所设定的速度标准就处于均衡状态。

"均衡分析"中可能也有很多缺陷，包括在均衡分析中可能因忽视了调整过程而过于简化，或者可能由于忽视了那些决定均衡的参数的变化而夸大了均衡存在的可能性。但是，不应该有人反对"均衡分析"的可能性，因为某样事物处于均衡状态，并不等于这个事物状态良好。一个被绞死的人，如果尸体在绞刑架上不再摇摆，那么他就处于均衡状态，然而没人会认为他状态良好。对经济学分析不信任的另一个原因来自人们假设经济学家对所讨论的均衡持肯定态度。我相信这个假设在通常情况下是错误的——尽管并不总是错误的，但通常都是错误的。

所以，经济学和其他社会现象之间的这种差别，无论是对的还是错的，将不会体现在分析之中，尤其不会体现在一方使用均衡系统，而其他方不使用的情况中。一个经济学家会以均衡的概念来描述听众席中的就座模式，就像他对待空调市场那样。在所有人都就座后，如果没人愿意换到其他座位上，这种就座模式就是一种均衡。把它称为均衡并不意味着每个人（甚至任何人）都喜欢这种就座安排，只不过任何一个人无法通过变换座位来得到更好的结果。称它为均衡也不意味着没有其他均衡的就座模式，或者完全不同的均衡就座模式。

交换和其他交易行为

为了弄清楚为什么经济学研究的是一种重要的特殊情况，而不只是一种分析所有社会现象的模型，请注意我所关注的所有行为系统的特征。这种特征就是人与人总是在互相碰撞并互相适应，人们的所作所为总是影响着其他人，并且无法估价。人们到底能够在多大程度上实现他们的行为目标，取决于其他人是如何行动的。你的驾驶情况取决于其他人的驾驶情况，你把车停在哪里取决于其他人的车停在哪里，你的词汇量和发音也依赖于其他人的词汇量和发音。你与谁结婚取决于你遇到了谁，谁愿意与你结婚，以及谁已经结婚。如果交通拥堵是一个让你头疼的问题，实际上你自己也是问题的一部分。如果你因为喜欢热闹而加入了人群，你自己也成为人群的一部分。如果你因为不喜欢你孩子的同学而让你孩子退学，你也就使他的同学失去了同学。如果你为了使别人能听见你说话而提高嗓门，实际上你就制造了噪音，从而使别人也不得不提高自己的嗓门。当你把头发剪短，不管有多短，你也改变了其他人心目中关于人们头发长度的印象。

有时，你关心其他人到底在做什么：当交通拥堵时，你希望街上的车少一些。有时，你不关心别人做什么，但你需要适应环境。你是否拥有上坡或下坡的优先通行权是无关紧要的，你只要知道谁拥有这种权力就行了。通常人们既关心别人也受别人行为的影响。（如果你既不关心也不受到影响，那么你就在本书的讨论范围之外。）

现在讨论经济学的特殊之处。经济学主要研究人们作为**自愿参与者**（voluntary participant）相互影响时的交易行为。最典型的行为是人们在自家的后院里用蔬菜交换鸡蛋。在一定条件下，这是一种"好事"。除非你对蔬菜的需要超过对鸡蛋的需要，否则你就会这样做，而你的邻居也会这样做，除非他对鸡蛋的需要超过对蔬菜的需要。其他人都不关心也无须知道你的午餐是什么，是否有煮老了的鸡蛋或生菜、西红柿三明治。

当然，下面这些有点夸大其词：

  鸡蛋可能含有过多对你不利的胆固醇。

  你的邻居因为知道你会用蔬菜和他交换鸡蛋，可能会担心你去偷鸡蛋。

  有些人可能会认为养鸡场对小鸡过于残酷。

  那个将和你交易的邻居可能已经知道鸡蛋是坏的。

  当他煮你卖给他的卷心菜时，楼上的住户可能会非常讨厌卷心菜的味道。

虽然如此，传统经济学的研究对象一直指的是自愿交换，即对未参与交易或没有机会影响交易的所有人都不存在明显影响的交换。如果任何受到影响的人都是交易的一部分；如果交易是自愿的，而且任何人都可以用正当的理由阻止它发生；如果交易容易辨认，并且人们能够很清楚地了解自己的利益，因而可以通过参与或者阻止交易的发生来保护他们的利益；如果人们在交易中表明了自己的利益，同时面对盗窃和敲诈等行为不是那么脆弱；如果在市场上卖蔬菜的人们能够得到保护以免被盗；此外，如果法律阻止人们通过给其他人的鸡投毒这种不正当的方式来为自己的产品创造需求，那么就可以大说特说"自由市场交换"是好的。至少在这种情况下是好的，即人们可以通过自由市场获得更多他们喜欢的东西，而这样做无须其他任何人付出代价。

要创造一个运行良好的自由市场，甚至一个完全的自由市场还有很多要做的事情。除了物质保护和契约安排之外，人们还要经常在周围逛逛，从而知道交易市场的行情，或者让人们能够获得足够的信息，从而使他们不用逛就能知道市场行情。在典型的自由市场背后，是几个世纪关于产权及其他法律安排、产品及服务的特定标准以及描述它们的术语等各种因素的漫长发展过程。现在，你通过电话就能购物，你也确信自己能买到想要的东西，并能一眼就看出产品之间的差别。但是，这需要有保障制度，即一系列的法律和制度设计，以保护那些受到交易的影响但又无法改变交易的人的权利。

经济学家知道为什么市场无法使所有人都满意的诸多原因。我已经在前面提了一些。人们缺乏有关购买医疗保健用品的知识。很难说一辆车况良好的二手车与车况较差的二手车之间有什么不同，或者一次欺诈性的维修工作和诚实的维修工作之间有什么不同。不泄露一项秘密，就很难把它出售出去。一些市场很容易就被垄断了，经济学家不认为垄断市场的运行会很好。为了说明这些问题，经济学家会习惯性地问市场为什么失灵，并且他们还有一些相当不错的问题清单来帮助他们对市场进行诊断。如果保安人员在突发事件中无法勇敢地履行其义务；如果寿险公司不知道哪些客户是高风险的，但这些高风险的客户自己知道；如果治癌药品市场上的癌症病人关于自己的疾病获得了错误的信息，或者迷信于其他能治好他们疾病的药，或者很容易误认为自己得了某种病；如果人们忽视危险机器的危险；如果人们能够免费收听新闻和天气预报；如果没人管理公共泳池中游泳者的违规行为；如果在体育比赛或赌彩中下重注者能够干预运动员的健康和安全状况；如果一些提供电话服务的部门必须联合起来形成一个互相联系的网络，即垄断；如果在十字路口的优先通行权问题上汽车和卡车司机互相之间没有渠道交流他们的想法和达成协议，那么这些市场都是失灵的。

需要注意的是，在所有这些例子中，最初都有理由相信市场可以运行下去。通过观察，我们发现：尽管某些药品、信息、保险和演出合同的市场确实可以运行得很好，但对于这些特例，它却可能无法运行，或者不能很好地运行，我们可以通过分析得出其中的原因。

与此同时，还有一些我们并不喜欢的市场，但它们却运行得非常好。例如，赃物市场就是这样，它鼓励了盗窃；同样的还有投票选举、倒卖交通车票的市场、政治回报市场，以及伪造的检查证明市场，甚至绑架商人市场——这些都是不应该在市场上进行交易的。

如果没有人买我的书，尤其是如果有人写了一本更好的书并占有了全部市场，我可能会抱怨，但我可能不会因此而怪罪"市场"。当我提到经济学主要是研究市场交易，其中每个受到影响的人都是自愿参与者时，我必须说明一个限制条件：如果你购买了其他人的书，我可能会因此感到遗憾，因为我希望你买我的书。我希望人们喜欢我提供的产品并愿意支付一定的价格，同时能够在我愿意接受的价格上提供我想要的产品，但这通常都是对未发生交易的一种希望，而不是对已发生交易的反对。

市场通常只在部分事情上表现得比较好。当协调行为有效进行时，市场产生的收入分配可能无论从整体上说还是仅就我们自己而言，都并不如意。这也是为什么我让你对市场行为只感到惊诧而不是赞美的原因。（或者，即使无比赞美市场行为，也没有必要绝对肯定它。）

现在来看看这样一种行为，初看起来，它像是"市场行为"，但仔细观察后却不是。为了说明我的观点，我将选择一个对于多数人来说都非常熟悉且没有争议的例子：圣诞贺卡的"非市场"。确实存在一个圣诞贺卡市场——在市场上可以购买到圣诞贺卡，而寄圣诞贺卡却要通过一个由政府垄断的市场。但我考虑的是，选择给谁送圣诞贺卡，送什么样的贺卡，送多贵的贺卡，什么时候寄出贺卡，是否要附言，以及如果要送给非基督教徒该怎么办。除了个人之间相互祝福的贺卡，我们还有老师和学生之间的贺卡，当选官员和选民之间的贺卡，保险销售人员与他们的投保人之间的贺卡。当然，还有你的报童给你的贺卡。

我认为相互赠送贺卡是一种"互动过程"，它受到多种因素的影响，包括习俗、对他人的期望、对他人可能送的贺卡的预期、去年收到（或没收到）的贺卡以及今年已经收到的贺卡。当然，这是以贺卡的成本和邮资多少、人力花费以及选择贺卡和在上面写字所产生的快乐或厌烦为条件的——我发现人们的感觉和我都一样。

人们觉得从别人那里收到了贺卡,那就必须寄给别人贺卡;常有的情况是他们收到贺卡只是因为寄卡的人期望收到贺卡。有时,人们送贺卡是因为已经持续几年了,如果突然停下来可能会引起误会。人们还会提前送出贺卡,以免收到贺卡的人猜疑他们是不是因为收到了贺卡才会回赠的。学生送贺卡给老师,是因为他们相信其他学生也会这样做。人们可能很容易达成不要去劳神费劲地互送贺卡的协议,但正常的人都会感觉这一协议令人很尴尬,或者事实上达成这样的协议并不值得。(如果他们能够遵守这个协议,他们会高兴地送出一些"自愿"的贺卡来表示庆祝。然而,这样一来,他们还是掉进了这个陷阱中!)

我对贺卡市场的初步探讨可以说明一个广泛且一致的观点,那就是经济系统具有陷阱的某些特征。即使是那些平常喜欢圣诞贺卡的人,也会发现这个系统的某些部分非常滑稽可笑、荒谬,甚至令人愤怒。有些人希望取消这个制度。有些人希望来一次"破产程序",从而使所有的圣诞贺卡记录都被删除,并使人们可以重新开始,仅仅从友情和节日的意义出发,而非从积累的义务出发赠送贺卡。

没人认为这个系统能达到最佳结果。即使每个人都可以猜测到他将收到哪些贺卡,并在节日结束前送出他愿意送出的所有贺卡,也不会送出他不愿意送出的贺卡,那么这个结果仍与理想状态有很大的差距,而且没有人能够改变这个状况。

幸运的是,小小贺卡并不太重要。

人们最初可能将这种相互交换祝福的行为称为"自由市场行为",但"交换"在这里是一个带有讽刺意味的比喻。"市场"也不过是一个比拟,与实际相差甚远,并且这种比拟毫无好处。事情并不会达到最优结果,一个很简单的原因就是没理由能使它们达到最优。没有任何机制能将人们的个人反应行为协调为集体行动。

我们甚至不能说，如果整个系统运行得很糟糕，它就会消失。也没有任何机制来引导人们不要再送贺卡，即使每个人都和其他人一样不喜欢这个系统，并且希望它赶快消失。

曾经有一段时间，哲人们认为行星应该遵循圆形轨道旋转。但是，观察结果却清楚地表明事实并非如此，问题就被提了出来："为什么不是这样的？"人们试图找到行星的轨道不是完美圆形的原因所在。人们最终认识到，由于存在运动和地心引力规律，因而没有任何理由可以证明行星的轨道是圆形的。圆形不是常态，椭圆形才是。

当我们问为什么圣诞贺卡的"自由市场"没有带来最优交换时，答案就是：它根本不是一个市场，因而从一开始就没理由希望它能达到最优结果。运行良好的自由市场是复杂的自愿交换可转让产品的一种特殊情况。只有在某些特殊情况下，椭圆才是圆形的。

人为市场和局部市场

我必须在此为市场的定义加上两个限制条件，一个扩大了市场安排的范围，而另一个则缩小了这一范围。第一个限制条件指的是通过法律和制度创新通常有可能使某些行为具有市场的特征。关于"版权"的法律创新使得创作文字成为一种可市场化的产品。就好像一个伐木者，如果任何人都可以把他砍伐下来的木头拿走，那么不管他砍得多快，他都不会继续砍伐木头了。如果任何人都可以不费吹灰之力地抄袭作者精心创作的文字，作者也就不会继续写作了。产权法禁止我采摘你的蔬菜送给我的朋友，通过将"产权"的定义扩展到原创性作品上，法律也不允许我出售你所写的著作，除非你授权给我。

在炎热的夏天，拥挤的海滩不再令人向往，甚至会叫人扫兴而归（即使在沙滩上也感受不到乐趣），而海滩的所有者可以对它进行更好的利用，比如对每个来海滩的人收取一定的入场费用，这也增加了所有者的收入。或者将这种准入权在来海滩的人之间进行分配，并仔细计算，以提高所有来海滩的人们的总体乐趣。喜欢洗海水澡的人也可以花钱从其他人手中买到准入权，因为后一种人可能更喜欢拥有金钱而不是游泳。

这些并不是所谓的"自由市场安排"。它们需要某种权威力量的介入来建立一个管理系统，但这个系统是模仿市场原则建立的。一种广泛且有用的原则就是创造一个类似市场的系统，但这种方法还不能得到广泛应用。这种方法适用于公共海滩上拥挤的人群，然而，对于那些拥挤在着火的大楼前看热闹的人们，尽管他们妨碍了救火人员的工作，使着火的大楼烧得更凶，却不适用这种方法。版权法也不能阻止人们传播恶意的流言，或者阻止人们提前透露电影的结局而破坏他人期待的电影悬念。

第二个限制条件指的是市场通常看上去运行得比实际和谐。我们在此不考虑一些社会性后果。市场似乎在给那些需要住处的人分配房屋或公寓的问题上做得不错，但它只是将人与居住空间进行了搭配，却没有将人们与他们的邻居进行搭配。在选择房屋、居住环境以及邻居时，人口的、种族的和文化的模式都对整个互动过程起着决定性作用，市场交易只把房东和租户包含在内。

同样，市场看上去对香水、除臭剂和便携式收音机等产品的生产与分配也起到了很大的作用，但实际上并不存在一个使感兴趣的各方根据有关因素决定其用途的市场。

宠物市场也是如此。在猫市上无法反映出爱鸟者的利益，在狗市上也无法反映出爱猫者的利益。动物弄脏了人行道，但市场也无法反映出行人的利益。确实，对宠物的饲养和管理以及管理不当，是一个广泛存在的社会现象，其中只有很少一部分在宠物市场、宠物粮食市场、兽医服务市场，甚至有时是毒品市场上表现出来。

所有这些问题都在我讨论的范围之内，其中一个最重要的问题处于"市场安排"的界线之上，那就是婚姻。除了其他各个方面，大多数现代国家里的婚姻是自由人之间所达成的自愿契约安排。缔结契约的两个当事人也是受影响最大的人。他们之间存在互补关系，同时也有一种预期的经济上的劳动分工。这种关系在很多方面都是不对称的，人们与他们的女佣、管家、商业伙伴、登山向导、家庭教师、飞行员以及计算所得税的会计师之间的契约关系也是不对称的。但是，婚姻关系远不像上述长期的双边专属性服务契约关系，婚姻关系带有某些契约的性质，但远不止于此；人们可以想象俗世中的婚姻关系也是一种契约法律关系。如果人们在情感或宗教上不能接受这样的事实，那么他们就忽视了婚姻的一个重要特征。

但是，如果把婚姻关系仅看成一种私人之间的长期互惠的专有性契约关系，则忽视了婚姻更重要的特征。除了那些特别富裕的人、特别著名的人以及某些忠诚的民族主义者，婚姻在大多数情况下都是一种个人选择。婚姻的选择虽然受到语言、宗教、地域、教育等因素的限制，但人们之所以要结婚，主要还是因为他们想结婚，并且对配偶的选择并不属于遗传或文化的一部分。尽管如此，婚姻的选择在总体上对遗传、宗教、语言、社会经济和下一代所处的地域结构等都有很大影响。除了孩子以外，婚姻本身会影响语言、宗教、社会流动、饮食口味和风俗习惯的分散与集中，甚至未婚者也会受到他们同龄人成婚比例的很大影响。种族和宗教分离主义会受到已婚夫妇种族和宗教结构的极大影响。而婚姻中收入水平、职业背景、技术能力、聪明才智或者残疾、残障等是否匹配，影响着经济和职业的流动性。

婚姻的多种社会后果使这一行为成为社会科学画卷中的一个核心现象，事实上，市场过程只是从一个角度来反映这个现象的某些重要方面。

互动行为

现在需要列出更多具有我刚才所讨论性质的社会活动。首先，让我们回到有关听众席中的听众这个例子，并对它进行扩展分析。这个例子实际上研究的是对空间的分配问题。除了在听众席中分配座位的例子，同样的行为方式还表现在人们在海滩或公共汽车上分配座位时；表现在人们一旦从拥挤的人群中挤出剧院就无所事事地站在人行道上，堵在拥挤的剧院出口处，挡住了仍然在向外挤的人们的情况中；表现在人们在聚会或招待会上聚集的方式上；表现在观看比赛、发生骚乱或观看展览所形成的拥挤人群上。从大的方面讲，表现在居民区的居住模式上；从动态的方面讲，表现在棒球比赛发生骚乱后人们冲向出口或争先恐后离开停车场的时候，也表现在公路上行驶的汽车之间的车距上，还表现在登机时间快到、人们排队等候的时候，或者在看表演时选择座位的时候。

没有哪一种单一的行为模式能够涵盖所有这些例子。有时，人们想相互离得近一些，而有时，人们又四处分散；处在人群边缘的人可能想冲进人群中，而在人群中的人却不堪拥挤。如果每个人都想处在人群的中心，那么人群就会非常拥挤；如果每个人都想处于人群的边缘，那么人群就会逐渐分散，甚至不成为一个人群。

如果人们想要与特定的人保持亲密或者一定的距离，他们的行为就要复杂得多。人们由于性别、种族、年龄、语言、穿着或社会地位，或者熟识程度、友谊关系等而被区分。个人的动机很有可能会带来惊人和意想不到的集体结果。

最近，许多大学已经实现了男女同校，或者已经不再按性别将学生分类，然而问题也出现了。如果男生和女生能够自由选择他们想与之同住的人的性别比例，那么应该如何将他们自己安排在现有的宿舍楼和餐厅呢？在20世纪70年代，哈佛大学大约有12栋宿舍楼，学生中的女生占1/3。根据这些数字，我们可以做出很有限的几种可能安排：4栋宿舍楼分配给女生，剩下的8栋宿舍楼分配给男生；可以12栋宿舍楼中各有1/3住女生、2/3住男生；可以8栋宿舍楼中一半住男生、一半住女生，剩下的4栋宿舍楼全住男生；可以1栋宿舍楼住女生，4栋宿舍楼中一半住男生、一半住女生，3栋宿舍楼中2/3住男生、1/3住女生，剩下的

4栋宿舍楼全住男生；可以有其他各种安排。

即使只有两栋宿舍楼，我们也可以得出一些结论。假设我们现在分析的这两栋房子是餐厅而不是宿舍楼，并且假设在非常拥挤的情况下，任何一个餐厅都能容纳大多数学生。如果学生能够在这两个餐厅自由选择男女就餐比例，他们将会如何在餐厅之间进行选择呢？

最简单的一种情况就是所有男生和女生都愿意选择男女生之间的比例为1∶1，并且都会选择那个男女生就餐人数最接近对等比例的餐厅。假设有120个女生和100个男生，女生必须优先选择，并且每个人都知道所有人希望是50∶50的搭配。

女生希望男生根据两个餐厅中女生的比例按比例分配；此外，如果女生不喜欢太过拥挤，她们也会在两个餐厅之间平均分配。

现在，轮到男生来选择了。当3/4的男生到达时，可能有40个男生在一个餐厅，35个男生在另一个餐厅。后来的10个男生发现：这两个餐厅中的男女比例有一点细微的差异，从而会选择更接近对等比例的餐厅。一个餐厅有60个女生和40个男生，另一个餐厅有60个女生和35个男生。前者的吸引力稍大，后来者也会选择这个餐厅，那么这个餐厅中已经有50个男生，而另一个餐厅中只有35个男生。现在，男女比例的差别在这两个餐厅中就表现得更明显了，随后来的10个男生进入有较多男生的餐厅，那么就会出现一个餐厅中有60个男生和60个女生，而另一个餐厅中只有35个男生和60个女生。最后来的5个男生更愿意选择有较多男生的餐厅，最终的结果是这个餐厅的男女比例是65∶60，而另一个餐厅的男女比例为35∶60。

如果另一个餐厅的男生现在可以自由选择改变就餐位置的话，可能有10个人觉得应该换餐厅，因为此时另一个餐厅接近相等的男女比例要明显好于他们所在餐厅几乎是1∶2的男女比例。如果这10个男生换了餐厅，前一个餐厅的男女比例就变成了75∶60，这已经破坏了原有接近平衡的比例，而且他们刚离开的餐厅的男女比例是25∶60。此时，这个餐厅的男女比例几乎为 1∶3，因而又会有更多的男生愿意到前一个男女比例为 5∶4 的餐厅中去。假设又有 15 个男生换了餐厅，使该餐厅只剩 10 个男生，这样男女比例就变成了 1∶6，而那个拥挤餐厅中的男女比例却是 90∶60。3∶2 比 1∶6 要好一些，于是最后的 10 个男生也换到拥挤的餐厅中去了，从而这个拥挤餐厅的男女比例最终变成 100∶60。

最终的结果是这样的，尽管所有男生都更倾向于 50∶50 的对等比例，但最终的结果却是 100∶60。有一半女生所处餐厅中的男生数量以 1.6∶1 的比例超过她们，而另一半女生所处的餐厅中没有男生，并且没有男生愿意改变。

如果我们强制性地将 40 个男生换到只有女生的那个餐厅，所有男生都会发现这种安排所达到的比例更令人满意，所有女生也会这样认为。但这 40 个男生却不会停下来，因为有更多男生的餐厅总是更吸引人一些，尽管当男生都去选择这个更吸引人的比例时，最终出现的结果一点也不吸引人。

最后，在没有男生的餐厅中的女生也去了男生较多的那个餐厅，最终所有人都挤在一个拥挤的餐厅里就餐。

这个小例子——也是"均衡分析"的一个实例——并不是要得出某个结论。这个例子只是为了引起人们的关注，因为相互结交和亲近——无论是在居住、社会集会或者工作地点，甚至婚姻上——都是一个非常普遍的现象，后面的章节将会探讨人们根据年龄、收入、性别、种族或语言相互融合与分隔的过程。

前面已经讨论过的婚姻案例就是这种现象的一个实例，但在此值得一提的是婚姻中的另一些因素。在结婚时，配偶双方的年龄差别都会受到其他夫妻结婚时年龄差别的影响。离婚和再婚的可能性都取决于在某个特定年龄段上是否有足够高比例的离婚和再婚。特别地，如果离婚的人可以互相结合，那么较高的离婚率就会使离婚变得更有可能。

语言几乎是一个完全的适应性行为。一个人究竟说什么语言，取决于他遇到的人说什么语言，尤其是在他的家庭内部说什么语言。但在双语国家或者多语国家，比如加拿大、芬兰、瑞士以及早期的以色列和美国，尽管受到学校、政府、广播和路标的引导、鼓励及刺激，各种语言的集中或分散还是能表现出个体选择和反应所带来的倾向。

每个专业都可以研究其学术语言的发展。一些用语被延续下来，而另一些则没有。有时，为了应付某种需要而匆忙选择的用语会被不断重复模仿，成为语言，但没人注意到这种说法的不准确性。即使有人意识到有些用语实际上比较糟糕，但他们也会在一时想不出更好的表达方式时使用它们。当大家都懒得再创造新的合适词汇时，我们也就听之任之了。一个拥有准确含义的用语一旦流行开来，就会被人们滥用，并且也不能精确地传递信息。这种情况就好像有时发现了一个自然的词语、一个简单的词语正好可以表达人们需要表达的丰富含义，于是这个词语就被人们选进了他们的词汇表中。在此，我想提醒你在阅读时注意像"好人"、"坏人"和"丑陋的人"之类的词语。

语言是由个体自由行为所发展起来的交流系统，比如流言的传播，新闻信息的传递，有关性、烹饪、园艺和汽车维修等正反信息的传递，笑话、故事和民间传说的流传，以及比赛及裁判争端的规则等。参与这个交流系统的每个人都是系统的一部分，他对系统的参与是对系统的维持、修改、改变，甚至有时会使这个系统逐步衰弱或灭亡。人们从何处获得有关股票市场和赛马场的小道消息，如何得知批发产品的地点，看什么电影，上哪个餐馆，怎样避免感冒，与谁约会，如何寻求帮助，都包含在两种即时发生的相关行动中。他们在信息网络中传送特定信号，并且使这个网络得以维持。

信息网络、种族隔离、婚姻行为以及语言发展都是相互重叠、相互关联的问题。通常看到的是，商场、商店、出租车公司或汽车旅馆的劳动力都是同质的。无论是爱尔兰人还是意大利人，古巴人还是波多黎各人，黑人还是白人，新教徒还是天主教徒，这种同质性都能说明这些行业的目的，但决定因素可能是一个交流网络。在这些岗位上工作的人都是知道有这些工作机会的人，他们通常都是通过已经在那里工作的熟人知道这些工作机会的，而这些熟人通常与他们来自同一学校、社区、家庭、教堂或俱乐部。这些岗位上的新员工都是可以由老员工提供担保的。

很遗憾，我现在不得不偏离本节的主题来描述一个我曾经历过的有关人群隔离的例子。我生日的时候偶尔会带一群年轻人去看波士顿红袜队的棒球比赛，在去第二次或第三次时，我发现坐在我们周围的人都与我们惊人地相似——他们的肤色、口音、行为以及穿着，这种发现在第四次和第五次时得到了验证。这里并没有明确的人群隔离，座位的票价都是一样的，因而我能够承担这样的票价，坐在这里的其他人也能承担。这里有10个售票窗口，并且在窗口排队的有年轻人和老年人，有黑人和白人，有男性和女性，有衣着光鲜的和穿着朴素的，有喧哗的和安静的。为什么我们总是坐在一群与我们如此相似的人中间呢？

经过多年以后，我才找到了这个问题的答案。生日宴会需要相互协调，因而我提前购买了座位。我是在哈佛广场的地铁站买的票。多数人都想坐在一起，因此，如果售票员最初拿来的是一整个就座区的票，那么几乎剩不了多少零散的票。于是，可以肯定坐在我们周围的人都是事先在哈佛广场买的票。（我的故事到此就结束了，但确实有些人是因为接受了同一自助洗衣机店的服务而开始了他们的爱情故事。）

如果继续列举下去，我们的研究对象还包括由礼仪、礼节、社会地位、社会阶层所构成的系统。这个系统包括"马路行为"——站在大街上还是驻足停留；眼光注视前方还是点头打招呼；向别人问路、借火柴、问时间、换零钱等；是否带枪支上街；等等。它还包括骚乱和暴动的形成，道路交通规则，交通习惯，以及人们相互识别的信号和标志。它也包括风格和口味、发型和化妆品、服装样式和珠宝、饮食习惯、咖啡时间和鸡尾酒时间、香烟、大麻、乱扔垃圾、擅自横穿马路、遵守或违反交通规则，以及是否帮助处于困境中的人们。

我不认为存在一个作为所有这些行为的基础的单一机制。恰恰相反，在有些情况下，人们想与他人保持一致，而在另一些情况下，人们却想与他人表现出差异。有时，法不责众——擅自横穿马路、吸食毒品、违规停车（如果违规的车很多，警察不可能对所有的违规车都开出罚单）——另一些时候，人群过于庞大会使乐趣减少。有时，人们需要共享一个秘密行动，而该行动的结果取决于对个人向陌生人暴露自己的行为是否有一定的处罚。有时，人们想与其他人的关系更亲密一些，这些人可能是老人、富人、高官，甚至是桥牌或网球打得特别好的人。在另一些情况下，人们会觉得年龄大一些、更富有一些或更好一些，就会很舒适，而有时会觉得处于中间水平才是最好的。如果每个人都想待在家里，观看电视中时代广场上的人群，那么时代广场上就不会有人群了；如果每个人都想加入电视中的人群里去，那么就没有人看电视了。

下一章要考察一个特殊的类别，也是一种特别有趣的行为模式。这种类别的行为模式的特点是无论群体中的个体采取何种行动，在总体上总是会实现的。抢凳子游戏就是一个例子，无论孩子们多么全神贯注，总有一个人会在音乐停止的时候抢不到凳子。纸牌游戏是另一个例子，无论人们在游戏中如何算计，赢的钱和输的钱总数相加总为零（除去买三明治的钱）。我们中的任何人都可以将手里的 25 分加拿大硬币传递出去，但我们作为一个整体却无法做到。总有 1/10 的学生的成绩排在最后的 10%。如果你把波士顿地区每个黑人的白人邻居加起来，并把波士顿地区每个白人的黑人邻居加起来，只要你对于"邻居"、"波士顿地区"、"白人"、"黑人"的定义是一致的，并且计数时间相同，那么你得到的数字一定是一样的。

第 3 章要讲述社会科学家在考察这些过程时所使用的 6 个一般行为模式。不同的运行机制有很多，但许多只不过是在广泛行为区域内的重复表现而已。一些这样的重复性行为模式有固定的名称（我前面谈到的

"命名现象"）："自我实现预期"、"临界质量"、"公地"、"次品市场"和"加速原理"。第 3 章试图证明一些探究这种丰富而复杂情况的模型是有效的。此后，即使对这个问题还不是很清楚，读者也能更清晰地了解我引导大家关注这个问题的目的。

第 4 章和第 5 章将通过详细研究"分类和融合"，借分离和整合的过程来阐明这种分析方式。并不是所有的选择都像与谁交往、与谁同住、与谁共事、与谁游玩、与谁共餐以及与谁同座那样是互动的、相互依存的行为。第 4 章着重研究种族、肤色、性别、年龄等离散性分类问题；第 5 章研究年龄、收入、技术水平这样的"连续"变量的分类问题；第 6 章则着眼于一系列不太常见的选择，它们完全会在将来出现，并且可能是完全相互依赖的，比如对孩子性别的选择。

最后，第 7 章更严谨地说明了如何在这些思想的基础上建立正规的理论。这是比其他章节都难的一章，读起来会比较慢，而且也不太容易理解。就好像读设计图一样，几乎任何人都能读懂这一章的图表，前提是要对它们进行仔细研究。我知道，在这个丰富多彩且具有广泛影响和重要意义的课题上，没有捷径可走。我希望前面的章节已经激发了你攻克最后一章的兴趣。前六章中除了在第 4 章结尾有一些图表以及第 5 章出现的一点基本代数之外，大多数内容都应该很容易理解，尽管有时候你可能会停一下，但也只是思考，而不是研究。如果你在读第 7 章时认为它的内容应该浅显易懂，那你可能会感到失望。读图表有点像学习一种语言，只有多练习才可能更熟练。对经济学以及其他图表分析比较熟悉的读者在读第 7 章的图表时仍要稍微多花点时间，不熟悉图表的读者花的时间可能要更长一些。要知道，第 7 章中的大多数内容并不是那么显而易见的，了解这一点可能对你有很大的帮助。

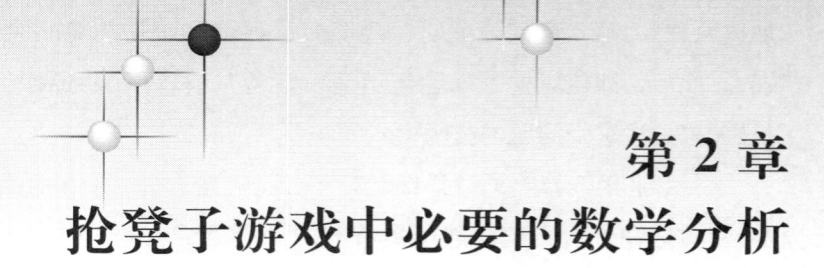

第 2 章
抢凳子游戏中必要的数学分析

一个人的行为影响其他人的行为的一个典型例子就是打电话。一个电话会引发另一个电话。有人可能会回电话，有人从这个电话中知道了新信息，于是再打电话告诉其他人，或者一个电话可能促成了某些事情的发生。每一个读到此处的人都可以回忆一下最近几天接过的一个电话，它使我们打了一个或者更多电话给其他人。

这种行为值得研究。毫无疑问，我们可以发现：有些人打电话高度依赖于他们接到的电话，而有些人打电话则是比较独立的。有些人打出的电话远多于他们接到的电话，而有些人接到的电话多于他们打出的电话。我们可以根据人们对于所接电话的回应比例来对他们进行分类。

我们也可以以国家为一个单位计算这个比例（这里不考虑国际长途，因为我们无法从其他国家获得所需的数据）。为了避免概念上的一些混淆，我们应当定义"打出电话"和"接入电话"。有两种途径能使这个比例数据很容易获得：一种途径是电话公司可能有通话记录；另一种途径是我们不需要从电话公司获得任何数据，但可以根据这样的逻辑推算出来，即除了偶然情况，一般不会有打出电话的数量正好与接入电话的数量相等的人，但我们所有人在整体上接电话的数量和打电话的数量是完全相等的。

我们必须小心谨慎地把接到一个电话或打出一个电话计作一个或多个通话。例如，圣诞节打给祖父母的电话可以记成一个通话，也可以记成几个通话，只要两边一致，其结果都是一样的。分机之间的转接可以只记一次，也可以记两次，但在接收两端要一致。如果我们把所有人定义为一个封闭的系统，那么这个系统打出的电话数量和接入的电话数量是完全一样的。

尽管送圣诞贺卡与打电话是出于不同的动机，送出的圣诞贺卡主要是刺激了贺卡的回赠，但实际上，它与打电话是同样的现象。（我偶尔会打电话叫出租车，但出租车从来不会打电话给我；收到我赠送的圣诞贺卡的人，多数人都会回赠——虽然我通常记不得到底是谁最先送的。）对于有些贺卡，我们没有回赠，有些人收到了别人的贺卡，却忘了或者不愿意回赠给他。有些人送出的贺卡比我们收到的多，有些人收到的贺卡比我们送出的多。如果我们对人们进行调查，到底送出的贺卡没有得到回应的情况多，还是收到意外贺卡的情况多，答案可能是因人而异的，但对邮政系统中的每个人来说，这两种情况出现的频率必须是完全相等的。对每一张不是相互发送的贺卡，送出者都没有得到回应，而接收者也没有回应。

从人们对电话的反应方式与对圣诞贺卡的反应方式中似乎很难找到什么重要的含义。之所以用这种方式开始本章的内容，是因为一些重要的行为都有这样的特征，如果把该特征放在电话联系这个人们熟悉的事情上，大家可能更容易理解一些。事实上，要是说接入电话等于打出电话是打电话这种行为的一个特征，这可能是不正确的——因为这种观察方式没有对人的行为做任何研究。无论人们的行为是什么——或者拒绝接电话，或者在周日从不打电话，或者答应给别人回电话却从不回，或者把任何流言蜚语都通过电话告诉其他人——无论有多少人按照接到的电话来派遣出租车和救护车，也无论人们是否传递电话，总体来看，我们接入的电话与我们打出的电话是一样多的。这个结果与人们的行为没有任何关系。

这与电话的通话结构有关系：每一次严格定义上的通话都有一个打

出方和一个接入方。(这里用限定语"严格定义上"的目的只是为了排除掉计数上的不一致。如果是为了其他目的,比如配置电话分机,其他的限定语就会更有意义,并且计数结果也不一样。)打出一个电话和接入一个电话是不一样的;对记账来说,"打出电话"和"接入电话"也是不一样的,但一个完善的记录系统应该在一个复式记账系统中对每个电话进行记录,这样在"有操作性的定义"下对双方事件的记录就应该是一样的。

这个电话的例子是一类重要命题的实例:从总体上说,正确的命题在细节上可能并不正确,并且总体上的正确性独立于做出个体行为的人数。这一命题对于一个封闭的行为系统是正确的,但对于每个人的行为则不是,甚至对于任意一个比整体小的集体,这一命题也不成立。有些此类命题是显而易见的,不用我在此指出来。毫不奇怪,在波士顿所有8号半的运动鞋中,左脚鞋的数量与右脚鞋的数量基本上完全一致。不太明显的是,如果把美国作为一个整体,那么骑着偷来自行车的人数与丢自行车的人数是相近的。(我们允许这两个数字之间有一定的差异,是因为被盗的自行车可能是在运输途中,或者在偷的时候被损坏了,或者骑到一定程度磨损了,或者偷来的自行车又被偷了。)

在社会科学中,经济学是一门以这类概括为核心的学科。原因是显而易见的:经济学主要研究等值物品之间的交换问题。如果我买了一辆自行车,那么我得到了一辆自行车但失去了150美元;商店失去了一辆自行车但得到了150美元。商店将其中的90美元给了批发商以补充一辆自行车,40美元用来支付房租、工资和水电,20美元是商店自己的收益。如果我以同样的方式分析批发价为90美元的自行车,它可以细分为要组装的零件,装配商店的工资、租金和水电等。支付的电费又分解为燃料费、工资、发电厂的利息、红利、税费等。如果一直细分下去,我们就会发现在购买自行车的150美元中,包括收入、利润和所得税在内,其总和正好是150美元。

为什么这些收益加起来的结果"必须"是150美元？收益和税收的定义与这个重要的数字性结论有什么关系？除非你研究过国民收入核算，否则相关的答案并不是显而易见的。我倒希望它不是那么显而易见的，因为我认为：大多数命题都不是一眼就能理解的，有些甚至读第二遍也未必能理解。

在经济学中，这种"会计报表"是分析收入和增长、货币和信贷、通货膨胀、贸易收支平衡、资本市场和公共债务的基础。它们通常都不是浅显易懂的，尤其是对于那些从事这方面工作的人（相对于那些经常进行数据整理和分析的人）来说。这种情况就类似抢凳子游戏，在不同的房间里都有参与者和凳子，人们可以单独行动，也可以以组为单位行动，人们不容易发现搬走的凳子，有时新参与者和新凳子会加进来。每个人都知道，要是他不够快，那么在音乐停止时他将抢不到凳子，并被淘汰出局。人们在游戏中对行动较慢的人会很不耐烦，因为他们知道凳子的数量始终比参与者的人数少。无论游戏如何进行，音乐停止的时候必然会有人没有座位，这个结果丝毫不受参与者积极程度的影响。如果我们不停地加入与淘汰出局的人数量相等的新参与者，也就是补充参与者人数而不是搬走凳子，我们就可以计算出每个人因为抢不到凳子而被淘汰出局之前能参加多少轮游戏的平均数。就算有人玩得非常好，他一直都没有被淘汰，或者有人在第一轮就被淘汰了，这个平均数在数学上也是一个确定的数字。

我们在经济学中要处理的典型问题与许多社会科学一样，也是反馈系统问题（feedback system）。"反馈循环"就是这种问题的一个典型例子，不论人们如何行动，这个循环都存在。系统一端的输出是另一端的输入。我们不能通过不花钱而变得更富裕，就像在圣诞节时，我们可以使自己收到的礼品比送出的礼品价值更高；只要可以，我们也能通过花较少的钱购买送给别人的礼品。

有时，像关于圣诞贺卡这样的直接命题似乎很容易被忽视，就像股票市场的一天可能被称为大"卖"或大"买"（great "selling" or great "buying"）的一天那样。除非有人买你的股票，否则你无法将手中的股票卖出去；同时，你也无法卖出并未持有的股票。同样，除非有人卖出股票，否则他也没办法买进。人们通常都希望出现股票交易波动，这是很正常的，但需要经常提醒自己的是，如果没有对等的购买行为，也不存在卖出"波动"，无论是否用这个词来称呼它。

概念的定义

我马上就要大量研究这种独立于人们行动之外的"行为"命题了，并且要证明：这些命题对于思考人们选择配偶、生育孩子、生活、工作、搬迁和退休等都是有帮助的。不过，先对这些命题的重要性进行讨论是值得的。

需要注意的是，当我描述这些命题或者至少希望能描述它们时，它们都具有一些公理性的特点，或者在数学上可能被称为"恒等式"。恒等式表示等式结果与数值没有关系。例如，命题 $(a+b)(a-b)=a^2-b^2$ 这个等式并不是一个方程，我们无须求出其特定的 a、b 值，这是一个对于任意 a、b 值都成立的等式，是一个无条件命题。我们不需要通过一系列数据代入来证明此命题的正确性，该等式的每一边都可以通过标准运算推出另一边。类似地，在口头陈述时我们通常把这种情况说成"定义正确"，或者更精确地说，通过逻辑运算从定义、公理、假设中推导出来。

有时，这种情况意味着任何一种定义正确的命题（即相对于任何可能的事实，无论取何值，其结论都必然正确的命题）都没有提供任何新信息。如果我们说美国住房空间体积的立方英尺数等于全部住房面积乘以天花板的平均高度，那么这个定义除了提醒我们什么是立方英尺的定义外，没有任何其他意义。

需要注意的是，从某个角度来说，我所讨论的这种命题取决于它们的定义。但从这个角度来说，几乎所有命题都取决于其定义，包括那些必须建立在实证数据基础上的命题。考虑这样一个命题：平均来说，一个城市家庭的收入水平越高，花在住房上的比例就越少。如果这个命题是正确的，那么它并不是一个"定义正确"的命题。它的正确性取决于"收入"、"住房"和"城市家庭"这些词语的定义，尤其当我们把这个陈述用数字形式进行表示时。我们必须定义"住房"这个概念是只包括主住宅还是也包括度假小屋、宾馆、学校宿舍以及车库；是包括土地还是只包括建筑物；是包括所有屋内设备还是只包括房屋本身；是指家庭居住的房屋还是仅指租住的房间。对于自住房屋，这个定义就需要详细说明"开销"是否包括房地产税，以及与财产的租用价值等价的设备数量；还要说明"收入"必须包括还是不包括家庭本应支付的租金以及任何的资产升值。这个定义还必须仔细规定工作了的孩子们是否住在家里，或者祖父母是不是"家庭"的一部分，以及祖父母的退休金是否属于"收入"的一部分，等等。总的来说，定义越清楚，命题就越正确。如果我们的目的是找到一些有趣的行为规律，那么"更好"的定义将是那些在统计上能导致正确命题的定义。

但是，这里可能有另一个命题，它属于本章将要考虑的一类命题，即城市家庭的住房开销等于为城市家庭供应住房的总收入。如果我们根据最终收益人和最终权益人对住房款的分摊进行详尽的细分，从而对"总收入"的定义更为细致，那么这个命题就更接近正确。如果我们的定义忽视了维修成本和当地政府在房地产税上的"收入"，或者在总收入中排除了电费开销，而在开支中却计入电费，那么我们的命题就不是正确的。（类似地，如果每一个询问天气预报的通话都只计为打出电话而没计为接入电话，那么我们关于电话通话的命题将不会是正确的。）

这两个命题都严重依赖于对等式两边相关条件的定义。它们的区别在于：一种情况下，等式两边（或命题的两项之间）在逻辑上并不必然表现出这种一致关系——当收入增加时,住房开销所占的比例可以上升,也可以下降——而另一种情况下,命题的正确性只取决于我们认定的所有可能性和在命题中的详尽细分程度。同样地,如果住房花销所占的比例上升,那么其他开销所占的比例就必然下降,这个命题不需要建立在对食品、娱乐、税收、储蓄、债券等进行计算的基础上。相同的例子还有,如果肺结核的致死率下降,其他致死源的死亡比例就会上升,只要我们能找出每一例死亡的原因。

问题是,尽管这些命题的有效性取决于我们是否对条件定义得足够清楚(以使它们成立),但它们能否告诉我们任何不知道的东西,或者告诉别人(那些不在意命题的定义是否使其成立的人)一些他们不知道的东西。在这个问题上,每个人都有自己的判断。如果这个命题能够告诉你一些不知道的东西,或者你从未想过的东西,那么你就获得了进步。尽管它告诉了你有关这个世界的一些东西,但这个命题不是一个经过了实证检验的科学性结论。你可能从来没有意识到,为什么与50年前相比,现今死于非传染性疾病的人的比例越来越大?原因之一就是传染性疾病的死亡率下降了,而不是因为其他疾病的致命性有所改变。如果认识到这一点,即使你可能会为一开始没有认识到这一点而感到羞愧,但也是有进步的。

许多智力游戏看起来似乎都没有包含能够解决此问题的充足数据,但实际上,这些智力游戏都有一个不太明显的共同特性。(一个问题最有意思的地方通常就在于当你一再咀嚼它之后,你会发现它的要点其实很"明显。")你有一杯杜松子酒和一杯苦艾酒。你舀起一汤勺杜松子酒倒进苦艾酒里。接着你舀起第二杯里面的液体,即掺了一点杜松子酒的苦艾酒,然后倒进第一杯里。现在是杜松子酒里的苦艾酒多,还是苦艾酒里的杜松子酒多?

一个男人在船上掉落了一个瓶子(带瓶塞),但当他发现时,他已经逆流划了半个小时了;他掉过头以同样的划桨速度顺流而下,他找到瓶子的时候，这个瓶子正好漂到水坝边。水流的速度是 2 英里/小时，那么水坝离瓶子掉落的地方有多远？

要用 2 英尺乘 1 英尺大小的瓷砖铺满一个 16×16 平方英尺的地板，需要 128 块瓷砖。但是，如果想在东北角和西南角分别留出 1 平方英尺，以作为暖气和电路的接口。留出来的 2 平方英尺正好等于一块瓷砖的面积，那么 127 块瓷砖就应该足够了，但这些瓷砖不能一排一排平铺在地上。到底应该怎样摆放？还是根本就没法摆放？

对于有些人来说，即使他们经过一些思考，也不能立刻明白答案，本章结尾将会给出一个注释。经验告诉我们，这样的人并不少。本章一开始所提的电话命题，也不总是显而易见的。如果有人把这个命题应用于异性之间的长途通话，那么它就更不明显了。大量的教学实践告诉我们，经济学中一些最基本的"会计恒等式"在一开始都不是显而易见的，而且也不容易表达，学生必须对它们进行仔细研究，才能理解这些关系，如纸牌游戏中赢的钱正好等于输的钱，或者即使快速地将 25 分的加拿大硬币传递给其他人，最终仍会有人持有硬币。

有一个原因可以解释为什么许多命题都不是显而易见的。尽管人们一直在从事与命题相关的工作，但他们发现：命题与他们的经验不相符。如果在同一天，一个人既交了过期的保险费，又还了银行最后一笔贷款，还交了彩电的最后一次分期付款，他不可能知道哪一笔交易减少了美国的货币供给。更有意思的是，他的银行家和彩电销售人员可能也不知道。当一个学生选择就读的大学或学习的课程时，可能希望自己的成绩好过班里的大多数同学；当一个顾客给他的理发师小费时，可能希望自己所给的小费比平均水平高一点；如果每个人都有同样的想法，他们就不必庸人自扰。在一个长方形的桌子周围坐了几对夫妻，每个人都坐在异性旁边，每对夫妻都互不相邻，男主人和女主人正好坐在桌子两头相对的位子上，那么总共应该有几对夫妻？可能有人还是算不出来，即使是那些婚礼招待人员也一样。如果每个男人都娶了比自己小 4 岁的妻子，而人口增长速度保持在每年3％，那么适婚妇女的人数就会超过适婚男子人数12％。即使包括那些专门筹办婚礼的人在内，大多数人可能都没有想过这样的问题。大多数人都认为通货膨胀会降低购买力，而不去考虑他们工资的增加正是其他人感到通货膨胀的原因，或者至少有一部分必须相互抵消。

这些命题只有在考虑整体时，或者只有交易的双方都被考虑的时候才是正确的。人们的经验通常只是单方面的，或者在某些情况下，人们会觉得只要自己快一点，就会领先于其他人。在有些收费桥梁和收费公路上，在每周6天之内，几乎所有路过的车辆都有去有回，但人们还是要来回收费两次，使成本和交通延误都加倍了。

两类群体的匹配

如果一个匹配组合的两个方面由互补的两类群体组成，那么就不可避免地要用到数学。婚姻就是一个突出的例子，一夫一妻制的优点为：在一个男人和女人人数基本相等的自然群体中，若人们的预期寿命相似，那么这种安排对于男女双方来说，有较高的结合机会和两性平等的机会。

一个不容忽视的事实是，在一夫一妻制的群体中，未婚女性和未婚男性的人数差别与男女之间人数的差别是一样的。如果我们定义一个适婚年龄段，在一个稳定的群体中，这两者差别的百分比将与这个年龄的预期寿命差别的百分比相等。[1] 如果女性活的时间更长或者结婚更早，女性人数就会比男性多一些，故社会中的未婚女性比未婚男性就要多一些。因此，结婚的人越多，未婚女性与未婚男性的比例越大。如果女性在17岁就可以结婚（美国就是如此），而且此时她们的预期寿命还有60年，同时男人可以在21岁结婚，他们的预期寿命还有50年，那么在一个人口稳定的社会中，成年女性将会以60∶50的比例超过成年男性的人数。如果有1/5的男性未婚，那么就会有1/3的女性未婚。如果女性比男性早 3 年结婚，且比男性多活 7 年，那么在女性平均比男性多活的 10 年里，她们或者离婚，或者守寡。

有人认为：婚姻习俗与预期寿命之间出现了不一致，女性比男性的寿命长一些，结婚时比男性年轻一些，因而有长时间守寡的可能性。男性或女性是否愿意看到另一种情况，现在还不清楚，但若他们愿意的话，我们可以考虑缩小男性与女性之间的差别或者将其颠倒过来。首先，让我们在一个恒定的人口中考虑第一次婚姻的情况，假设在 10 年内所有丈夫与妻子之间的平均年龄差别减少为零。在此之后，所有事情都同步发生：男性与女性的年龄相等，而且此时更容易找到自己的另一半。但在达到这一点之前，将会有 3 年的年龄差别——男性结婚更早，女性结婚更晚，或者两者都有。如果男性结婚更早，那么 10 年内在妇女人数不变的情况下，有 13 年的男性青年都到了适婚年龄，那么就有 3 年的男青年找不到配偶。如果女性结婚晚 3 年，那么就有 10 年的男性达到适婚年龄，并有 7 年的女性达到适婚年龄，但仍有 3 年的男青年找不到配偶。这两种情况下的任意一种组合都是一样的。

这种数学关系并不仅仅针对婚姻问题。如果存在阶段转换，它也可用于解决任何两组事物或人群之间的同步流动问题。

在婚姻的例子中，我们从一开始就讨论了寡妇比鳏夫的数量多，所以有多余的女性匹配男性。但是，如果一个 50 岁的男性和一个 70 岁的女性相配不合适，那么未婚男性的年龄分布将在半个世纪中都会呈现出"驼峰"形状。

不仅如此，如果每个人都早结婚，并且离婚现象很不普遍，那么这 3 年的男性剩余数将会成为过剩的一代（就好像战争导致男性大量死亡后，女性也会出现这样的情况）。但是，因为存在离婚，而且不是所有人到了适婚年龄就结婚了，因而在每个年龄段都有未婚的妇女存在。有些年轻男性会娶比自己大的女性，有些年龄较大的男性甚至娶了比自己年龄还大的女性，就是因为存在这 3 年的剩余数。如果将这个阶段推移

3年，就会使3年的适龄男性不能在这个阶段结婚或者娶比自己年龄大的女性。这就意味着不能将年轻男性和年轻女性进行匹配。由于存在3年的剩余供给，因而必须有其他的安排，这就好像当夏令时结束的时候，有额外的1个小时多出来一样。

匹配人口的数学问题同样适用于跨种族或跨语言的婚姻。对于具有同质特征（比如种族和语言）的家庭来说，与处于初次婚姻年龄段的年轻男性和年轻女性人数问题是大致一样的。如果跨群体婚姻中的男女存在不对称性——例如，说英语的男性有更多机会娶说法语的女性，即说法语的女性有更多的机会嫁给说英语的男性——而不是相反，那么无论有多少人结了婚，说英语的未婚女性都会出现剩余，而说法语的未婚男性也会出现剩余。（海外驻军就是一个例子。）

把所有的跨群体婚姻放在一起考虑，我们可以得到一个定义正确的结论（前提是一夫一妻制以及人群中只有白人与黑人），那就是白人嫁给黑人与黑人嫁给白人占总人口的比例正好相反。在美国的这一代人中，不管黑人与白人结婚的总人数到底有多少，黑人嫁给白人的比例大约是白人嫁给黑人的比例的8倍。

两类群体的分布率

婚姻是一个特例。人们常常会对一些地方的两类群体的比例问题感兴趣。一个例子就是如何将大学中占总数3/4的男生分配到12栋宿舍楼的问题。很多种分配组合都是可能的，所有主体都受到一个数量限制。举例来说，所有宿舍楼都可以有一个共同的单一分配比例：3∶1。还有一种方法分配男生和女生，从而使女生住在有一半男生的宿舍楼里，即6栋宿舍楼一半住男生一半住女生，剩下的6栋宿舍楼全部住男生。如果2栋宿舍楼只住女生，剩下的10栋宿舍楼中男女的平均比例应该是9∶1。如果有2栋宿舍楼只住女生，另有2栋宿舍楼中一半住男生一半住女生。

这个原理对于大一的学生、黑人学生、已婚学生或任意群体都是成立的。如果黑人学生是学校中人口总数的 1/12，他们都可以住在一栋宿舍楼中，或者以 50：50 的比例分配在 2 栋宿舍楼中，或者以 1：3 的比例分配在 4 栋宿舍楼中。这些宿舍楼里黑人的平均比例不可能超过 1/12。

如果规模比较小，人的不可分性就会变得非常重要。如果在 4 个人的宿舍里进行分配，每个人占总人数的比例不可能少于 25%。如果黑人是总人数的 1/12，那么最多只有 3/11 的白人可以有黑人舍友。如果每个黑人都想与黑人同住，而且白人也有同样的想法，唯一可以接受的比例就是 2：2，其中 10/12 的宿舍都只住白人。同样的结论也适用于医院里的病房分配、部队分班，甚至还适用于更极端的例子，比如当警察两人一组坐在两人巡逻车中，每一辆巡逻车里的警察都按照 50：50 的比例进行分配，每辆巡逻车中的两个警察肤色都不相同。

如果我说每个人都有可能在这种枯燥乏味的数学上犯错误，你可能会觉得难以置信，但我必须说明人们确实会忽视这一点（即使这看上去极其浅显，人们甚至不必花费精力去研究它）。想一想，这些命题听起来有多老套，令人震惊的是校方委员会居然花了那么多时间去研究那些有关宿舍楼中男女混住，或者黑白混住，或大一学生与大二学生混住的建议。这样的研究方式违背了简单的数学定理，即无论你如何对学生进行分配，所有宿舍楼里的学生人数加起来必须等于所有学生人数。

成长的动态学

人口统计学中有许多不可违反的数量关系。在这些关系中，大多是一些简单的事实，比如每个人活 1 年也就老了 1 岁。去年 20 岁的人，不考虑在这一年中死亡的，今年就是 21 岁。21 岁的人变成 22 岁只有一个办法：等待一年。

我们看到了当两类同龄人群的适婚年龄段变化时的特殊情况；在单

一人群中也存在类似的现象。[2]

如果某些行为只有达到一定年龄才可以参与，那么考虑一下：如果将这个年龄改变一两岁，将会出现什么样的情况？比如说应征入伍的年龄，或者是上小学一年级的年龄，或者将高中就读年限增加一年或减少一年。

假设部队里的现役军人共有200万人，都是21岁应征入伍，并且都需服役两年，考虑一下：如果将现行政策改成20岁应征入伍，那么会出现什么情况？可能有如下三种情况：

（1）有一年的成年男性可以不用应征入伍。改变入伍年龄前后，每个人的生命中都可能会在某一年入伍；政策变动的这一年对某些人来说是个幸运的年份——这一年21岁的成年男性不用应征入伍，他们可以多过两年市民生活。

（2）我们可以在这一年中招收两个年龄段的成年男性，使部队在这两年中达到300万人。

（3）我们可以让20岁和21岁的青年同时应征入伍，而22岁的青年提前一年复员；第二年同样也有一半军人只需服役一年就可以提前复员。

换句话说，有100万人跳过了两年的服役期；部队增加的100万人服役两年；有200万人分别节省了一年的服役期。

这就好像在一个每小时预约一次而且24小时开放的曲棍球场上，当夏令时生效时一样。那些预定了午夜24点到第二天凌晨1点的场地的年轻人，在23点45分来到场地并换上球鞋，但在15分钟以后，已经是第二天凌晨1点了，而他们预定的时间已经"过了"。或者是他们与预定了凌晨1点到2点的人挤在一起，或者他们各自使用30分钟场地。时钟转动的速度没有改变，但对时针的一个小小阻碍都会产生供给和需求上永远的重叠。

同样，如果入伍年龄提高，我们可以在两年中使部队减少100万名军人，让两届军人服务三年，或者从别的地方征召100万名军人，仅从数学上看不可能有其他情况。

请注意这里三个变量之间的关系：应征入伍率、服役期限以及人口规模。如果每年有 200 万人达到了服役年龄，你希望每个人都要平等的服役，并且希望部队里每年保持 200 万名现役军人的水平，那么每个人都必须服役一年。如果你想要保持 200 万名现役军人的水平，但希望每人都服役两年，那么每年你就只能征召 100 万人，也就是 100 万名青年入伍，另外 100 万名青年不入伍。如果你想要每年征召 200 万人，每人服役两年，又要保持 200 万名现役军人的水平，你只能自创一种新的数学方法。

如果法庭想要对犯罪指控进行加速审理，那么同样的数学模式也适用于这个过程。监狱可能在相当于平均服刑期限的一段时间内更加拥挤，否则就会有更多的罪犯被释放，或者有一些罪犯被提前假释出狱。在医院排队等候床位也是同样的现象。

如果控制人口出生率，使之等于正常死亡率，因而出现"零人口增长"，那么小于 25 岁的人口比例到 2000 年时将会比当前的 43％低一半左右（即 22％），并且如果当前各年龄段的死亡率保持不变的话，这个比例会逐渐增加到 33％。

加速原理

我有一个喜欢劈柴的朋友，他喜欢劈柴就好像人们喜欢打网球一样。但问题是，他必须有木柴才能劈柴。

他也烧木柴，但劈的木柴与烧的木柴数量之间没有任何关联。这两种行为是毫不相关的，只不过前者正好制造了燃料，而后者正好消费了燃料。他喜欢劈的木柴比他烧的木柴数量多得多，他也不能把劈的木柴扔掉。如果要他承认只是将这些木柴劈开，使它们腐烂得更快，那么劈柴的乐趣也就没有了。他不能卖掉那些木柴，也不能把它们送给别人。

我有一些喜欢儿童的朋友，尽管他们也喜欢十多岁的孩子，但他们尤其喜欢儿童。儿童会长大，他们不想要那么多大孩子。假设一个小孩要花15年时间才能长到7岁的话，这些朋友会愿意要两到三个孩子。但是，如果他们想在未来的20年中使家庭中总有两个7岁以下的孩子，那么他们的家庭将会变得越来越大，以至于他们无法负担。

住房建筑非常重要，这并不仅仅是因为它补充或增加了住房供应，还因为它是很多人谋生的途径。它为其他行业提供了机会，比如水泥和木材行业、油漆和管道行业；此外，对于那些把汽车和棒球门票卖给房屋建筑者的人来说，也是重要的。但是，住房是耐用品。如果建筑行业要在5年内增长25%的住房供应，那么会出现什么情况呢？如果建筑行业原来每年要替换掉现有住房的1%，并且额外增长2.5%，那么要使住房总量以5%的速度增长，就要使现有房屋总量的年均增长率为6%，而不是3.5%。建筑行业的生产率必须在5年内以每年接近两倍的速度增长，然后再回到一个新的"正常"生产率水平上。如果住宅存量每年再多增长2.5%，建筑行业必须即刻以近100%的速度扩张，5年后，当住宅行业股票重新回到2.5%的增长水平时，建筑行业才会开始收缩。

对少数民族的招募也是一样的。假设某些劳动力的更新率是每年5%，比如邮递业雇员。黑人雇员人数一直保持在总共50万名员工的5%的稳定水平上，也就是25 000人，正常的招募应该是每年招收1 250个黑人和23 750个白人。现在，有人决定在4年内将黑人的比例从5%提高到11%。在这4年内，有5 000个黑人要离职或退休，招募黑人的数量必须增加30 000人，所以必须招募35 000人，而且整个招募人数仍是100 000。这样，黑人在招募员工中的比例就从5%提高到35%，增加了7倍，并且在第4年末降到11%。

注意，如果更新率提高两倍（而且人们平均工作10年而不是20年），每年的招募人数也将提高两倍，4年内招募的人数将达到200 000人，招募的黑人达到40 000人，或者说从5%上升到20%，而不是从5%上升到35%。稳定水平量的改变对招募比例产生的"杠杆作用"与人口的寿命同向变动，而与更新率反向变动。如果一个四年制大学打算将少数民族学生的比例从5%提高到15%，如果计划要在两年内完成，那么每年招收的少数民族学生必须占新生总数的1/4；如果计划在一年内完成，那么当年招收的少数民族学生必须占新生总数的45%。

同样的原理也适用于有关200万名应征新兵的例子。新兵要花6个月时间训练，这样部队就有150万名经过专门训练的士兵。在紧急情况下，可以在6个月内使经过专门训练的士兵人数翻番。此前，我们每6个月增加50万名士兵，训练他们6个月，让他们替换那些已经完成两年服役期的士兵。现在，我们要在6个月内替换50万名士兵，再加上原有的150万名士兵。6个月内我们增加的招募士兵人数是以前的4倍。到年中时，受过专门训练的士兵人数是原来的4倍。如果士兵的服役期仍为两年，则每半年招募的士兵人数就会从200万名下降到50万名，平均训练次数也会同时下降。

我们可以使这个原理更加复杂。假设训练应征入伍士兵的教官也要参加两个月的培训课程，同时教官和受训者的人数比例是1∶11，而且一个典型的教官（即他自己也是应征入伍的士兵）要在工作岗位上待22个月。训练50万名新兵需要大约45 000名教官，加上4 000名正在受训的教官，以及每月2 000名更换的教官转业。当我们需要在6个月内使部队人数翻一番，并且要对新兵训练4次时，我们就需要4倍的教官，即180 000名教官而不是45 000名教官。另外，我们现在就需要他们。那么，我们一次就要让137 000名新教官参加两个月的培训课程，而这个培训课程以前一次只承担4 000名教官，居然一下增加了35倍！（我认为根本无法做到。）

再让我们看一下这里的关键变量，它们是：（1）某种人口存量水平的增加；（2）增长发生的速度；（3）持久性或长期性，比如按增长率增加人口的更新率。在经济学中，这被称为"加速原理"。只要两种性质完全独立的行为之间存在相关关系，一方是另一方增长的原因，加速原理就会起作用。(慢跑鞋生产的数量通常与慢跑鞋的销售率成比例——如果慢跑运动人数在一段时间内保持恒定的话，也与参与慢跑运动的人数成比例——但是，生产慢跑鞋的工厂新建速度更可能与生产率的增长率成比例，这与"加速度"和速度之间的关系一样。"加速原理"这个名称也是由此而来。在经济学中，有关投资与消费之间数量关系的加速原理也非常重要。)这个原理还反映在每个人的个人能量供应系统中，饮食和体重之间的性质完全不同，但一方的数量影响着另一方的变化，其间存在密不可分的关系。

在分配中的地位

问一问司机，他们认为自己的驾驶水平比平均水平高还是低，大多数人都会认为他们比平均水平高。但是，当你这样告诉他们时，大多数人都会露出窘迫的微笑。

这有三种可能性。他们头脑中的平均水平是一个算术平均数，如果有少数人驾驶得很差，那么大多数人可能都"高于平均水平"。每个人都会把自己认为重要的品质给予较高的评价：驾驶比较谨慎的司机认为在驾驶水平中谨慎非常重要，而驾驶技术比较好的司机会认为技术非常重要，而那些不具备这两种品质的司机认为至少他们非常礼貌，由于在驾驶中礼貌是很重要的，因而在他们的品质排名中，他们会认为礼貌的重要性是很高的。(为什么每个孩子都认为他们自己的狗是全社区最好的狗，这是一样的道理。)或者，另一些人可能就是自己骗自己。

我们可以问得更明确一些，比如他们认为在驾驶过程中他们的谨慎程度是高于平均水平还是低于平均水平；现在，如果我们从比较谨慎的司机中挑出一多半人来问这个问题，当我们告诉他们结果时，将会有较少的人感觉窘迫（虽然他们可能希望大家都有尴尬的笑容）。

事实上，有20%的人确实是最穷的20%，有15%的人确实是最富的15%，有10%的大学新生确实是他们班排名最后的10%。

准确地说，这不是一个事实，而是一个定义。如果最后的 10% 可以确定的话，那就是个"事实"；如果用一定的平均数可以将每个人都划分到一定的百分比范围，那就是个"事实"；如果在棒球比赛中本赛季第一周前 10 名平均击球最好的选手有决定性意义，那么这就是个"事实"。如果"美国最佳个人全能运动员"只能有一个人——即使有时候没人符合条件，而有时候可能有两个人能当此殊荣，那么这个"事实"也成立。然而，就好像说最高的 1/3 的人比次高的 1/3 的人个子高，这不过是个定义而已。

即使一个班级中排名最后的 1/10 或社区的老年居民中年龄最小的 1/5 退出了集体，这个事实仍然存在。也就是说，即使社区里老年居民中年龄最小的 1/5 退出了或被驱除出社区了，也无法通过排除 1/5 来消除老年居民中年龄最小的 1/5。

更重要的事实是，在许多行为和情况中，人们是比其他人老还是年轻，贫穷还是富裕，高还是矮，以及他们到底是属于最后的 2/3、1/2，还是最后的 1/4，抑或是最后的 1/10，确实事关重大。当我们组成一支沙滩棒球队、捐助居民区中的老年人、加入一个网球俱乐部或报名参加一个法律学校时，这些也是重要的。

确实有 1/5 的人就是最年轻的 1/5，尽管这个论断的信息显得没有什么价值，但它的含义却不简单。注意，这个论断对于每个特定的人来说都不是正确的。这不是一个有关个人的论断，而是一个有关群体组成的论断。如果我们详细定义了那些不仅在意他们是否在最后的 20% 中，而且还对此有一定想法的人，或者定义了那些一贯认为他们所在的群体是比较年轻或比较年长，而实际上却并非如此的那些人，就是一个切合实际的论断——一个科学的、可经实践检验的观点。如果人们认为网球俱乐部里 90% 的人都比自己打得差，从而不愿意呆在俱乐部里，那么每个人都会相继离开，俱乐部最终就会解散，而打得最好的人逐渐成了打得最糟糕的。这种情况的发生速度既取决于是只有 2% 或 15% 的人认为他们是前 10%，还取决于是否前 10% 中最好的 5% 会快速离开，而稍逊一些的人慢慢离开，以及 80% 感到满意的人能在多短的时间里发现较好的运动员都在相继离开或已经离开。

对于空间关系，正如我们在本书开始时所讲的观众席问题，就是这个原理的一个特殊例子。就好像有人总是年龄最大的人一样，有人总是坐在前面。如果所有人都想成为人群的中心，他们将达不到目的，如果所有人都想处于人群的边缘，那么他们也达不到目的，而且可能使人群解散。他们的愿望从个体上说都是合理的，但从集体上说却是无法满足的。

这个原理对于人们的行为是成立的，对于人们本身也是成立的。每个人在给侍者小费时可能都希望自己给的比平均水平多一些，每个人都希望自己的学期论文比平均水平写得长一些，每个人都希望当大多数人都到场的时候再入场。当然，这些都能用平均值和中值（如前 1/3、后 1/4 以及前 10%）等来表示。当然，可能没人愿意成为极端的那种人，没人愿意是集体中最年轻的，或最矮的，或最穷的；或者没人愿意是第一个站起来的，第一个鼓掌的，第一个说话的，第一个裸泳的。

排队等候和循环运输系统

在滑雪吊索（运送滑雪者上山坡的吊索设备）旁排队等候时（队很长），我听见有人建议吊索应该走得更快一些。尽管这可能需要一个更大的引擎，但管理方应该能支付得起这个价格。这样的建议值得声援，但事实上，这个建议根本就无法实行：吊索速度越快，排的队越长。

对于一定数量的顾客，我们有一个循环系统。每个人都在重复这个循环，尽管顺序不同。前面的一对顾客被送走之后，后一对顾客需要等一段时间才能有座位。两个滑雪者进入吊索的时间是 6 秒，这个时间与吊索速度没有关系（如果吊索速度快一点，掌握正确的姿势就更重要，上吊索的间隔时间还会稍微长一点)。现在，每分钟大约能上20个人。

可以把所有人划分为4种：往上升的人，往下滑的人，排队等候的人，以及在温暖的小屋里休息的人。如果待在室内的时间与吊索运行毫无关系，我们可以只分析乘吊索往上升的人、往下滑的人和排队等候的人。如果上吊索的速度是每分钟20个人，那么从山顶下吊索的速度也是一样的。如果人们滑雪下山的速度并不受到他们上山速度的影响，那么吊索的速度就不会影响正在滑雪的人数。从固定总数中减去这个不变的数量不改变另外两种人的人数。但是，当吊索速度加快时，在吊索上的椅子数就应该减少；人们上吊索的速度没变，但在吊索上停留的时间会更短。（吊索上的椅子与椅子之间离得更远了。）如果滑雪下山的人数没有变化，而上山的人数变少了，那么就有更多的人在第三个阶段，也就是在等候的队伍中。因此，提高吊索的速度并不会减少等待时间，它减少的只是坐在吊索椅子上的时间。

如果我们在上班时遇到连续的交通拥堵，也会有同样的经历。当我们的平均时速只有5英里，在冲出重围之前总是在不停地起步停车，我们总希望有人能拓宽一点马路，或者减少左转弯道，或者修理一下路面，使交通速度快一些。令人高兴的是，在一天早上，马路确实拓宽了，我们开车出去都不需要减速——但在下一个较窄的"瓶颈"又排起了队。我们前面的人也是这样，而且这个队比平时长了两倍。他们所做的只是拓宽了一个狭窄路段，结果却使人流、车流集中在了下一个狭窄路段。

我们在这里讲的是"数量守恒"问题。在物理学和化学中有很多"守恒定理"，比如能量守恒、物质守恒或动量守恒。如果你将一个网球向天空发射，那么它的重心轨迹将不受场内比赛的影响。内部运动力会相互抵消。这些守恒定理在物理学中的作用等于会计系统在经济学中的作用。会计系统是一个复式记账系统。赌博也存在"资产守恒"定理，即从整体上说，总资金并没有增加或减少。对于周末体育比赛的博彩来说，赢的钱等于输的钱。也就是说，如果我们像物理学家和化学家那样仔细地了解比赛中所有的例外或"漏损率"，并将它们记录下来，我们就会发现这样的情况。如果在赌博过程中有一部分赌资交了场地费，我们应该把这部分钱计为赌博者的"成本"，而不是"输掉的钱"。如果政府对赌博征税，我们必须将政府看成"赢家"，或者我们应该将"输家"输的一部分钱看成税收。同样，机械系统中的能量守恒也允许磨损所造成的损失存在，因为磨损以一个固定交换率产生的热当量正好等于机械能量消失的那一部分，因而能量最终是平衡的。

我们的滑雪吊索也是一个"守恒系统"。有从停车场新来的人，也有在关门之前离开的人。但是，如果我们允许有迟到和早退的人，允许存在一些吃午饭和上厕所的人，那么我们就把所有人都计算在了这个记账系统中。我们定义的吊索循环的三个阶段——吊索上升阶段、滑雪下山阶段和排队等候阶段——是一个半封闭的系统。"半封闭"的意思是，对于我们要跟踪的事物，其收益和损失只发生在一些有限的进出点上，如果愿意的话，我们可以计算这些点数。(基本上，所有事情都可以看成一个半封闭系统，即使是一个繁忙的十字路口，但以这种方法分析某件事情是否有意义，取决于更新率是否足够快，以使得无法将它作为一个几乎是全封闭的系统来处理。)

移民也是一个半封闭系统。任何一个城市或州都可以减少享受社会福利的人数或者清除那些将依赖社会福利的人，或者引导他们离开当地。但是，除非人们死亡或者离开这个国家，各个州或各个城市在总体上无法同时减少它们的福利开支，除非是失业的移民在城市之间流动，或者有些移民去了农村。十年前，一本有关城市政策的畅销书建议一个城市只要不去修建低收入住房，就可以提高它的平均收入。如果住房很差，低收入的人就会离开，而不是移居过来。这一建议对于任何一个城市来说都是可行的。但是，对一个城市有效的政策对另一个城市可能是无效的，除非差房子能在一定程度上减少城市贫困人口的人数，否则所有城市不可能都实现这一政策。(这种情况有可能发生，也有可能不发生，但与这个建议无关。）

许多人在半封闭系统中流动，而有些人却表现出特殊的流动模式。在旧金山海湾大桥上，每天都有很多人来来往往，他们早上涌向一个方向，下午则涌向另一个方向。每年冬天，新罕布什尔州 93 号州际公路上一到周末总是挤满了汽车，先驶向北边，后驶向南边。人们在一天中不同的时间驶向北边，但他们都在周日晚上相同的时间驶向南边。在公路收费站前排起的队伍足足要走 30 分钟。在旧金山海湾大桥上，他们可能会对一个方向的车收取双倍费用，而对另一个方向的车不收费；几乎所有人支付的费用都是一样的，所有的司机都节约了时间。对于不常过桥的人，比如从西雅图到洛杉矶要掏双倍费用，而从洛杉矶到西雅图只要付 25 美分就可以通过，同时减少了收费成本。新罕布什尔州的高速公路上没有用到这个方法，而新罕布什尔州的滑雪场很早就用到了！如果你能够让他们掏钱上山的话，那么你根本无须在他们下山时再收一次费。如果在 93 号高速公路上也遵循守恒定理对行人实施这种收费方式，人们应该能够理解，也就是对北向人群收取双倍费用，而对南向人群不收费。在这两种方式下，他们支付的费用其实是一样的。[3]

其他类似半封闭系统内的"人口"流动例子还有回收瓶、Avis 汽车以及 DDT。有人提议每辆新车都要缴纳"丢弃税"（disposal tax），用以承担处理报废汽车的最终成本。这是因为他们认识到了所有生产出来的汽车迟早都会报废，而且只能报废一次。

漏损和衰退系统

当规划一场网球锦标赛的后勤工作时，如果参赛选手人数是 2 的倍数，比如 32 或 128，后勤工作就会轻松一些。每场比赛需要一罐球，并且很容易计算出需要进行几场比赛。如果第一轮有 128 个选手，则会有 64 场比赛，第二轮减半，依此类推，直到最后一轮比赛。但是，假设有

129 个选手报名参加。第一轮中就会有一个人轮空，他可以直接参加第二轮，而后第三轮又会有一个选手轮空，那么我们需要多少罐球呢？

我们不需要做这道数学题，因为有人已经观察出来了，每场比赛淘汰一个选手，直到最后一个选手无法再被淘汰，比赛就结束了。如果有 129 个参赛者，那么必须 128 个人各输一场。因为没有两个选手会输掉同一场球，所以需要 128 场比赛来淘汰 128 个人。我们需要 128 罐球。如果不是 129 个人，而是 128 个人参加比赛，我们需要计算 64＋32＋16＋8＋…；想一想，我们要得到最终答案有多么容易。如果问题更难一点，我们就会想办法找到一个公式来代替上述计算方法。

当一个人买了一个 195 美元的热水器时，我们也可以用同样的方法计算出由此带来的收益。我们可以估计一下需要开采多少铁矿，并将其炼成钢；将煤炭用铁路运送到炼钢厂，并将钢运送到金属加工厂需要生产多少石油来提供所需要的能量；给热水器外壳喷漆的喷漆设备上的尼龙喷嘴需要用多少石油化工品，批发商和零售商的加价分别是多少，生产玻璃板的工厂的工人工资率和生产率是多少，所有工厂支付的利息和房地产税是多少。如果我们想要知道销售一台热水器所产生的收入增量体现在哪些地方以及由谁获得，我们就需要知道所有这一切。但是，如果我们想知道收入到底增加了多少，只需像上述网球比赛的例子那样处理。根据少许条件的限制，这次购买支出所引起的收入增量应该是 195 美元。

第一个收到这 195 美元的人留下一些，剩下的将会依次分配下去。我们不去考虑他是否按工资、利息、税收、租金或热水器批发商的购买价格等进行分配，他无法留作收入部分的钱就是"支出"。每一笔"支出"的一部分都作为某些人的收入，而其余部分则以"支出"的形式支出去。同样，他可能将剩下的收入作为税收、工资、利息、送货费、原材料成本或其他可能的支出传递给其他人。他无法留作收入的部分也分配下去了。在下一个阶段，也有人将一部分钱作为收入而剩下的继续分配下去，依此类推。如果我们一直追踪这个过程，直到这笔支出最后分配完，除非我们没有追踪完全，否则这些数额加起来不会多于 195 美元。

如果有人在交易中遭受了损失，实际上是他增加了开销，其花费超过了他的收入。如果我们将这种情况看作负收入，那么总量仍是一个"数量守恒"。有人可能使用了手头上的一罐油漆而没有付费，但他在开销上的节省并不形成"收入"，因为他使用的资产是有价值的。我们可以用另一种方法进行计算：我们可以计算他购买一罐油漆时所产生的收入，也可以计算他再去装满油漆时所产生的收入，还可以用一个相关的概念"负投资"来抵消这 195 美元的投资，其形式就是存货（油漆）被清仓。在网球比赛中，我们也可以允许人们自带网球。

下面这个问题也涉及一个相似的原理：如果每对夫妻生男孩和女孩的可能性都是 50%，而每对夫妻都只想要男孩，并且生了男孩后就不再生了，那么男孩和女孩的比例将会是多少？一半人头胎生了男孩，他们就不再生了，而生了女孩的夫妻还会接着生，并希望生育一个男孩。这种情况将会如何改变人口中男孩与女孩之间最终的比例？（有时，人们认为这种行为动机可以解释为什么在一定人口中男孩比女孩总是略微多一点，尤其是那些残害女婴的地方必然会出现这样的结果。）

只要稍微思考一下就会知道：任何这样的"停止规则"根本不会影响男女的最终比例，比如头胎生了男孩就停止下来。在第一轮中，一半婴儿是男孩；在第二轮中，只有一半的家庭还会生孩子，仍是一半男孩；又生了女孩的家庭还会接着生第三胎，而且由于 50∶50 的假设，还是一半男孩一半女孩。如果每一轮中都是一半男孩一半女孩——无论生育什么时候停下来——那么最终的比例也必定是一半男孩一半女孩。（毋庸置疑，我们不用计算就知道有多少孩子。最终，每个家庭都有一个男孩，女孩的数量等于男孩的数量，并且平均每个家庭都有两个孩子。）

遗传学中也有一些相似的原理。如果一个退化的基因与相同的基因配对对早期生命会产生致命的后果，而对有关生育的问题没有影响，那么在一个稳定的人群中，人口总数中不因这种基因而死亡的人数，必然等于这种基因数目的一半。这一论断与该基因在结婚的人当中如何分布没有关系。如果人口是持续增长的，那么有关论断会更复杂。

模式和结构

我们已经给出了足够的例子来说明，即使在社会科学所处理的诸多数量关系问题中，这种模式和结构不是随处可见，但也非常普遍。这些模式和结构使变量遵循一定的原理，减少了相关行为的"自由度"，限制了一些数学上的可能安排和结果，并使那些乍看上去似乎相互之间没有关联而实际上有关联的事件、活动或任务之间的等式成立。

对所有这些封闭系统、数量守恒、配对事件、反向流动、会计报表和跃迁矩阵、建立在对称和双向基础上或仅仅从交易定义衍生出来的定理，构思一个逻辑体系或详尽的分类方法应该是很有益的。但我不知道，也不确定在做这样的工作时应该如何对它们进行界定。

关心气候和能源的人必须要确定这样一个原理，即在一个封闭系统内，存在于大气、海洋、新鲜的和腐烂的蔬菜，以及还没有燃烧的燃料中的二氧化碳是一个近似确定的数量（一些二氧化碳产生于火山爆发，而另一些则进入了岩石）；因为蔬菜的腐烂、燃烧和新陈代谢所产生的二氧化碳可能在新鲜蔬菜中再循环，而燃烧石油和煤炭产生的二氧化碳是大气中二氧化碳的净增加量，除非有一些在海洋中溶解了，或者进入蔬菜的总量中了。大气中的二氧化碳影响了地球太阳能系统的平衡。无论你把二氧化碳看成化学的、地质学的还是气候学的研究范畴，它都是一个对我们的环境非常重要的部分，并且它也遵循我们在其他情况下所看到的守恒定理：我们不能说把水银倒进河流后水银就消失了，也不能说把老年人移居到其他州后他们就不存在了,更不能说我们把收到的残币快速花出去后残币就没有了。

"二氧化碳预算"与另一个守恒系统"能量预算"是相互交叉的。根据后者,到达地球的太阳能要么被地球反射回太空,要么通过光合作用以其他的化学形式保留在蔬菜中,要么被水蒸气吸收,或者融化在冰雪中,或使大气、海洋、地球表层升温。即使在西南部的沙漠中,太阳能被"收集"起来并转换成电力,用来给东部的电动汽车的电池充电,最终也会被释放回大气,就像储存在稻谷中的能量一样;风车不仅产生了电力,而且减慢了风速,把一种储藏的能源转换成另一种能源。

由于所有的水都存在于海洋、湖泊、河流、溪流、冰层、雪层、云、湿气、雨水、植物中的水汽、湿润的土地、地下水层、动物体内,或者在能够氧化后形成水的碳氢化合物中(以及一些游离氢中)循环,所以地球上的"水预算"也是交叉能源预算。

非社会科学家的世界中充满了诸多这种封闭的循环系统、均等行为和反应、增长率和衰亡率数值,以及与其他指标具有此消彼长关系的指标,以至于直到这个理论体系找到了一些定律,才不再受到经常的怀疑。受过训练的统计学家通常知道如何发现隐藏在某些变化之下的恒定规律。物流公司需要安排货车、航线和校车的时间表,它们也经常与这种半封闭系统打交道——有些巴士或飞机因故正在维修,有些新的还没有送过来,如果有些交通工具还没有被其他人租走或滞留在偏远的地方,就可以加以租借。

正如我提到的那样,经济学建立在以下研究对象的基础之上:双重和四重交易,投入产出矩阵中价值的双向流动,其他指标的增长率(就像建筑行业与房地产股票之间的关系或商业贷款与货币供给之间的关系),以及可以相互替换并且相互抵消的赌债数量、公司债务和债券,甚至还包括一个无论购买者和销售者能力及意愿如何,购买数量(经过适当定义的数量)与销售数量完全相等的简单"市场"。

在物理学中，这些相等和恒定关系有时被称为规律和原理。（当然，当人们发现热能可以以一个固定的转换比率转换为机械能，并能通过摩擦以同样的比率反向转换成热能时，这个命题就会得到后人的修正和补充。）在经济学和其他社会科学中，这个关系有一个更朴素的名字："市场均衡等式"或"会计等式"，有时也被称为"社会计量式"。人口统计学是社会科学中与经济学最接近的一门学科，它们建立的基础都是成对出现的交易、转换、持久指标和事件，双边关系或对称关系，以及一些在少量进入、退出和转移点上进入、退出或改变系统的可数或可度量的事物。经济学和人口统计学处理的是可数事物，这些事物保持着自己的特性，并有可数的数量，具有类似于结婚和离婚、销售和购买这样的行为，是离散的、定义明确的，通常还是对称的，有时也是可逆的。在其他的社会科学中，一般很少有建立框架的传统，这些框架能让人口循环或交易受到数字或数量的限制。

由于这些数量模式和结构缺乏一个逻辑体系或一个详尽的细分，我最多只能尝试性地给出有关这些限制性结构的某些可能表现方式。

第一，许多现象都是成对出现的。这是因为交易通常都发生在两个参与者之间，而有时是因为行为具有双面性或相互性。有一个借方就一定有一个贷方，有一个租户就一定有一个房东，有一个发信人就一定有一个收信人，销售者对应着购买者，支付对应着收款，生产性行为对应着收入的获得，盗窃对应着犯罪。这些成对出现的现象本身并没有什么，但如果它们都定义明确且可数，尤其是如果它们出现的原因互不相同，那么它们之间不仅服从前面已经讨论过的等价关系，有时也会服从我们无法预测的关系。

第二，某些群体和某些可度量的数量在一个封闭系统中遵循"守恒定理"。金钱从一个人手中到另一个人手中，从买者手中到卖者手中，从贷款人手中到借款人手中，金钱本身没有受到破坏；人们从一个城市移居到另一个城市，但他们并没有消失；当热能进入烟囱，它不会就此从更大的系统中消失；当含有 DDT 的动物被其他动物吃掉后，DDT 并不会从生态系统中消失；而我们把垃圾倒到别人的院子里，垃圾也不是就此不存在了。

第三，一些可度量的指标和可数人口通过"半封闭"系统来转移或者在这些"半封闭"系统中转移。最简单的例子就是关于"高速路收费处"的案例。在这个收费处前排队的人数等于累计到达收费处的人数减去已经通过收费处的人数，而已经通过的人数等于所有累计到达收费处的人数减去正在排队的人数。稍微复杂一点的是交通拥堵问题，所有人及所有事物都流向一个方向，人群拥挤在路牌之间，或者在道路收费处排起长龙。其他的例子还有：（1）所有人都要离开所念的小学，或者有些人离开被征召的军队，有些人则进入，停留一段时间后再离开。（2）交互系统，比如通勤往返需要路过的桥梁和隧道，或者像滑雪吊索那样的循环系统。（3）具有人口年龄特征的系统，或等级系统中的阶层特征，人们进入这个系统后仅向一个方向变化，沿着死亡或退休的路径退出系统。（4）更复杂的系统，比如刑事司法系统，罪犯要么在蹲监狱，要么在法庭上，或在假释中，或处以缓刑，或被人保释，或正在拘留，或者正在第二次或第三次作案。在这个系统中，不是所有罪犯都沿着相同的路径在活动，不管存不存在一个"循环"，有人会屡教不改，重复系统中的某些环节。（5）不受限制的自由移民系统，但所有的人口流动都在有限的几个进出口边界上进行。（这些系统在整体上被称为"转换矩阵"。）

第四，有一些活动和关系包含着互补的群体集合。两种性别之间的关系就是一个例子：一夫一妻制遵循单一匹配规则，而兄弟姐妹关系则遵循多重匹配规则；男性和女性在适婚年龄、死亡和离婚的同步变化之间遵循阶段性的关系；白人和非白人群体之间，或人们与他们居住的房屋之间，或人们与他们拥有的汽车之间则遵循联合分布。

第五，某些变量独立地看是有趣的，但一方的变化率恰好是另一方的"出生率"、"死亡率"或"净增长率"。对某些传染性疾病具有免疫力的人口增加量等于患这种疾病的人数减去当前死于这种疾病的人数，正如车龄为一年或小于一年的新车数量等于所有车辆每年增加的总数量一样。

第六，行为系统中的独立变量通常是对系统中非独立变量的简单判断。我是否驾车出行的决定可能取决于目前的交通状况如何；我如何投票的决定可能取决于我对谁是多数派的预测；我囤积稀缺商品的决定可能取决于这种商品在市场上的销售程度；我是否去海滩或者是否待在那里的决定可能取决于海滩上的人口密度；甚至我向联邦基金（United Fund）捐款的多少也可能取决于其他人捐款的数量。但是，不管是交通密度，还是海滩上的人口密度、咖啡的稀缺程度、联邦基金的总捐款数量，以及多数派的得票结果，都是我们共同决定的，我可能知道，也可能不知道。我是你的问题的一部分，而你也正是我的问题的一部分，我对环境的考虑正是环境的一部分；或者说，我根据一定数量或数字做出的反应正是众多像我一样进行决策的人的反应。但是，如果我们研究一下到底是什么决定了人们的行为，比如在拥挤的路上开车、追赶时尚潮流、离开正在变坏的社区或者快速赶到滑雪地点以排在人群前面，我们发现：人们实际上都是在对一个整体做出反应，而这个整体正是由他们自己组成的。

第七，也是与上述内容紧密相连的，即什么是行为平均数或其他有关行为的统计结果的独立变量。这样的例子有许多，比如给学生的评分略低于平均水平，或者给侍者的小费略高于平均水平，比预定时间早到一点以便找到停车的地方，或者比预定时间晚到一点以免浪费时间等待其他人到达，或者某人参加一个可能获得第二名的四人网球对抗赛，等等。

第八，有时两个不同的变量有一个共同的组成部分。特定人口中的已婚男士和女士是我们谈到的最早例子；此外，还有在经济核算中，企业对企业的销售等于企业对企业的购买，因而总销售和总购买之间的差额就是销售给最终用户的产品和服务与直接支付给个人、政府和其他非企业供应者之间的差额。

第九，"详尽细分"在此值得一提。如果每一例死亡都有一个直接的原因，那么只要其他死因的致死率总体没有增加，某一个死因的致死率就不会下降。

对于杜松子酒和苦艾酒来说，把一勺杜松子酒倒入苦艾酒中，再把掺了杜松子酒的苦艾酒舀出一勺倒入杜松子酒中。我们无法知道这两杯混合物的具体成分到底是什么，但这并没有关系。无论倒回来的那一勺酒中苦艾酒占多少比例，这一勺里除了苦艾酒剩下的就是杜松子酒，因而在苦艾酒中剩下的杜松子酒与倒入杜松子酒中的苦艾酒是一样多的。（同样地，如果我们载一车男生去一个女子学校，然后载一车学生回来，那么回程车上的女生人数必然等于走了的男生人数。）

对于划船去寻找掉落瓶子的智力游戏来说，河流与湖泊没有任何差别；河流的流动速度对于瓶子和船都是一样的，因而它们相互抵消了。我们没必要知道划船人划船的速度是多少。如果他掉落瓶子之后划了半个钟头才找到，那么如果以同样的速度划船，他就需要花半个钟头才能找到瓶子。如果河流的流动速度是 2 英里/小时，那么瓶子一定漂了 2 英里。

在第三个问题中，你必须把一块瓷砖切开。为了说明这个问题，试图把一个 16 乘以 16 的区域想象成一个棋盘，上面分布着 256 个 1 平方英尺的小区域。将每行每列都标上从 1 到 16 的数字，在每一个方块上都标明相应的行和列的和。在同一行或同一列中，相邻方块的数字之间只相差 1，因而所有这些方块上的数字都有一半是奇数一半是偶数，并且任何两个相邻方块上的数字都有一个是奇数一个是偶数。每一块瓷砖都覆盖一个奇数方块和一个偶数方块。所有瓷砖覆盖的奇数和偶数是相等的。但东北角（即右上角）的那个方块上是奇数 17（＝1＋16），而西南角

（即左下角）的那个方块也是奇数17（＝16＋1）。因此，我们应该铺128个偶数方块，126个奇数方块。如果我们做一个交替的安排，将256个1平方英尺的方块像棋盘一样刷上颜色，从左上角开始刷白色，东北角的那个方块是黑色，西南角的那个方块也是黑色；每块瓷砖都覆盖一个白色和一个黑色的方块。这样，当我们试图使白色瓷砖数量与黑色瓷砖数量一样多时，我们必须铺128个白色方块和126个黑色方块。与某些社会科学的研究一样，如果我们把这256个方块换成观众席中的256个座位，左后和右前的座位分配给引座员，每一排从左向右让不同性别的人交叉相邻而坐，每一列从前往后也让不同性别的人交叉相邻而坐。读者可以自己计算一下，我们能否邀请127对已婚夫妻来观看演出？

【注释】

[1] 这不太符合实际。在美国，每年出生的男孩人数多于女孩人数，两者的比例为1.05∶1；年轻男性夭折的比年轻女性多，到25岁时，男女之间相差不到3个百分点。因此，实际的情况比前文所说的要略微复杂一些。

[2] 人口增长的动态学有一个有趣且看起来令人感到迷惑的统计事实。根据当前美国的死亡率，25%的人死时不到65岁；在死亡者中，超过1/3的人不到65岁。这个差别来自人口增长。假设25%的人50岁就死了，75%的人75岁才死，出生率每年增长2%。75年前每出生100个人，就有75人于今年死去，相对于75年前每出生100个人，50年前出生了164个人 $[=100\times(1.02)^{25}]$，他们之中的25%（即41个人）于今年死去。

[3] 希望人们不要把这个事例与另一个事例混淆：如果连续的十字路口的交通灯同时变化，使从东到西的速度达到35英里/小时，那么从西向东是否也是35英里/小时？

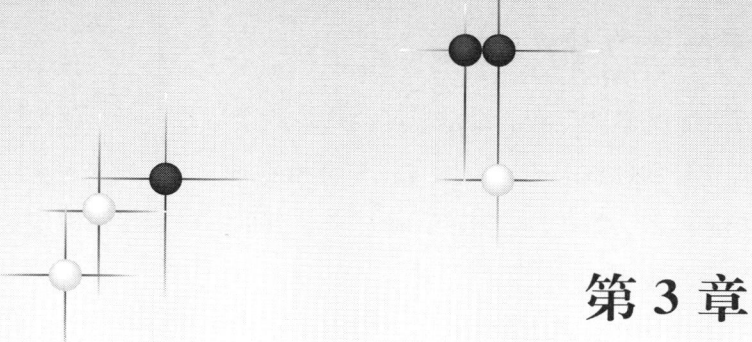

第 3 章
自动调温器、次品以及其他类似模型集合

家庭自动调温器是一个具有教育意义的仪器，它是一个加热系统的智能中枢，通过对室温的反应来控制室内温度。这个加热系统（包括自动调温器在内）是许多行为系统（如人、蔬菜和机械等）的一个代表性模型。之所以称之为代表性"模型"，是因为它以一种清晰的方式再现了诸多其他行为系统的本质特征。

加热器将水加热，但加热水需要一定的时间；热水在散热器中循环，将空气加热，加热房间也需要时间。自动调温器的温度升高后，使一金属闸片膨胀，从而切断了加热器的电源开关，使加热器关闭。自动调温器的温度降低则使金属闸片打开了加热器的电源开关。室外的温度高低、风力大小和绝缘程度如何，都决定了建筑物的热能损失水平，进而决定了暖气管通过产生热空气流动来控制金属闸片的速度。

如果该系统能够完成达到理想温度的任务，它就会产生一个循环过程。早上的温度升高到自动调温器设定的理想水平，并将超过这个水平，每天早上都会这样。然后，温度会降到设定水平，并低于这个水平，室内温度不可能一直停留在我们设定的理想水平上。

当早上室内温度首次达到最高时，人们可能会试图降低自动调温器所设定的温度。降低设定温度会产生两个后果：一是使温度降到比原来设定低的理想水平；二是与前一个相矛盾的——如果室内温度过低，自动调温器会重新设定温度，此后所达到的高温将比没有经过调整时所达到的高温超出理想温度更多。

自动调温器是智能设备，但它还不能称为完全智能。或许你可以花更多的价钱买到一个更智能的自动调温器，它甚至可以超前思考。例如，如果你把这种自动调温器的温度设定在70℉，而此时的温度是68℉，加热器就会在68℉时自动关闭，但如果温度超过了72℉，加热器将在72℉时继续运行。这种自动调温器不仅会对温度做出反应，而且还会对温度变化的方向做出反应。

这种系统是由各种循环过程所组成的模型。这些过程产生了温度的交错上下，其中就会产生一个上升变量超调和一个下降变量低调。温度的超高调节和超低调节实际上都是室温以某种方式不断接近"设定"温度的某些阶段而已。

自动调温系统非常简单，我们可以观察到超调是如何发生的。自动调温器的加热设备只有两个状态：开或者关。在加热器打开后，自动调温器充分工作，直到室温达到设定温度为止。当加热器工作时，暖气片中的水温越来越高，直到加热器停止工作，此时散热器的温度达到最高。毫无疑问，此时的室温还在继续升高，而当室温提高时，暖气片中的水温却开始下降了，一直到无法再提高室温。当室温高于设定温度时，加热器关闭，暖气片不断降温，室温也不断下降，直至回到设定的水平。此时，自动调温器的加热系统自动打开，但在暖气片中的水被重新加热之前，室温一直都在下降。这又回到了我们最初的起点，这个过程会一直重复下去。如果系统"工作顺利"，室温的升降就会非常小，并最终呈现出稳定的波浪形运动状态，而波形振幅的大小取决于系统滞后的时间。

正是时间滞后引起了循环过程。如果加热器是一个开放式的炭盆，没有暖气片，那么一旦达到设定温度后，室内温度就会立刻下降，并且加热器就会像一个信号器一样交替变化，以保持室温的平衡。

更昂贵的自动调温器与热水系统相连，它会以一种纯机械的方式对室温进行控制。在升温过程中，当气温达到 69°F 时就关闭，而不是 70°F。这样，它只超调到 73°F 而不是 76°F。同样，在 72°F 时它就自动开启了，这样在温度刚低于 70°F 时暖气片就开始重新加热。此时，低调就会小得多。

另外，与一般的家用加热系统相比，这个系统可以设定两个温度：一个高温和一个低温。当室温低于设定温度很多时，它就会开始全力工作，当室温达到 70°F，它就会调节到低温运行状态。这也会在一定程度上限制温度循环，但无法完全消除这种循环。

现在，让我们来考虑这样一个场景：在一艘航行的客轮上，人们都簇拥在甲板右舷梯的栏杆边观看海豚。轮船负荷失衡已经到了很危险的程度，并且开始出现向右舷梯倾斜。当右舷梯栏杆快沉没时，人们争相爬上倾斜的甲板，希望远离危险，也可能是认为这样能使轮船平衡。有些人爬到了舷窗口，这时轮船略微平衡了一些；随着倾斜程度越来越小，越来越多的人都可以爬上甲板了。最后，船调整到接近平衡的状态，他们都穿过中心线，放心地看着轮船继续寻找平衡，甲板越来越接近平衡。但好景不长，因为一旦轮船达到平衡，就有两个因素在破坏着这一平衡：第一，所有的乘客都在甲板一边，使轮船向这边倾斜；第二，即使船上的乘客能马上在甲板上自动进行平衡分配，轮船本身的运动冲量仍会使它向另一边倾斜。一分钟前在右舷梯边发生的一幕，此刻在左舷梯边再次上演，乘客们会再一次纷纷跑向舷梯更"安全"的一边。

我的一个朋友曾经负责过一个贫穷国家的婴儿麻疹疫苗接种项目。一开始，这个项目进行得挺顺利；当地的麻疹疾病非常严重，母亲们都不顾路途遥远，带着孩子来注射疫苗。很快，大多数婴儿都接种了疫苗，未接种疫苗的婴儿数量很少，不会形成流行性疾病了。在此后的一年多时间里，那个地区都没有麻疹。因此，在这段时间内，这个地区的新生婴儿中又有许多没有接种疫苗，而且数量多到足以使麻疹蔓延的程度。在这次流行性麻疹中，有的孩子死了，有的孩子则具有免疫力，母亲们都吓坏了，再次纷纷带着孩子来接种疫苗。一年后，这场疾病又逐渐被人们淡忘了，母亲们也不再带着孩子来接种疫苗了；再过一年后，又一群未接种疫苗的婴儿再次带来新一轮疾病的流行。

在这场麻疹流行的循环中，疾病发生率的高涨和下降所产生的原因是不同的。疾病发生率的下降与母亲们对于流行疾病后果的反应时间相关；疾病发生率的上升是由于麻疹对于一个新人群的病学反应时间所决定的。有的循环持续几个月，而有的循环能持续数年，这种循环模式并不是波浪式的连续运动，而更像一连串离散的独立的波浪起伏。在富裕国家，无论是小儿麻痹还是天花（没有被完全消灭的情况下），都呈现出与那个穷国的麻疹流行一样的模式。

超调现象在个人层面也很常见。小孩子爱吃巧克力，而父母们则爱喝酒，一直到喝多。然而，通常当人们发觉已经吃饱时，往往已经吃得太多了。胃里的酒，就好像暖气片中的热水，尽管存在于系统之中，却没有被调控器感知到。一个人吃了巧克力，5分钟之后他仍可以感觉到巧克力的味道，只是味道已没有那么浓了而已。

大量社会现象都表现出循环行为的特征，或者是轻微的波动，或者是剧烈的起伏。自动调温器的例子提醒我们，要去寻找反应中的时间滞后，或者寻找像热水这样的累积存量。苏联人造卫星上天给美国拉响了警报，使之感受到科学家和工程师人才的缺乏，于是美国资助了许多旨在培养科学家和工程师的项目。因为让年轻人投身科学研究和工程研究，并培养他们接受大学教育及更高程度的教育需要时间，所以这个过程很缓慢。这个"人才培养方案"在高中阶段就开始了，6年之后才可能在年轻人的职业生涯中初步体现出效果。除非系统有一种前面谈到的昂贵的自动调控器，在可观察的系统缺陷完全消失之前就自动中止或减少项目计划，否则对新科学家和工程师这种产品的制造（而不是数量）

将可能达到一个高峰,直到自动调控器叫"停"。就好像暖气片中的热水一样,这个系统会产生出科学家和工程师六年的供给,我们可以猜想到这六年里累积起来的剩余供给将会打击和阻碍一代年轻人成为科学家和工程师的信念。当几年后这个供给数量最终恢复到平常水平时,科学家队伍的后备人才力量已经到了非常低的水平,这样又会导致接下来至少六年更糟糕的供给短缺,然后又开始好转。这个循环会不断地重复下去。

社会科学中的模型

周期性行为是诸多社会行为中的一种,它对于我们建立一系列相似的模型很有帮助。我所说的"模型"是指以下两种情况之一:一种模型是对引起某些现象的一系列关系所做出的精确而简约的说明;另一种模型是一种实际的、生物学上的、机械的或社会的体系,它以一种特别清晰的方式使一系列关系具体化,并使某些现象作为这些关系的必然结果而明显表现出来。"模型"的这两种含义并非完全不同。加热系统之所以可以成为一个有用的模型,是因为我们能对它进行简明扼要的描述,并几乎能将它直接转化成数学形式。每个人在考虑这个问题时,头脑里可能都会出现特定的房间、暖气片等,但房屋的形状、位置,房间和窗户的排列,以及加热器用的燃料、房屋所在地的真实气候等因素都没有考虑进模型。我们不必统一各自头脑中的房屋情况,只需在模型上达成一致。

自动调温器的加热设备只有两种状态:开或者关。当加热设备处于关闭状态时,水温是一个逐渐趋近室温的变量;当加热设备处于开启状态时,水温是一个逐渐升高的变量;当水温较低时,室温是一个逐渐趋近室外温度的变量;当水温较高时,室温根据室外温度的高低逐渐接近这个较高的上限值。自动调温器本身不过是一个行为控制器,当室温低于某一特定水平时就会开启加热器,当室温高于某一特定水平时就会关闭加热器。

通过将室外温度处理成另一个变量,我们可以对这个模型进行扩展;由于建筑物的热能损耗是与室内外温差成比例的,而暖气片的热能损耗也是与水温和室温之差成比例的,因而我们可以将水温变化的临界水平与室外温度联系起来。如果我们用一般形式的代数变量 x、y、z,而不是用"水温""室温""加热器开启""加热器关闭"这样的变量来处理这一过程,我们就可以得到一个抽象的数学系统。也就是说,我们可以用数学符号来精确说明加热系统的某些特征,只需用这些特征所建立的模型,就可以解释我们所研究的周期性行为的特征。

更重要的是,我们得到了一个不局限于加热系统的一般数学公式。变量 x 的上升和下降取决于变量 y 的水平,而变量 y 的上升和下降则取决于另一个变量 z 是处于"开启"还是"关闭"的状态(而变量 z 的"开启"和"关闭"状态取决于变量 x 是高于还是低于某一特定的目标水平)。这个系统中的变量模拟了加热系统的行为。加热系统是这种行为系统的一个"代表",能够用这个模型描述的其他任何行为系统都遵循该模型所描述的行为特征。

当然,这个模型是否对我们的研究有帮助,要看是否存在其他一些有意义的事件能够由这个模型来描述,以及这个模型是不是我们所需要的;也就是说,该模型能否启发我们认识某些现象和产生这些现象的机制,以及能否启发我们去寻找诸多有趣现象的解释。如果模型过于简单,那么它可能只能解释一些非常简单的问题,而处理这些简单的问题可能根本不需要模型。如果模型非常复杂,那么它可能过于特殊,只适用于可以导出它的特殊事件;在这种情况下,该模型只给出了我们所分析的特定现象的特殊公式而已。模型的有用之处在于,它既要简单到能适于多种行为现象的分析,同时还要足够复杂,以适于需要解释性模型来帮助解释的行为。

如果一个模型符合上述简单原则的要求，就像自动调温系统一样，它通常不仅能描述物理系统、机械系统，也能描述社会现象、动物和人类行为、家庭活动，甚至也能描述科学原理。"临界质量"就是这样一个例子。对于一个原子反应堆来说，如果核裂变连锁反应能够自动维持下去（self-sustain），那么它就达到了"临界"状态；任意一个原子反应堆或原子弹中，必须有一个最小数值的裂变性物质，以使压缩状态下所产生的系列反应能够持续下去。人类很早就知道，用木头生火就是这样一种现象：点燃一根柴火，让它自动燃烧起来。临界质量原理非常简单，所以它出现在人类流行病史、时尚潮流、物种的生存和灭绝现象、语言系统、种族融合现象，甚至交通违规行为、恐慌性行为以及政治运动等种种社会现象中是不足为奇的。

社会科学中所使用的模型大多是模型集合而不是单一模型。循环性行为不存在单一模型，也没有任何单一模型能够描述"临界质量"，但存在一些既具有共同本质特征又存在差异性的相关模型的集合。麻疹疫苗接种与自动调温系统之间具有某些共同的本质特征，但在一些重要方面又存在差异。未接种疫苗情况下的麻疹流行病模型尽管存在不同之处，但被认为是这个模型集合中的一部分。例如，有些模型可用来描述服装样式以及给婴儿起名的循环性潮流，有些模型可用来描述寄生虫和宿主的循环性互动关系，而有些模型可用来描述造船业的经济周期。这些模型尽管有所区别，但大同小异。

临界质量现象具有同样的特性。模型是一种工具，只有当它是灵活的或具有我们需要的适当因素时才是有用的。这就好比说，尽管扳手是一种用途广泛的工具，但一个只能拧 3.75 英寸六角螺母的单柄扳手，无法为我们解开所有的谜题。

本章的主要内容是一些在社会科学中运用得比较广泛的模型集合。许多模型在动物生态学、流行病学或物理学中都能找到与其相应的规律。这些模型并不是完整的理论，只是用来描述循环行为模式的模型。通过与模型集合中的常见模型对比，人们能够更好地认识这些循环行为模式。一个具有普遍意义的模型有助于人们进行沟通交流，尤其是当这个模型有名称时。

据我所知，对这些常见模型并没有一个标准集合。有些模型是经济学家所熟悉的，有些模型是社会学家所熟悉的，有些模型是流行病学家所熟悉的，有些模型是工程师所熟悉的。研究种族隔离的学生可能不知道，动物生态学中所用的模型与他们所用的模型非常相似；有些模型被应用到经济学中，而一些类似的模型则被应用于人口统计学中。各种模型之间的相似性加深了人们对于模型的理解，提高了模型使用的效用，并使人们认识到：除了自己的研究领域之外，这些模型另有用武之地。一旦人们认识到一个模型或一组模型具有广泛的应用性，就有助于他们认识到自己所研究的问题是一个普遍的或一般的现象，而不是什么奇特的、怪异的或独一无二的现象。

本章并非要对那些经常使用的模型集合进行权威性的罗列，而是为了说明在不同研究领域和不同的问题领域中有一些共同的模型集合，并启发人们，使人们认识到这些模型集合不只是有用的工具。人们对使用这些模型能解释现象的多样性越熟悉，这些模型对他们就越有价值；学习社会科学的学生必须关注模型发生的情况，无论任何时候，只要发现了新模型，就应该将其加入现有的知识储备库中。

各种模型之间通常也会相互重叠。麻疹病流行模型描述了一个临界质量过程[1]，流行性麻疹病的持续爆发对应着一个循环模型，其间可能出现流行病易感（susceptible）人群自我调整的间断过程。在流行病学中，同样可以发现第 2 章中所提到的加速原理：当前的感染率（即当前确诊的麻疹病患者人数）是易感人群的减小率，在减去死亡率后，这个比率也是免疫人群的增长率。

第 4 章会用一个"有界邻里模式"来研究种族的融合与分离，或者进出某个环境的任意两个群体之间的融合与分离问题。在不同的解释方式下，同样的分析框架也可以用来解释两个增加或减少的物种之间的关系。生物学家就是用同样的模型来研究竞争性物种、相互依赖物种、肉食动物与它们的猎物之间成长和衰亡、生存与灭绝的关系。肯尼思·博尔丁（Kenneth Boulding）就曾运用这样的生态模型来研究群体冲突。[2]

临界质量、倾斜以及次品

在哈佛大学的教员中存在一个非常普遍的现象，叫作"逐渐没落的研讨会"。最初，通常会有人组织一个 25 人左右的团体，他们热切地希望能经常聚会，讨论一些大家都感兴趣的问题。这种聚会的时间通常定在大家都有空时举行。第一次聚会的出席率很好，能达到 3/4 或更高，只有少数人在时间上有冲突；到第三次或第四次聚会时，出席率就不会超过一半了；过不了多久，就只有少数人参加了。最后，由于参加团体聚会的少数几个人的默许，或者组织者的放弃，不再组织新聚会，这个雄心勃勃的计划也就此搁浅了。

最早加入团体的成员难免会对团体的失败表示遗憾，每个人都感到遗憾，因为其他人认为这种聚会没有多大意义，最终得出的结论总是团体内部不存在共同的兴趣。

但看上去，共同兴趣似乎一直都在，尽管如此，它还是没落了。如果问起来，几乎所有人都宣称：如果别人都对研讨会给予了足够重视，并且经常参加讨论会，他们也会一直坚持参加讨论会。

我住的房子后面是一片草地，每年秋天都可以观察到一种相关的社会现象——我个人认为是相关的，好像是做实验一样。有人搭起了一个排球网，召集一群朋友在这里打排球，也吸引了其他人的参与。接下来，就会出现两种可能：到第二天或第三天，来打排球的人之间开始相互熟悉，他们就开始讨论什么时候一起打球最合适；此外，还有一些旁观者希望加入他们。这项活动是成功的,并且可能成功地维持到下雪的时候;否则,这个集体就会重蹈研讨会的覆辙——人们尽管有兴趣,但没有足够多的人对这项活动投入足够的忠诚和热情,借以维持活动所需的人数,并减少缺员率。

  在一天之内,我会遇到好几起类似于排球比赛这样的事情。在剑桥最繁华的十字路口,一些行人非常敏捷地在交通灯下穿过车流,而更多的行人则在那里犹豫,他们也想一拥而过,但如果人数不够多,没人愿意冒险。人们站在那里左顾右盼——他们不是在看路口交通如何,而是在看其他行人!到了一定时候,一些行人认为人数已经足够多了,他们可以安全地加入进去,使它扩大,从而让那些仍在等候观望的行人也会觉得足够安全而加入进来。很快,即使是最胆小的行人也会加入人群。此时,司机别无选择,只有停车等行人通过。但在人流稀少的十字路口,因为等待观望的行人不多,少数人在冒险冲过路口时,通常会回头张望,看看有没有人跟在他们后面;但过街的行人太少,不足以改变路口的交通,也不足以使后面等待的行人一拥而上,因而那些冒险的行人往往又退回到路边来。

  在最后一节课上,当老师收拾起讲义准备离开的时候,一些学生出于义务、礼貌或者感激,犹犹豫豫地开始鼓掌。此时,如果鼓掌的人数足够多,可能会引起全班同学热烈的掌声;如果最初的掌声很少,也不够坚决,可能就会越来越小,最后会变成难堪的无声。除了最后一节课,老师们还会发现:在一节课快结束的最后几分钟,如果继续不停地讲课,学生们就像十字路口的行人一样,开始七倒八歪,有的开始收拾书包,有的甚至试探性地站起来,只等多数人开始离开,他们就会一拥而出。

  如果看见别人在践踏草坪,我可能也会从草地上走过;如果看见别人并行停车,我有时也会并行停车。如果每个人都彬彬有礼地排队买票,我也会排队,但一旦人们都挤向买票的窗口,我也会马上挤过去——尽

第 3 章 自动调温器、次品以及其他类似模型集合

管我无法挤到第一个，但至少不想成为最后一个。如果有些人在禁止吸烟的场所抽了烟，可能因为管理人员当时正好有事不在，于是就会有更多的人在此抽烟，禁烟就变得不可能，也没有人对他们进行劝阻，或者即使劝阻也不起作用。另外，我们可以看到报纸上报道：某些旧居住区的环境正在不断恶化，这是因为那些喜欢保持家居整洁的人都搬走了，而这些人之所以搬走是因为周围的环境越来越差了。由于他们这样的人搬走了，所以环境就更差了……在一些学校里，如果白人学生太少，有些白人学生就会退学；而他们的退学又使得白人学生人数更少了，那些本来并不在意白人学生比率的人也开始在意现有的比率使留下来的白人学生更少了，进而他们也可能在明天离开。在另一些学校里，出于同样的动机，黑人学生也觉得在这个环境里人数太少而有不舒适感，于是会陆续退出，而他们的退出又使留下来的黑人学生人数更少了。

所有这些例子中的一个共同特点就是，人们的特定行为取决于有多少人参与这一特定行为，或者他们参与特定行为的程度如何——多少人参加研讨会，多长时间参加一次；多少人参加排球比赛，多长时间参加一次；多少人在公共场合抽烟；多少人并行停车；多少人鼓掌，掌声多大；多少人搬出逐渐恶化的环境；多少人退出学校；等等。

我们把这类行为统称"临界质量"。社会科学家从与原子弹有关的核物理工程学中借用了这个概念。如果在铀这样的物质中产生了放射性衰变，中子就会被释放出来，并释放到空气中，除非它们在离开铀块之前撞击到了核子。在前一种情况下，它们将形成一些新的中子，并重复前述行为。如果铀块比较小，每个中子都在一个较小的空间里移动，该空间包含的其他原子也少，而从中子的角度来看，因为此空间里的大部分是"虚空"，因而只可能产生少量的中子。如果铀块较大，在空间里移动的中子产生两倍或两倍以上中子的可能性就会比较大，而不是直接释放到空气中。如果铀块足够大，使半数中子在其中成倍复制，这个过程就可以自动维持下去。在这种情况下的铀块数量就被称为"临界质量"。任

何较大的铀块都能使每个中子在其中以至少一倍的速度自我复制，这样就产生了一个链式爆炸反应（就好像在一个封闭的空间里，一包火药的燃烧会引起其他火药的爆炸一样），直到消耗掉所有的铀为止（除非铀块裂开，使链式爆炸反应中断）。

如果我们坚持使用核弹这一类比来处理人群的"聚集"问题，那么我能想起的一个例子就是人的体温效应。一个独自站立的人向空中释放热能，两个人的热能就会相互反射，如果有更多人聚集在一间房子里，那就可以使彼此都觉得暖和。如果你把足够多的人放在一起，即使是在寒冷的冬天，他们也会觉得暖和。

但是，即使对于原子弹来说，"质量"也不是绝对正确的。铀块的密度、纯度、形状、质量以及它的反射层，共同决定了这个铀块能否处于"临界"状态。此外，铀块的临界质量还与原子数量成比例，而且临界原子数量也是一个合适的度量。

对于我们来说，我们可以把临界质量看作临界数量、临界密度、临界比率，或在某些特殊情况下诸如身体热量、二氧化碳产出量等真实物质的总称。所有这些临界质量模型都包含某些活动，一旦某个活动量超出特定的最小值，这种活动就能自动持续进行下去。但是，无论这个活动量指的是参加活动的人数，还是人数乘以活动的频率，无论是指活动持续的时间，还是指参与者与未参与者之间的比率，抑或是每平方英尺、每天、每部电话分机上所发生的这种活动的频率，我们都可以将其称为"临界质量"活动，并且许多人都能理解我的意思。需要特别指出的是，这里所说的"活动"专指在（或不在）某一地点的活动：如果决定留下来的人足够多，那么其他人可能都会决定留下来，这样总人数就会足够"多"，从而使每个人都留下来；如果留下来的人不够多，那么每个人可能都会选择离开。对于黑人和白人、男人和女人、居住在一个小区里讲英语的人和讲法语的人、加入一个学校的黑人和白人以及参与和不参与某些社会政治活动的人来说，重要的不是他们的人数分别有多少，而是他们之间的比率是多少。

临界质量模型有很多种。在一些情况下，人们根据参与此项活动的人数多少来做出他们的决定——例如，人们通常倾向于加入大的政党；如果有 20 个人愿意义务劳动，那么自己也愿意；如果参加会议的人足够多，那么人们就不会离开会场；陪审团中对判决投"有罪"的人足够多，人们通常也会认为他确实犯罪了。在另一些情况下，人数本身并没有多大意义，这个数字所带来的影响才重要——例如，是法不责众才使人们在每个人都并行停车的情况下也选择并行停车；噪音水平会让人们提高嗓门以使别人听得到；汽车司机给予骑行者的不情愿照顾，如果足够多的人骑自行车，可能会使骑自行车更安全。有时，这种关系还包括个体之间联系的紧密程度——如果人们都去传播他们最近听到的流言，并且相关人群达到一定的规模，那么流言在人们之间就能传播，否则它就会像疾病的流行一样逐渐消亡，而不是大面积传播。

此外，有些行为具有连续性和可逆性——只要有很多人都在天黑后散步回家，你也会这样做，但如果散步回家的人并不太多，你就会放弃散步回家。但是，有些行为是不可逆的，比如文身或者自杀。有些行为是单一行为，比如只要多数人都不是穿得很正式，那么你也可能会选择穿牛仔裤去参加正式会议；有些选择是二元的，比如是靠右超车还是靠左超车；有些选择是多元的，比如学哪一种语言能够与尽可能多的外国人交谈。有时，有些行为是对"是"或者"否"的选择，比如今天是否打领带；有时，有些行为是对速度、密度和频率的选择，比如决定在沙滩上把你的收音机音量调到多大，才能盖过其他收音机的声音。

尽管这可能不是物理反应或化学反应，然而在社会反应中，这些都是典型的一个人区别于其他人的"临界数量"案例。只要有足够多的人穿得很正式，为使你不显得那么突出，你可能就会穿得正式一些，但我只有在别人都穿得很正式的时候才会穿正装，以免显得与众不同；学校里的异性比同性只要不超过3~4倍，你可能就会进入这个学校，但我可能不愿意加入一个异性同学人数占多数的学校；如果某个候选人有相当大的获胜希望，你可能就会尽力去支持他；只有在你认为别的候选人获胜的机会大于所有其他候选人时，你才会支持他；而我如果不是肯定他一定会获胜，我就不会支持他。

因此，这种一般模型包括了我们讨论过的所有具备同样临界点的情况。如果有10个人经常参加研讨会，那么我们中的5个人也会经常参加；一旦经常参加研讨会的人数达到了15个人，可能会额外吸引5个人来参加，这样增加的总人数就达到了10个；如果有30个人经常参加，可能总共就会多吸引30个人；如果有40个人参加，可能总共就会多吸引50个人。

因为人们的决策点互不相同，所以引起群体行为改变的数值范围可能也很大。也就是说，从事某项活动的人数即使达到一定数量，仍有一小部分人认为这个数量还不够大，尽管其他人都认为这个数量已经大到足以吸引他们参与进来。当有一小部分人认为这个数量还不够大而放弃这项活动时，参与人数就会降低，进而会导致更多的人退出活动，而且这种情况将一直继续下去，最终会使所有人都退出活动。在结束时，没有人参与活动这一事实，并不表明在每一个时间点上都没有感觉满意的参与者。

在前面提到的"逐渐没落"的研讨会例子中，可能的情况为：不管有多少人在场，总会有两三个人感到不满意；在这两三个人退出后，人数的减少又使另外两三个人感到不满意，这样就引起了连锁反应。如果在这个过程中有人由于被引诱或被逼迫而没有离开，这可能会使研讨会变得可行，并使参加人数固定在某个水平上，而且这个人数既可以多也可以少。但是，研讨会"逐渐没落"的过程并没有告诉我们，到底距离使研讨会切实可行的这个点有多远。

这个模型还可以完美地运用到其他情形。在这些社会活动中，无论参与某项活动的人有多少,有一部分人总会参与,而另一部分人一定不会参与。现在回顾一下一所法学院里考试评分的情况。假设所有学生都可以选择他们的考试评分方式:一种采用"及格-不及格"评分方式,另一种采用字母评分方式。通常说来,我们可以看到,无论有多少其他选择,总有一部分人会选择"及格-不及格"评分方式;不管有多少人选择"及格-不及格"评分方式,总有一部分人会选择字母评分方式;而剩下的一群中间分子可能就会见机行事,如果选前一种方式的人多,他们就选前一种,反之就选后一种。注意,第一部分人和第二部分人的行为方式不受第三部分人的行为影响,但反过来就不同了;那些自身行为不受他人影响的人,却在影响他人的行为。因此,我们不能忽略这两部分人的行为(尽管他们的行为是独立的),而只分析显示临界质量的那部分人。如果前两部分进行独立选择的人的数量比较少,那么就可以得出两个结果:如果所有非独立选择的个人都选择了"及格-不及格"评分方式,那么选择这种方式的人数(包括独立选择这种方式的人数)就是可以自动保持的;如果选择字母评分方式的人中包括了所有非独立选择的个人,那么选择这种方式的人数也是可以自动保持的。

但是,这里还有另一种可能性。那些独立选择了"及格-不及格"评分方式的学生数量可能比较多,足以使一些非独立选择的学生也选择这种方式,而他们的选择又会使更多的人选择这种方式。这样持续下去,除了那些无条件选择字母评分方式的学生外,其他人都选择了这种方式。在这种情况下,就不存在两种能自动维持下去的结果——一种是几乎所有人都选择前一种方式,另一种是几乎所有人都选择后一种方式——而只有一个单一结果。临界质量产生的前提是存在这样一些行为不受他人影响的人,并且连锁反应的发生与否只是一种自动反应。

值得注意的是,模型本身并没有告诉我们究竟哪一种结果更好。为了更好地说明问题,我们假设每个人做出的选择都取决于有多少人选择"及格-不及格"评分方式。这里至少有三种可能性:第一,可能大家都认为"及格-不及格"评分方式更好，但如果选择这种方式的人不多，他们就会感到不安。第二，虽然每个人都认为字母评分方式更好，但如果大多数人都选择"及格-不及格"评分方式，他们也会感到不安。第三，有些人可能认为前者好，但如果选择的人不多，他们也不能肯定自己的看法；另一些人认为后者更好，但如果选择的人不多，他们也不能肯定自己的看法。我们观察到的选择结果可能是每个人都偏好的，也可能是没有人偏好的，或者是一些人赞同而另一些人不赞同的。

因此，最终的结果可能是一致满意的，也可能不是一致满意的。即使结果是大家一致选择的，我们也不能因它是大家选择的而推断这个结果是所有人都满意的。如果每个人都使用夏令时和公制单位，如果每个人都用女士来称呼妇女、用名字来称呼老师，如果每个人过马路时都等待绿灯，那么我也会这样做。如果每个人都与我想的一样，那么我们的行为就会一致。但是，除非我们在做这些行为时皱眉或微笑，否则别人无法得知我们内心深处的好恶，无法明确得知哪些人喜欢这样，哪些人不喜欢这样，以及我们究竟对所维持的习惯态度如何。

现在有两个特殊的模型可用来对临界质量现象进行再划分：一个是倾斜模型，另一个是次品模型。

次品模型不仅是关于某类特定的独立行为的模型，而且还有一个能够诠释它的名字。这个名字的由来既不是历史沿袭的，又不像"公地"这个概念一样，被人为地规定了某种特殊含义；这个名字也不是从核物理学、生态学或者园艺学等其他学科中借用来的。但是，这个名词并非凭空捏造，它最早是由一位经济学家引入的，因为"次品市场"具有的某些特征可以为我们在观察一系列现象和问题时提供帮助。这位经济学家头脑中的"次品"可不是柠檬*，而是人们驾驶的汽车。[3]

---

* 英语中的"柠檬"与"次品"是同一词。——译者注

第 3 章　自动调温器、次品以及其他类似模型集合

他指出：二手汽车的销售者知道汽车是不是次品，但购买者只能估计市场上的平均水平，他们只知道在这个市场上有些汽车是次品，但不知道他们正在购买的特定汽车是不是次品。因此，购买者只能根据二手车市场上的平均次品水平出价。购买者所出的这个平均价格对次品来说是高价，但比市场上高质量车的价格低。好车车主自然不愿意以这个价格销售他们的汽车，即不想为其他人卖次品车提供补贴。因此，好车逐渐退出市场，而市场上汽车质量的平均水平会逐渐下降。购买者在了解到这个情况后，再次降低了他们愿意支付的价格，以反映市场上存在更多次品这一事实。这样一来，二手车市场上汽车质量的平均水平会被再次低估，因而车主们更不愿意出售他们的汽车，而后市场上的次品率继续上升。最后，尽管二手车市场上也存在一些制度性安排，比如质保条款以及车行根据自己的良好声誉给出的质优车证明等，但都无法改变这个市场最终走向衰亡的趋势。

阿克洛夫（Akerlof）将该模型扩展到了众多存在信息不对称的市场上——在通常情况下，保险公司掌握的投保人个人信息比投保人自己知道的少，比如投保人是不是意外事故易发者、投保人是否易于患上遗传性疾病、投保人是否有自杀倾向等。在对 65 岁老人的人寿保险制定价格时，必须考虑到有很大一部分老人即将辞世了。但是，那些知道自身很健康、家族有长寿史以及生活平安的老人在购买保险时所支付的保费却与那些具有高风险的人一样，因此，对于他们来说，保费价格不具有吸引力，所以他们就不愿意购买保险。他们的退出会使保险公司降低对客户的平均寿命预期，因而保险费率会继续上升。此时，该保险服务即使对于那些具有正常预期寿命的人来说，也不具有什么吸引力。这个过程就会这样循环下去了。

第 5 章中，我们会在把年轻的老年人召集到"老年之家"的例子中再次发现这个过程。这种情况与下述情形有关或完全重合，低于平均水平的人或事物会退出，而高于平均水平的人或事物根本不加入，最终会

使潜在市场或机制解体。因为人们都是千差万别的，而且平均水平起着重要的作用，所以可能并没有真正的可以使某一过程持续存在的临界质量。那些使市场解体或失灵的行为以及不能使这种活动启动的失败尝试看起来很像是临界质量，尽管很像，但它不完全具备临界质量的特征。因此，这是两个非常相关但又相互独立的模型集合。

我提到的阿克洛夫次品模型说明了临界质量这一概念。"次品模型"已经比较成熟了，正在逐渐成为经济学语言中的一个永久性名词，但为了使人们不至于忘记它，读者可以对此做一些促进。

倾斜这个名词最先用于描述某邻里环境的搬迁情况。假设在某个特定区域内的居民是同类人群，我们可以观察到：如果有一些少数族裔搬迁到这个环境里，通常有一些原住居民就会搬离这个区域，或者有想要搬走的表示。他们的搬迁会使这个区域空出一些位置，因而更多的少数族裔就可以搬进来，而新居民的进入可能会导致更多的原住居民离开，类似的过程会一直持续下去。有些原住居民的离开可能是因为区域里住进了一些少数族裔；有些原住居民是因为看到别人搬走了，他们认为这个过程一旦开始就很难停下来；而有些原住居民是因为担心其他人会恐慌性地卖掉自己的房子。早期研究这个问题的作者并没有明确地解释这个模型。20世纪60年代，由于美国少数族裔问题再次激化，以及白人学生的退学现象，这个概念才被用在学生入学和学区划分上。此后，这个概念还被用在有关职业、俱乐部和兄弟会、医科学校和大学、公共海滩、网球场、餐馆、夜总会和公共停车场等问题上。

显然，作为对模型的补充，这里有一个"内倾"过程，也就会有一个对应的"外倾"过程。白人搬离特定的居住区域，一方面是因为少数族裔的迁入，只要迁入的少数族裔数量大，它就会吸引更多的少数族裔迁入，并且迁入的速度会越来越快，而使这个迁入过程得以自然持续下去的初始数量则很少。内倾过程和外倾过程一样，其中都包含了某种预期过程在内——原住居民不会一直等到少数族裔的迁入超过他们的忍耐程度才会搬走，而少数族裔也不会等到区域内的本族人达到一定规模后才决定迁入，只要他们预期到区域内的少数族裔人数会不断增加就会决定迁入。

倾斜模型是临界点现象的一个特例——一个范围广泛的特例。这个模型的特点是：（1）每个人的行为改变点有很大差异；（2）人们的行为特征涉及居住、工作或娱乐的地点，也就是包括行为的发生地点而不只是行为本身；（3）包括两个或两个以上群体的临界数量，每个群体都独立地进出某个区域；（4）这个过程既包括了有意识的决策，又包括了预期因素。这种情况发生的场合有大有小，小的场合有在餐厅吃饭时白人不与黑人同坐一张桌子，大的场合有津巴布韦的白人离开。

临界质量图解

临界质量模型可以用一组图形进行说明。在此，我们将对其中的某些图形进行说明。假设对于某项活动（比如周六上午参加对某门课的非强制性复习），无论参加人数多少，总有一些人坚持定期参加，但也有一些人从来不参加，而且大多数人只在看到有足够多的人参加时才会选择参加。每个人对于"足够多"的定义不尽相同，它既可以是多到使人们感觉这个活动足够有趣，也可以是多到使人们觉得不参加这个活动不太合适。

对于那些根据预计的参加人数决定是否参加活动的人，我们可以找到这样一个数字：就是正好能够促使这个人参加活动的最小人数。这个数字可以是一个绝对数，也可以是总人数的一定比例；如果我们把一个班的数字定为100，我们既可以把它看作一个人数，也可以把它看作一个百分比。如果有一部分人的决策不取决于其他人是否参加会议，那么参加会议的总人数一定比100少。我们把临界数字定为50、20、1或75等，并制成表格，画出柱形图，每一个柱形的高度表示两个数字之间（例如，20 和 25 之间，25 和 30 之间，等等）的临界人数。我们可以把这个柱形图转化为一条光滑的频率分布曲线。如果临界人数分布集中在某一个平均值周围，那么越趋近两个端点就越稀少，而曲线的形状就类似于一个颠倒的钟形；如果该群体是差异性群体，而且它们的平均值集中于两个不同取值范围内，或者在两个极端值的端点，那么它们的频率分布曲线是一条双峰 U 形曲线。这条频率分布曲线与无条件参加会议的人数一起，构成了我们所要的图形。

这个图形不过是将频率分布形式转换成了累积形式。累积形式表示，对于任意的期望参加人数，有多少人认为这个人数足够多。之所以称它为"累积"形式，是因为对应于横轴上的任意一个点，都包括了原始分布中处于此点左边的所有人。例如，35 这个点表示了所有临界数值不超过 35 的人，而 45 这个点既包括了这些人，还包括了临界数值在 35 到 45 之间的人。100 这个点表示：如果每个人都参加，那么所有人都会参加。因为参加人数的期望值越大，愿意参加会议的人数也就越多，这一累积性曲线将向右边持续上升或者至少不会下降，因为预计参加的人数越多，偏好参加的人也就越多。（如果有些人只在预期到参加人数不太多时才会参加会议，那么他们偏好充分互动而不是人满为患。此时，我们就需要两条分布曲线：一条曲线表示只要具备一定人数就能来参加会议的人；另一条曲线表示到一定人数就觉得太多的人。累积曲线反映了两者之间的累积性差异，这条曲线既可以是从左到右上升的，也可以是下降的。）

这条累积曲线在纵轴上的开始点表示，即使没有其他人参加，仍会参加会议的人数。该曲线在 0 到 100 之间从左向右上升，包括了所有根据预计的参加人数做出决策的人，横轴上的 100 记录了除不会参加会议的人之外的所有人。

这条累积曲线的斜率与频率分布曲线的高度成比例。如果原始的频率分布曲线呈钟形，累积曲线在到达原始分布最高点之前的斜率逐渐上升,而后斜率逐渐下降,我们通常将这种曲线称为S形曲线。

图3-1就是这样一条曲线。根据这条曲线,只有预计的参加人数达到一定数值,才会有人愿意参加活动,如果预计所有人都会参加,最终参加活动的人数是85,大多数人的临界数值在总数的1/3和1/2之间。(作为这条累积曲线基础的频率分布,其高度与此曲线的斜率成比例,在总人数的45%处达到最大,包括了总人数的85%,并呈现出基本对称的分布;大多数人都集中在35%到55%之间。)我们将45度线作为参考,在这条线上的点的纵坐标与横坐标相等。这条线使我们一眼就能看出对于那些要求特定期望人数的人,实际参加人数究竟是多还是少。我们很快就能看出:如果预计有25人参加活动,实际参加人数却不到25,因为25这个点所对应的曲线位置位于45度线以下;如果预计有60人参加活动,则实际参加人数将超过60。

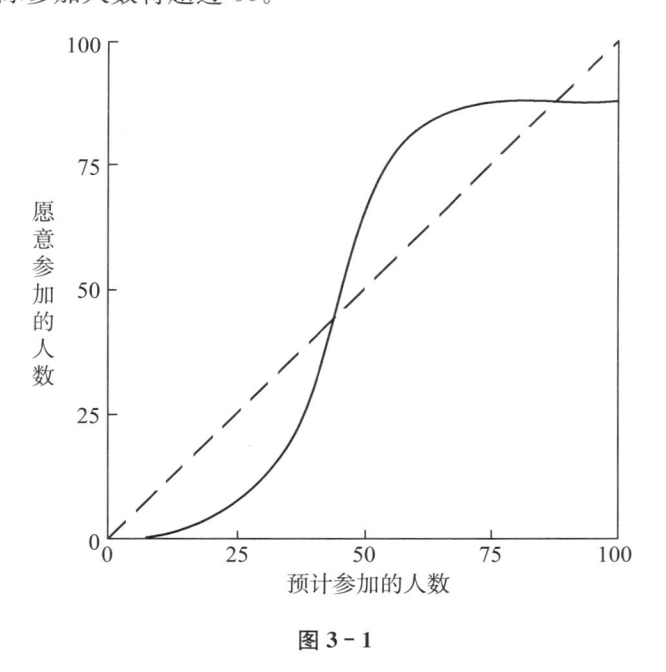

图3-1

假设因为上个星期有25人或30人参加了活动,所以预计这个星期的参加人数也是25或30。在这个预计人数上,实际参加人数只有12,他们大多会感到很失望，其中可能只有一两个人才愿意参加只有12人参加的活动。到下一周，我们可以预计几乎没有人来参加活动，再过一周就根本没有人来参加活动了。换一个假设，如果预计2/3的人会参加活动，那么实际来参加活动的人就会达到3/4，这比人们预计的参加人数要多，因而没有人会感到失望。若是预计3/4的人会参加活动，那么更多的人会实际参加。下个星期，如果预计有3/4的人参加活动，实际到场的人数会达到80或更多。在接下来的一个星期，所有曾经参加过的人都会来参加活动。如果人们预计有85人或更多人会来参加，那么这些人都会参加，没有人会失望，并会一直持续下去。

在这里，我们得出了两个稳定均衡点：一个是预计参加人数85和实际参加人数85，另一个是预计参加人数0和实际参加人数0。预计参加人数低于40就会使有些人感觉不满意，并退出活动，从而引起其他人退出。这种情况持续下去，所有人都会退出。任何超过40的预计参加人数不仅能使参加活动的人感到满意，而且能够吸引更多的人来参加活动，从而持续提高参加活动的实际人数，并吸引更多的参与者，直到全部的85人都参与进来。如果预计参加人数正好是40，那么实际参加人数也是40，但在这个点上，关于预计参加人数的任何一点变化都会吸引或者排斥一些人，从而使最终参与者的人数比例要么达到85％，要么降到0。40这个点是一个不稳定均衡点。

图3-2给出了另外三种可能性。C曲线表示无论出现什么情况都会有12人参加活动：这条曲线与纵轴交于12这个点，这12人可能会另外吸引几个人来参与，并在16人或者18人处达到稳定均衡。如果预计参加人数是25或30，那么实际参与人数一定少于25或30，人们就会陆续退出活动，直到只剩下16人或18人。大约50这个点是一个不稳定均衡点，而稳定均衡点为85。

A曲线描述了"逐渐没落"的研讨会模型，在这个模型中不存在临界质量。如果预计有一半人会参加会议，实际到场的会达到1/4；如果预

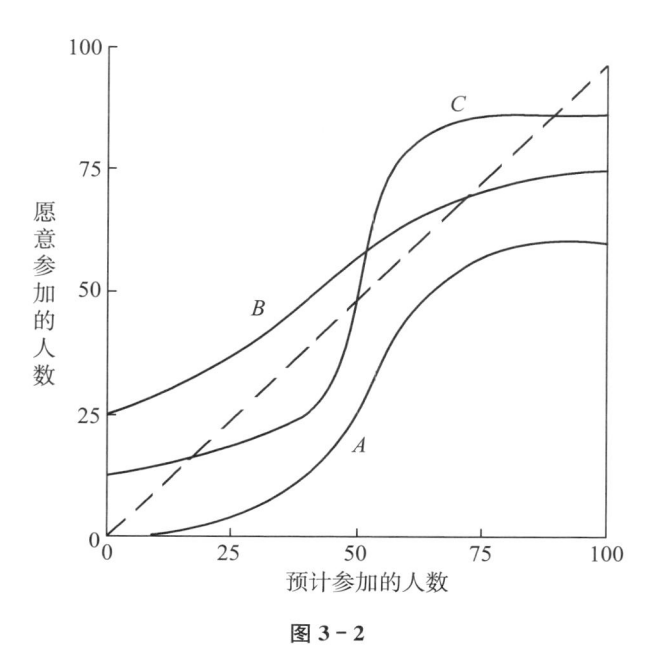

第3章 自动调温器、次品以及其他类似模型集合

[图 3-2：纵轴为"愿意参加的人数"（0 到 100），横轴为"预计参加的人数"（0 到 100），图中有三条曲线 A、B、C，以及一条 45 度虚线。]

图 3-2

计有 2/3 的人会参加，那么就会有 1/2 的人参加；如果预计所有人都会参加，实际到场人数可能会达到 2/3，而不是所有人都参加。在这个例子中，没有可以自我持续的到会人数水平。

在 B 曲线中，临界质量不是问题，任意一个在 0 到 70 之间的预计参加人数都会吸引这么多或更多的人参加，参加人数趋向于整条曲线上唯一的稳定均衡点，即 B 曲线与 45 度线的交点。大于 70 人的预计参加人数是不能持续的，此过程最终会收敛到 70 人这个水平。

B 曲线是一组代表模型，与临界质量模型非常类似，并且具有有趣的"乘数效果"。对于任何一条像 B 曲线一样的曲线，我们可以思考一下：如果去掉那些总是参加或增加那些以前从不参加的人，那么对均衡结果会有什么影响。具体地说，根据 B 曲线，如果在 25 个原本无论如何都会参加活动的人之中，有 12 人现在无法参加活动了，那么会出现什么情况？他们的缺席将使整条曲线沿着纵轴平行下移 12 个单位。（对纵轴重新进行划分，将原来的 12 定义为原点，并把 45 度线向上移动 12 个单位，这样就能得到新的曲线。）现在，原来的 25 是新的均衡点。此时，有多达 45 人会不参加活动，其中的 33 人是因为参加活动的人数减少了而不参加的。这个比例（即 45/12 或 3.75）就是"乘数效应"。

乘数公式取决于曲线的斜率。尽管曲线的斜率是变化的，但新曲线和原曲线的平均斜率一样，即（45−12）÷45，或者是 1−12/45。如果用 S 表示斜率，M 表示乘数，那么 S 等于 $1-1/M$，且 $M=1/(1-S)$。如果斜率是 1/2，乘数就是 2；斜率是 1/4 或 3/4，乘数就是 4/3 或 4。（斜率不能超过 1，也不能像 B 曲线那样从上面穿过 45 度线。）

没有显示的是一条表示"拥堵"的曲线：预计参加的人数越多，愿意参加的人数就越少。这条曲线起始于左边纵轴较高的一点，表示如果人们拥有自己的座位，那么会有多少人愿意参加。它向右下方倾斜，表明预计参加的人数越多，实际参加的人数就越少。显然，这条曲线与 45 度线只相交一次，并产生单一的稳定均衡点。

为了验证一下前文说的模型，我们举一个特例。假设在一个地方的滑冰场里有两种滑冰的人：一种是少数的专业滑冰运动员，他们希望冰场上空无一人；另一种是业余的滑冰爱好者，他们既不喜欢冰场上人太多，也不喜欢人太少。我们用一条向右下方倾斜的曲线来表示人数较少的专业群体，它跨过 45 度线，趋近左下方。同时，我们用一个山形的累积曲线来表示人数较多的业余群体，它起始于横轴上偏右的某一点，然后逐渐上升并超过 45 度线，接着在越过某个点后开始下降，此时再多的人数也不再对他们具有更大的吸引力。我们把两种人群结合起来，即将两组人数相加，这样便得到了一条与任何一个预计参加人数相对应的愿意到场人数的曲线。这条曲线左起纵轴的某个点，然后向下倾斜，它在上升之前可能达到 45 度线，也可能没达到，最后穿过 45 度线，再向右上方倾斜。

如果这条曲线与 45 度线只有一个交点，同时向左下方倾斜的曲线在到达 45 度线之前就向上倾斜了，那么专业滑冰运动员根本就不会来滑冰。最初的专业运动员人数足够吸引一些业余爱好者来滑冰，而他们又可以吸引更多的人,直到滑冰场上的人数多到对专业运动员完全没有吸引力为止。(如果这条曲线靠近纵轴的左边较低处呈现 U 形,这条曲线的形状就有一点像前面所说的 B 曲线。)值得注意的是,如果不存在专业运动员,那么 0 也是这个曲线的一个均衡点。这是因为,如果滑冰场上的人很少,那么业余爱好者也不愿意来滑冰。因此,专业运动员的存在,使滑冰场对业余爱好者具有了吸引力,而业余爱好者最终会将专业运动员挤出滑冰场。

换成另一种情况,如果人数和偏好使滑冰场达到的关于专业运动员的均衡水平远远不够吸引业余爱好者来参与,那么这条曲线从一开始就会降到 45 度线以下,然后再向上倾斜,与 45 度线再相交,从而产生两个均衡点。在一个均衡点上,滑冰场上充斥着友好的业余爱好者,但他们的人数太多太拥挤,不能吸引专业运动员的参与;而在另一个均衡点上,滑冰场上只有少数专业运动员,他们的人数很少,滑冰场看起来冷冷清清,一般人都不愿意参与。当然,如果有一些社会上的滑冰爱好者做出了"错误的估计",以为会有很多人来滑冰,他们就会兴冲冲地赶来,而后发现他们的预计是正确的,那么在第二天又会吸引更多的人来滑冰。

在前面谈到的有关研讨会的例子中,我们假设学生人数是固定的,但对于不同大小的群体来说,影响人们决策的到底是总人数的比例,还是绝对人数呢?毫无疑问,对于某些行为来说,比如语言、时尚或者周末聚会,影响人们决策的是比例,而不是绝对人数,而对于另一些行为——打桥牌、参加读书会,可能也包括周末聚会——影响人们加入或退出的是绝对人数。因此,我们的分析分两种情况,而且这两种情况是不相同的。

一个不同点在于,如果绝对人数是关键因素,而且它的影响是正的,也就是从事这项活动的人越多,那么吸引来的人就会越多。对一大群人来说,这样的活动可能持续下去,而对于一小群人则不一定。

如果起作用的是人数的比例——比如是否抽烟、穿高领毛衫或说某种特定方言这样的行为，通常取决于多少人有这样的行为——就会存在一种使人群分开或分化的可能性。如果人们容易受到周围人的影响，包括一起工作和生活的人、一起玩耍的人、共进晚餐的人、同一所学校的人、同乘一辆公交车的人、同一所医院的病友、同一间牢房的狱友等，那么这种人群在某个范围内的聚集最可能表现出某种行为，从而在这个范围内增加了其行为达到临界质量状态的可能性。让我们再看看 A 曲线，我们将 A 曲线分成两个部分，分界线是过纵轴上 50 这个点的水平线。A 曲线的下半部分描述了一半人的行为——这一半人很容易受到其他人的影响而参加。现在，先忽略 A 曲线的上半部分，对这些人暂不考虑。然后，让我们重新划分纵轴，将原来的 50% 记为 100%。现在，因为我们将纵轴压缩了一半，但横轴保持不变，所以此前的 45 度线就变成了一条斜率为 1/2 的线，它是新矩形中一条从左下角延伸到右上角的直线。这条直线与 A 曲线相交，交点右边的任何一点都表示现有人数超过了活动得以维持下去所需的最小人数。

剔除了图中一半的人，尤其是剔除了一半最不可能参加活动的人，我们实际上使每个参加活动的人的影响力增加了一倍——因为他或她所代表的人的比例增加了一倍。现在，我们得到两个均衡点：一个均衡点是没人参加活动，而另一个均衡点是所有人都参加活动。通过将总人数平均划分为两类（一类是容易受影响的，另一类是不容易受影响的），我们得到了这样一个结果：半数人口参加是可以维持的。

现在，让我们来看看 B 曲线上的大多数均衡。假设我们不希望太多人参加这种活动（比如吸烟之类的行为）。同样，我们还是在纵轴中间画一条水平线，将人群划分为容易受影响的人群和不容易受影响的人群。剔除图的下半部分，也就是容易受影响的一半人，然后将纵轴重新按 0 到 100 进行划分，并画出这一长方形中从左下角到右上角的斜线。此时，整个曲线都在对角线的下方，表明这种活动会逐渐消失，或者根本就不会开始。但是，处于原图下半部分的人还在从事这种活动，虽然他们无论如何都会继续这种活动，但有接近 2/7 的人已经停止了这种活动。换一种情况，如果我们认为这种活动是有益的，而现在有两类独立的人群，一群人总会参加这种活动，而另一群人从不参加，那么将这两群人混合成一个人群，就会使参加这种活动的人又多 20 人左右。假设大一新生比较容易受影响，而大二的学生不太容易受影响，这两个班各有 50 人。大一新生需要参加周末课堂，而大二的学生不参加。如果将这两个班的学生合在一起，形成一个大班，或者这两个班相互交换一半学生，结果会使大约 20 个大二的学生受到影响而去参加周末课堂。

公 地

几年前，加勒特·哈丁（Garrett Hardin）曾经选择了一个很有影响力的名词来描述一种具有广泛影响的有关动机的结构，它逐渐成为我们日常使用的词汇。他曾经做了一次题为"公地的悲剧"（The Tragedy of the Commons）的演讲，演讲稿刊登在《科学》（Science，Vol. 162，No. 3859，December 13，1968，pp. 1243 - 1248）杂志上。现在，有关公地的参考书比比皆是，它与"乘数"、"噪音"、"零和"、"临界质量"或"从众"这些词一样，正在成为某种现象的代名词。十年前，"囚徒困境"走出了博弈理论的领域，变成了描述两个人之间某种常见关系的代名词，即这两个人如果分别做出了自私的选择，那么他们对各自的伤害就甚于对各自的帮助，但如果他们都不从自己的角度进行选择，结果对两人都会更有利。哈丁所讲的公共牧场是一种特殊的多人（他们具有相同的行为动机结构）情形。

下面的比喻可能让人难以接受。每次，当我们驶入拥挤的高速公路时，可能都会想起在拥挤的公共牧场上过度放牧的情形。那些在会议上高谈阔论却又言之无物的人们，可能看上去就像牧场上的牛一样，他们一边吃一边践踏另一头牛正在眼巴巴看着的草。经济学家研究公地已经有很长的历史了,这个名词的流行既不是偶然的,也不能说是加勒特·哈丁的个人天赋所致。现在,这个词已被广泛地用于研究在公共水域倾倒污水的行为,在公共石油层开采石油的行为,在公海猎捕鲸鱼的行为,甚至于将地球和地球上的资源比喻成一个公共养殖场,人类在其中过度繁殖等。

"公地"这个词现在用来描述这样一种范式,即人们在追求个人利益的时候,相互之间会产生利益冲突,如果他们能够进行自我约束,他们的整体福利会得到提高;但是,如果某个人进行自我约束,他的个人福利并不会有所改善。英格兰或新英格兰殖民地上某个村庄的公共牧场不仅是村民们的共同财产,而且对村民们的牲畜也是无限制开放的。在这片牧场上放牧的牛(或者羊及别的牲畜)越多,每头牲畜能够获得的草料就越少——而且被践踏的草地也越多——但只要在公共牧场上放牧还有一点好处,村民们就会继续这样做。在牧场上放牧 300 头牛比放牧 200 头牛给主人们带来的收益会更小,而且在同一片牧场上放牧 300 头牛可能比放牧 200 头牛的肉产量和奶产量要少;但是,对于一个家里有两三头牛需要在牧场上放牧的人来说,他只看自家牛的肉产量和奶产量,而不关心所有奶牛的平均产量下降了 1～2 个百分点,或者全村产量的下降。他意识到,包括自家的所有牛的产量小于他把自家的两三头牛退出公地情况下的产量;他也知道,这适用于所有其他人将两三头牛退出的情况;他还知道,就算他不在公共牧场上放牧,结果还是一样的,而他却得不到任何好处。

有关计算大概是这样的:假设牛奶是我们生产的主要产品。最初,在公共牧场上放牧的牛很少,每头牛每季可以产 1 000 夸脱牛奶。该牧场的规模具有这样的性质,即每增加一定数量的奶牛,每头奶牛的牛奶产量就会减少,直到最后牧场上达到 1 000 头奶牛,尽管它们都可以存活,但牛奶的产量将变成 0。如果牛奶产量的减少是线性的(这个假设可以简化我们的计算）：200 头牛时，平均每头牛产 800 夸脱奶；400 头牛时，平均每头牛产 600 夸脱奶；600 头牛时，平均每头牛产 400 夸脱奶；800 头牛时，平均每头牛产 200 夸脱奶。下面计算每 100 头牛的产量。如果有 100 头牛，总产量是 90 000 夸脱；200 头牛，总产量是 160 000 夸脱；300 头牛，总产量是 210 000 夸脱；400 头牛，总产量是 240 000 夸脱；再往后分别是 250 000 夸脱、240 000 夸脱、210 000 夸脱、160 000 夸脱和 90 000 夸脱，而 1 000 头牛时的总产量变成 0。这样看来，如果该牧场上有超过 500 头牛，我们还不如把多余的牛宰掉剥牛皮，因为 500 头牛的产奶量比 600 头牛的产奶量还多。但是，即使牧场上已经有 800 头牛了，我的每头牛还可以产 200 夸脱奶，而公共牧场不花我一分钱；如果把我家里的 10 头牛处理掉，我个人就要损失 2 000 夸脱的牛奶产量。（即使这种做法可能会使其他牛的牛奶总产量提高不止 2 000 夸脱。）

公地是一种特殊但普遍的情况，然而这种情况无处不在，人们所做行为的成本或损失超过了自身的掌控范围，他们要么不知道这种成本或损失，要么根本不关心。污染、疾病传染、乱扔垃圾、噪音、危险驾驶、随意玩火或者囤积短缺产品都是这样的行为。人们可能会自愿使这些行为服从于集体约束，因为这种行为对个体来讲应该不受约束，但对集体来讲都是有成本的。

认识到公地的这种特殊性质是很有用的，因为这有利于我们进行比较研究。公地模型被广泛而松散地应用。将公地模型的严格范式和松散的相关模型加以区分是值得的。严格地说，公地具有两个显著特征：(1) 使用公地的人受制于他们使用公地的方式以及他们对公地的使用程度；(2) 使用或过度使用公地的成本与获得或损失的收益同向变化，比如前文中牛奶产量减少的例子。相对于另一些问题（比如噪音、污染、公共安全等）来说，这种模式更符合"交通拥堵"或"野蛮开发"等问题。除了公共牧场问题，还有在拥挤的高速公路上的车流速度未必比旁边小道更快的情况。此外，在异常拥挤以至于使人们后悔到这里来的沙滩上，在水泄不通以至于你恨不得自己去买书的图书馆里，都存在这种问题。另外，我们还能看到这样的情形：在公共石油产区，几十家独立的石油公司在这里拼命钻井，疯狂地开采石油，根本不考虑环境保护，因为它们知道：开采到的石油就是自己的，而留下的石油是属于别人的。

对"公地"更宽松的定义包括两种类似但不完全相同的分析结构。把图书馆里的书藏起来；独占繁忙机场里的收费电话；为保住座位，在休息间歇一直坐着；尽管他愿意搬走，并且也没有别的什么优势，但仍会握着有租金约束的公寓的长期使用权；等等。这些例子都是对于稀有资源的"浪费性"集体占用。为了处理烟尘、垃圾和废水而过度使用的风能、水能和土地，就像过度使用了当地的公共卫生处理场一样——在国家的每个地方，这种"公地"普遍存在，是很好的现代实例——然而，与严格的公地模型不同，在这些情况下，由于过度使用或不正当使用产生的不利后果并不局限于当事人本身。当我把车驶入收费的高速公路时，这种效果就好像把我的牛赶到公共牧场上一样，我也阻挡了其他司机的前进；但是，我的车排放的废气给住在高速公路周围的人的眼和肺造成了影响，尽管他们并不使用这条公路（而那些坐在装有空调轿车里的司机们却没有受到空气污染的影响）。

公园、海滩或路边的噪音和垃圾比较接近严格定义的公地情况——公园、海滩和道路本身是免费使用的公地，噪音和垃圾主要影响使用这些公地的人。拥挤的机场，就像拥挤的道路和海滩那样比较接近公地的情况；飞场噪音主要影响居住在机场附近的人，而不是机场的使用者。此外，与海滩上或公园里收音机产生的噪音不同，机场噪音属于另一种更广泛意义上的行为，这种行为的受众是他人，而不是公地的其他使用者。

通过对公地的数学计算可区分公地的三种使用强度，最典型的包括放牧牲畜、猎捕鲸鱼、参观博物馆、在高速公路上驾驶以及使用风来驱散烟尘等。公地的某个使用水平表示它得到了最经济的利用：限制使用不仅没有好处，有时反而带来损失，虽然公地的使用减少了平均收益，却使总收益增加到某个水平。（在前面的例子中，这个使用水平就是500头牛的水平。）超过这个使用范围，尽管每个使用者仍能获益，但过度使用却会使总收益下降。在一个公平的限制系统中，公地的使用者都能从中获益，任何人想要增加对公地的使用都会造成其他人的损失，而且这个损失会超过他的收益。但是，在这两种使用强度之间找到一条分界线却并非易事，不论是对拥挤的博物馆还是对最佳的牛奶产量，其结果都一样。如果人们对于拥挤程度的敏感度差异比奶牛产奶量对于草料质量的敏感度差异更大，或者人们的驾驶水平影响交通拥堵状况的行为差异比奶牛践踏草坪的行为差异更大，那么找到最佳分界线就更为困难。

当公地的使用远超合理水平（比如1 000头奶牛）时，就会出现使用强度的第三个水平，这个水平会使公地完全丧失价值——高速公路上车太多，以至于车速不比小道上更快；海滩上或音乐厅里人太多，以至于后来的人只看了一眼就回家了；几乎所有人都不能获得更大效用。这不仅是公地由于过度使用而几乎完全丧失价值的点，而且是使现有使用者不能获得效用改进的点。因为只要公地使用还有正的价值，现有使用者所做的改进就会为他人所享有。如果限制高速公路的使用者每周只能使用3天，这样每个人的使用频率降到原来的3/5，高速公路上的车流也会减到原来的3/5，那么所有人都会更好；但是，如果以前那些因为高速公路拥挤而走小道的人，发现高速公路的交通状况有所改善也来走高速公路的话，他们就可能成为那剩下的2/5，从而减慢高速公路上的交通速度，使原来那些限制自己使用频率的人没有得到任何好处。

自我实现及其他预期

当我还是一个小孩子时，德国牧羊犬是众所周知的"警犬"，我们都很害怕这种狗。我们害怕它们的原因是：它们非常不友好。但是，这种狗之所以很凶狠，一定有一部分原因是我们很害怕它们，并且对它们也很不友好。此外，狗的主人也希望它们变得凶狠，这样才好保护主人的财产，因而他们有意挑选那些令人生畏的狗来饲养。但是，如果我们固执地认为"牧羊犬"就是警犬，它们忠诚而温顺、粗鲁却善良，那么我们就可能完全误解了狗主人的意思，颠倒了整个体系，并对可怜的狗施加了不必要的警惕。

自我实现的预言是一个叙述性的概念。最初，它广泛应用于描述自身创造的特定现象，后来它逐渐拥有了自己的意义，并与原有的语言环境逐渐脱离，成为一个宽泛的语言概念。这个概念的含义为：某种期望具有一种特征，即它导致的行为会促使这种期望实现。"预言"这个词不过是为了使这个概念更生动而已；预言本身当然不会自我实现，但期望这种行为通过一系列短暂或长久的活动及其相互作用，最终会产生一个与期望一致的结果。（一个不被重视的预期自然也不会自我实现。）

这个词最初的用法是特指一个有很多限制性条件的有关期望与行为的模型，而目前它被广泛地应用于一系列的机制。最初，这个概念用来指白人对黑人，或者任何社会的主流群体对弱势群体或地位较低的阶层所持有的特定观点——或者期望或预期等。在这种观点指导下的白人行为将引导一些黑人的行为向他们所期望的方向发展。举例说明，如果某个社会弱势群体被主流人群认为不具备担任重要职责的能力，那么人们就不会雇佣他们担任重要的职责；他们因此也没有担任重要职责的机会；而缺乏担任重要职责的锻炼，他们就越发地让人觉得无能。如果某类残疾人被认为不具备操纵某种特殊机器的能力，并且操纵这种机器需要培训和锻炼，那么这类残疾人永远不会有得到培训和锻炼的机会，当然也就不会具备操纵机器的能力。如果大学生与老师之间的关系比较疏远，或者老师在场时他们就感觉别扭，老师可能就会尽量回避与学生们在一起，从而会使学生加强这种情绪。

现在，我们已经有三个不同的自我实现期望模型了：一是单边过程，即首先对人们的行为有一个单方面的看法，接下来根据这个看法行动，最后使这个看法成为现实。二是双边过程，比如老师和学生之间，阿拉伯人和犹太人之间，雇主和雇员之间，都存在某种先验的看法。这些相互的看法会影响彼此的态度以及与这些态度相一致的行为。（如果我们每个人都认为，别人只要一有机会，就会不宣而战，那么我们一定会觉得为了自我防御，一有机会我们也应该不宣而战。）三是选择性过程，即前面关于选择警犬作为看家狗的例子。在这个过程中扮演某种特定角色的人一定是顺从且合群的，因为人们意识到只有这样的人才会选择这份工作、承担这种角色。例如，如果男人都认为只有妓女才会在公众场合抽烟，并且女人都知道男人的这种共识，那么女人就可能只在家里抽烟——也可能到一定时候才这样做。

"自我实现"这个术语可以运用于更广泛的现象，它并不局限于种族歧视或者相互不信任等。如果我们都认为咖啡的供应将出现短缺，只要按照人们相信会出现咖啡短缺的信念那样做，就可能真的促成这种现象产生。在20世纪30年代，当人们都认为银行已处于破产的边缘时，他们都会去银行挤兑，从而导致他们担忧的银行破产。如果人们认为某个职位的候选人得不到支持、获胜的机会很小，那么他可能真的得不到什么支持，而且获胜的机会也很小。如果每个人都认为你会早点到会场占一个好座位，那么你就必须早去占一个好座位。如果参议员们认为，一定有足够多的参议员投票反对卡斯韦尔法官，拒绝最高法院对他的提名，那么事实上这种情况极有可能出现。

即使是这些例子，我们也能将它们进一步划分成至少两种完全不同的情况。在第一种情况下，人们的期望程度越高，事件发生的可能性就越大，无论这个事件是什么。例如，相信其他人会准时到场的人越多，实际上准时到场的人就会越多；认为参加庆典的人数很少的人越多，参加庆典的人就会越少；认为某人在竞选中获得的支持很少的人越多，他实际上获得的支持就会越少。另一种情况涉及"临界质量"，通常在这些事件中会出现全部极端或根本不出现极端。社会中主流群体的人数越多，弱势群体的劣势就越大；某个候选人成功的可能性越大，那么及早支持该候选人就越重要；认为银行将破产的人越多，那么在银行破产之前提出存款就越紧急；每个人都认为所有人均持有这些相同的预见，并会付诸相同的行动，因而他们就会做出对未来比较极端的判断，从而确实导致一个极端的后果。古巴巴蒂斯塔政权的突然倒台，1960年法国从阿尔及利亚撤军后法国殖民者的随之退出，居住在一些非洲国家的白人因为相信其他白人都要离开而抛弃了自己的房屋和财产并选择离开非洲，这些都是生动的例子。

下面可以放宽一点这个定义，把那些后果与最初的预见不一致的情况也包括进来。让我们回忆一下这些情况：人们总希望自己给的小费比平均水平高一点，自己到场比大多数人早一点，自己比竞争者给雇员发的工资高一点，给自己学生的成绩比平均水平稍好一点，或者在审核研究生的入学申请时，自己表现的批评态度比其他同事客观一点。如果每个人都有这样的动机，并且每个人对平均水平都有共同的认识，他们的行为通常就会使实际平均水平偏离他们的预期。我们将这种情况称为"自我偏离预言"。如果每个人都有这样的动机，而且对其他人是否也有同样的动机表示怀疑，那么他们会考虑到每个人的这种偏差，并会调整他们的行为，从而使实际情况更加偏离预计水平。给出租车司机的小费将稳定在一个水平，平均而言，人们负担不起超过平均水平的小费，但学生的分数却会不断上升。

于是，我们得到了一个"自我否定预言"。如果每个人都认为参加某项活动的人会很多、场面会很拥挤，因而都不参加，结果可能是活动现场一点都不拥挤。一场暴风雪后，人们从气象预报得知交通状况将很糟糕，若人们听信气象预报，那么街道上将会很空。如果每个共和党人都认为他们的候选人会以绝对优势获胜，那么他们可能不会去投票，结果他们的候选人可能并没有获得绝对优势。在露营时，如果每个人都以为其他人会带食物而不带水，结果可能是所有人都带了水但没有带食物。

我们从最后一种情况又可以引出一个"自我平衡期望"。本周六去露营时，如果预计别人可能都带食物而不带水，结果我们都带了水而没有带食物，那么下周六是不是可能完全反过来，我们都只带食物而不带水呢？结论可能就是这样的。我们可能带了过多的水或过多的食物，但不会出现完全极端的情况；再下一周，我们又进行了一些调整；最后，我们会逐渐趋向平衡。此后的每次露营，尽管可能因为一些突发原因，比如参加露营的人员出现了变化，导致我们可能会出现带的水过多或者带的食物过多的情况，但接下来的一周内一定会出现调整的趋势。因此，我们可以得出一系列"自我修正预期"。也可能不是这样——没有任何保证可以使我们长期脱离这种翻来覆去的情况，但是，如果这一过程是经常性的和连续性的，总会有人不断地做出修正性调整，从而使扭转而不是大幅反转成为经常趋势，进而使行为和预期实现均衡。

还有一种情况可以称为"自我肯定信号"。如果抽烟的人认为含薄荷的烟都是绿色包装盒或蓝绿色包装盒，那么竞争性厂商就会发现以这种颜色来专门包装薄荷香烟将会有利可图。如果人们普遍认为去某个特定的单身酒吧就意味着要寻找伴侣，那么到这个酒吧本身就是一种信号，而且这个信号也为酒吧里的其他人所接受。

自我约束的传统习俗

如果每个人都认为其他人会走右边，那么大家都会走右边。如果在听音乐会时每个人都认为别人不会在演奏间歇鼓掌，那么基本上就没有人会在这种时候鼓掌。

多数单行道标志不需要警察来执法，在这里指挥人们行为的（或者说，提醒人们行为的）就是自我约束的法规。许多法规都有这样的特征，无论这样的法规是好是坏，有法规总比完全没有法规强；通过人们的预期实现的习惯是非常有用的。（想一想，如果我们生活在一个没有字母顺序的时代，该是多么糟糕的事情！）但是，自我约束力量有时也会误导人们的行为。一个糟糕的单行道系统与一个良好的单行道系统所产生的自我约束力可能是一样的。男人和女人、白人和黑人、学生和老师、雇主和雇员之间存在的细微差别也具有很强的自我约束力，尽管有时他们中的一方或双方不喜欢这种传统，但只要明显的例外并不存在，这种情况就会一直延续下去。

发明交通信号的人一定有化繁为简的天赋。[4] 他认识到在两条街道的交叉处，因为人们互相影响而会出现混乱和时间损耗；也许出于个人的经验，他发现行人的自律和相互礼让无法解决这一通行问题。在这里，即使那些很礼貌的人也会因为相互等待而耽误时间。一旦人们对自己过马路的时间判断错误，就会引起碰撞事故。

他以高度的概括性将所有行人分成两组，一组行人是东西向的，一组行人是南北向的。他将交通问题转换成了一种交互模式。当人们过马路时不需要买票，不需要时间表或者事先约定。所有必要的指令都简化为两种信号：绿灯和红灯；在这个十字路口的所有行人都能看见信号；一个简单的信号转换机制就能控制两组交通灯。不需要事先的计划安排，对信号灯和行人都不需要与其他活动进行统一协调，甚至也不需要执行：一旦行人习惯了交通灯的指示，他们就知道，逆行是很危险的。交通灯创造了一种秩序，不遵守秩序就会受到惩罚。同时，交通灯对每个人都是不偏不倚的：它们不对行人区别对待，也不会因为给予某些人好处而伤害其他人的感情。

社会管理者可以从交通信号灯的例子中得到很多启示。交通信号提醒我们，尽管计划管理往往与控制联系在一起，协调通常才是关键因素。人们需要根据他人的行为，在正确的时间做正确的事情。事实上，人类社会最具创造性的一种计划，有可能就是把时钟和日历进行统一的机制。我不用每天早上起床时都把时间拨到零，并让它按照十进制运行一整天。我的表和你的表所显示的时间是一样的，有了统一的时间，我们可以轻松地与其他人进行协调。谁也无法欺骗时间。

每年入夏的时候，我们一起把表向前拨一个小时来实行夏令时，这实际上是对这种协调的一种认可。对政府来说，要求每个人干每件事情都把时间提前一个小时，实际上是一种干预，这与人们的自由选择权利相冲突；我们都不得不每次检查谁实际上改变了时间安排，而谁又没有。但是，如果我们在同一个晚上把表都拨快一个小时，所有的事情就解决了；我们也没有什么别的选择。

夏令时本身是一个出于良好愿望的武断决定。为什么正好是一个小时呢？难道是因为当古中东人按照与十二宫图和旧式货币中的便士与先令的十二进制（而不是按照我们最初用十指计数，从而采用十进制）相一致的方式，将一天划分为24个部分时，他们已经预见到了1 000年或2 000年之后，城市工业化社会将每天的活动日程正好提前1/24吗？就像母鸡下的鸡蛋大小通常正好能和一杯面粉调在一起一样，是不是某种目的论原理决定了计算时间的单位正好等于夏季天黑前将高尔夫球打入9个球洞中的时间？

我知道这样一个人，他曾经计算过时钟应该调快1小时35分钟，而另一个人的习惯是在8月假期里将表拨快40分钟，这样在某个特定时间正好使太阳越过船的横桅杆。我想他们永远都不会让当局通过这一法案——正如一个以秒表计算的最快的87码跑的运动员不可能获得奥林匹克组委会的认可一样。

交通信号和夏令时这两个例子反映了在诸多社会决策中导致人类行为趋同的强制力。度量衡的制定、螺丝钉的斜度、十进位币制、靠右驾驶等行为，都不是某个人能够控制的。对于政府来说，很少有什么决策比控制人们在夏天什么时候起床更简单。先进的钟表工艺使夏令时的推行变得异常容易，它比通过换掉公路指示牌和路标来使另一边的所有车辆都在同一时刻注意到这种改变更容易。货币流通比螺丝钉和螺栓的流通可要快多了。如果我们要清除所有五金器具中的非公制螺纹角度，可能需要花好几年的时间。

十进位币制和靠右驾驶也许值得集体努力。历法改革或许可行。字母拼写改革也有过成功的经验。但是，如果要全国人民都讲另一种语言，需要有一个专制政权，或者是某种宗教的狂热，或者原语言的口音太过杂乱而易混淆，才使得新语言的形成成为可能。

在这些社会决策中，有些惯性是非常强大的，有时甚至是惊人的。人们学会用双手操作打字机之前，打字机键盘就已经产生了。任何打字的人都可以提出对键盘加以改进的意见，而实验也证明了确实存在更有优势的键盘，而且容易掌握。改变打字机键盘上的键的成本并不高，甚至更换一台打字机也没多少钱，特别是在一幢大楼里不同楼层的打字员都可以使用不同的键盘，而且互不影响。尽管如此，对于我的孩子们来说，他们用无名指打字总是比食指更灵活。

现在，让我们考虑一个与夏令时类似但更复杂的问题，即在遥远的过去对标准键盘的设计如果发生在遥远的未来，我们可以预见到某些社会决策的惯性所在。美国普遍实行5天工作制，但人们可能还想多些闲暇以带来生产率的增长，少花点时间在生产金钱可以买到的物质产品上。这样来看，4天工作制可能会很吸引人。没人保证4天工作制可以得到实施——对物质产品的需求可能是具有弹性的——而且无法认为这一较短的工作时间就已达到了一周工作时间的最短极限。（如果4天工作制确实是最短极限，那么一天工作9个小时可以使一周4个工作日更容易被接受。）你想在一周中的哪一天休息？你认为最后哪天会是休息日？

在此，至少有3个不同的问题：(1) 作为个人来说，如果一周之内还可以休息一天，那么哪一天休息是我们想要的？(2) 总体来看，如果我们的休息日必须一样,那么哪一天是我们都愿意接受的第二个星期六?
(3) 如果要测算一下 2030 年的工作日情况,我们会做出什么样的测算呢?

第一个问题是一个复杂的问题。你愿意休假的那一天可能取决于别人愿意休假的时间。工作日是去看牙医的最好时间,除非牙医们不在同一天上班。周五是去郊外的好时间,可以避开周六的交通高峰,只要不是所有人都在周五休息就行。如果周三是孩子们不上课的时间,那么周二就不是去海滩的好时间;但是,如果孩子们在周二放假,那么这天最好还是与孩子们一起过。把休息日错开可以缓解高尔夫球场和购物中心的压力;但是,如果一周当中每天都有 1/5 的学生不来上课,那会大大挫伤老师和班级的积极性;如果四年级的学生周二放假,而五年级的学生周三放假,家长们会感到很困惑;老师放假的那天,学生们也不能很好地去上学;如果牙医放假了,他带着孩子们去海滩玩耍,老师们也不能去看牙医。

从总体上看,一个很重要的可能性是我们都喜欢错开工作日,以缓解各处的交通堵塞和上班高峰,但我们更愿意成为在周五休息的 20% 的人之一,这样我们就可以在周五去看牙医,并且在不需要看牙医的时候还可以度一个三天的周末。如果每个人都有这样的想法,我们就无法把休息日在一个星期内错开;我们只能把周五安排为共同的假期——这样,周五就成了交通拥挤的日子。从总体上说,在周五休息还不如在周三休息:路上出现了拥堵,高尔夫球场或滑雪场排着长队,开门的商场不多,购物也不划算;我们一起把周五这一休息时光给破坏了。周五出现的拥堵就好像公共牧场一样,是我们每个个体做出的独立选择的结果。

每个人都希望生态平衡,希望有更高的集体理性,希望有一个追求目标的进化过程。但是,这并没有对错开高峰期这样的事情起任何作用,而且根本不受政府的影响。我们似乎不能把 2 月的每一周都设成不同地区庆祝华盛顿诞辰的日子，以使这一天利用飞机航线和高速公路的旅行比滑雪场运行得更平稳。

当然，我们应该感谢上帝赐予了我们统一夏令时的能力。

社会契约

空中交通服务单位曾经报道过波士顿东南高速公路上的一个奇特现象。如果早上向南的道路上发生了一起反常的或严重的交通事故，那么向北的道路上的汽车车速比发生事故的道路上的汽车车速下降得还多。因为人们会纷纷减慢车速，想看看道路另一边发生了什么。好奇心在这里起到了瓶颈作用。甚至一个晚了10分钟到达事故现场的司机可能会感觉他已经为此付出了代价，即使他眼前的道路已没有拥堵了，但如果没看上一眼事故现场，他会很不甘心。

最后，大多数司机为了看10秒钟的事故现场而多花了10分钟的开车时间。（更可笑的是，现场可能已经被清理干净了，他们仅仅因为前面的人可能在看什么而觉得好奇，于是放慢车速。）这是一种什么样的现象呢？一些本来可以快速通过的司机，可能出于好奇停留了一会儿；大多数司机凭借多年的开车经验，知道当他们到达现场时，只看一下大约要耽误10秒钟的开车时间。然而，当他们到达出事现场的时候，10分钟的延误已经是沉没成本了，而他们仅花了10秒钟匆匆看了一眼。在他后面慢慢挪动的几十辆车上，所有人也额外多花了10秒钟时间。

每个人都花了10分钟时间看了一眼，但他们为自己花了10秒钟，却为前面司机的好奇心多花了9分50秒。

这真是不划算。

更确切地说，这个不好的结果是因为没有讨价还价的余地。作为一个整体，司机们绝对会做出的选择是不损失这么多时间，如果每个人少看10秒钟，那么每个人都能在高速公路上节约10分钟。然而，因为不存在组织协调，他们都受一种分散记账体系的约束，而在这种体系下，司机们对后车的损失并不在意。

只因为从某个回城的货车顶上掉下了一个床垫子，周日下午从好望角回来的汽车被堵了超过 1 英里的距离，并在路上缓慢挪动。没有人知道有几百辆车在 1 英里之前就开始减速，5 分钟后才到达这个遗失的床垫那里，等待交通畅通，并且在恢复速度之前还逡巡了半天。最后，可能有人把车停在床垫子前边的紧急停车区，走下车把它挪开了。如果没人这样做的话，没准这个床垫子到下个周日还在那里放着。

这里同样不存在讨价还价。在没有司机愿意做好事的情况下——在炎热的高速公路上带着一群饥肠辘辘的孩子的人，是没有这种心态的——某个人必定是被选定做此事，或加以补偿后才做此事。挪开这个床垫对于已经开过去的司机来说没有任何好处，并且开过去之前也没有人会挪开这个床垫。

如果有人在直升机上看到了这一情况，他可能会建议后面的 100 辆车在他们经过那个挪开了床垫的人时，每位司机从右车窗给他扔下 10 美元。实际上，这等于将清理后的公路产权给予了清理人，使清理公路的这个人的投资有所回报，并使后面的消费者都能受益。但是，这个长车队的共同点只是路程一样，在司机通过床垫时无法进行声音交流或任何其他形式集体会议的情况下，他们无法进行合作。因此，我们只能感谢那些不计名利做好事的人。

东南高速公路上的好奇心和床垫堵塞道路后的归心似箭，都说明了有关个人决策和集体利益的一种普遍情况。人们做什么事情或不做什么事情，都会从正面或负面影响其他人。在没有适当组织的情况下，个人行为产生的后果可能是相当不令人满意的。人们很容易就此谴责"人性"；但是，如果承认大多数人对自己的事情比对别人的事情更关心，而且大多数人对自己的事情也比对别人的事情更了解，我们就会发现：人性本身不如社会组织更重要。这些问题都可以得到解决，而解决的方法取决于一种人为设计的组织或是自发产生的组织，一个长期组织或者一个临时组织，一个自愿性组织或者一个强制性组织。

在一种情况下（即停下来看看事故现场的情况），主要问题是要使人们放弃做那些需要别人承担成本的事情。在另一种情况下（即把床垫子从路上拉开），主要问题是需要某个人来做这件对他自己毫无好处但对其他人非常有利的事情。

这两个例子的另一个区别是，第一种情况涉及所有人，而第二种情况只涉及某个人。我们可以很容易地把挪垫子行为反转过来，使它成为一种由于不小心而伤害他人的行为，而不是出于自身利益做出的善良行为。那个绑床垫子的人可能考虑到了如果绑得太随便，床垫子可能会遗失，但他不可能考虑到有上千个家庭也许因为他没有绑好床垫子而耽误了回家时间。所以，我们也可以抛开司机们那莫名其妙的好奇心不谈，而去假设人们都在正常驾驶，并且考虑着他们自己的事情。他们并不着急，但他们后面的某个人可能会有急事在身；事实上，也可能有很多司机都着急赶路。如果要这个不紧不慢的司机加快速度或者选择另一条路，可能需要花费大家的时间甚至金钱。可是他自己并不觉得做错了什么，甚至他可能还认为那些想要赶路的司机应该为他让路的行为支付一定的报酬。如果没有沟通，他可能根本就不会意识到后面的人有多着急，而且也不在意后面的人有多着急。

社会组织的很大一部分——也就是我们称为社会的那部分——就是一些制度性安排，这些制度性安排可以克服个人所感受到的利益与某些更大的集体利益之间的偏差。有些社会组织是市场导向的——所有权、合同、损坏赔偿诉讼、专利权和版权、期票、租赁合同以及各种通信系统和信息系统等。有些社会组织与政府有关——用于提供公共服务的税收、对人的保护、气象局（如果气象信息不能成为市场商品的话）、单行道、禁止乱扔垃圾的法令、在向南道路上清理事故现场的人员和在向北道路上指挥交通的警察等。更多的社会组织是选择性组织（如工会、俱乐部、社区等），它们可以建立一些激励性机制和制度来帮助人们做一些个人无法完成但集体可以做的事情。道德可以取代市场和法规促使我们有时候凭良知做事，但从长期来看，人们只有在肯定能够得到互惠的情况下才会做这样的事情。

我们遇到的问题是在个人独立行为与集体行为之间通常存在的偏差。考虑一下夏天的限电措施。我们总是被告知：如果我们在盛夏不限制用电，电力系统可能会超负荷，其后果将不堪设想，比如出现突然断电或持续低压以及其他无法预计的后果。有时，我们会听到水资源短缺的警告，而水龙头漏水是水资源浪费的一个主要方面。我们都被要求使用新型节水装置。只要我们中的大多数人（即使不是所有人）都形成顺手关灯的习惯，或者减少一些对空调的使用，修好家里漏水的龙头，少给家里的草坪浇些水，洗车时少用一些水，从而降低一点对公共用水和公用电力的需求。那么，毫无疑问的是，我们都会从中获益匪浅。如果我们不这样做，就会遭受到更严重或更不可预期的结果——当用电量超过负荷或不得不实施某种糟糕的紧急配给制度时，空调可能会在最热的那天因为断电而无法工作，所有的电灯可能会在我们最需要的时候熄灭。

但把我的空调开小点，或者在我离开房间的 5 分钟内关掉电灯，以及修好我家漏水的龙头对于我来说没有任何好处。我需要的电力或水不过是很小的一部分，虽然我的微小行为差异会对其他人产生影响，但我所做的事情对自己的影响可以忽略不计。

在家里，我们通常在周五晚上简单地冲个澡，以节省热水，而不是自己先洗澡，并恨不得把热水用光。这是因为我们会关照家人，或不得不假装我们相互关照，或我们可以相互观察，并给每个人的洗澡时间计时。但是，要照顾其他人或被其他人照顾则要难得多，比如我在浇草坪时节约用水，而他们在洗车时不节约用水；或者我在洗车时节约用水，而他们在浇草坪时不节约用水。

在这种情况下，我们就需要一个强制性的社会契约。如果别人都遵守这个契约，我也会遵守；所有人都采取合作行为而不是各自为政，我个人的福利就能得到改进。就好像在紧急情况下，美德和榜样的感召往往使人们紧紧地团结在一起，恪守共同的黄金准则，对集体具备认同感，并且相信别人也与我们一样。我们愿意面对当前的问题，并为这种美德与集体感到骄傲。许多社会道德实际上就是一种行为准则，如果人们都遵守这种准则，这种行为就是值得称道的。（尽管个人可能不能从遵守行为准则中获得好处。）但是，如果这个时候没有令人鼓舞的英雄主义精神；如果需要做的事情非常麻烦或费事；如果人们与其他只通过水管连接的大多数人没有集体的感觉；如果人们坐在房间里需要不时调整空调的温度，或者需要不时地出去检查一下水龙头是否需要维修；特别地，如果人们怀疑大多数人根本就没有遵守这些规则，他们就会三心二意，很多人可能根本就不这样做。当他们看见水龙头在淅淅沥沥地滴水，直到没有水流出，或者看到尽管一再号召人们少用空调，电力短缺问题还是没有解决，那么甚至连那些不情不愿的行动都会被放弃。

当人们晚上走到房子后院，竖起耳朵，听到夜色中其他人家的浇水装置滴滴答答的漏水声时，心中的不满就会更强烈。因此，他可能会一边谴责缺乏强制性的节水措施，一边把自己家的浇水装置也打开，从而使大家共同违反规定。

人们一边谴责他人，一边自己重复同样的行为，这对他来说并不矛盾。他希望执行强制性措施，但如果没有执行这样的措施，他就会浇自己家的草坪，特别是在其他人都这样做的时候，他对为其他人做好事不感兴趣，因为他根本不认识这些人，他不希望因此而使自己的草坪枯萎；但是，他愿意遵守社会契约。如果别人都能不浇灌自己的草坪，他也能不浇灌草坪，这样他们在淋浴、使用洗衣机、冲厕所和用盥洗池的时候都能少受一些限制。

然而，困难就在于如何使这种社会契约固定下来。能在每天用水高峰时调节快慢的水表，以及将每周的用水费率或用水配给量在每个夏天都公之于众，无疑有助于人们解决这个问题。但是，豪华的水表很昂贵，而且用水费率的不断变化，不仅会带来麻烦，而且难以监控；大家庭通常要洗一大堆脏衣服，它们会抱怨配给的水费太高，而没有小孩的家庭还可以用水来洗新买的车。在我们还来不及设计并公布一个可行的"解决方案"时，潮湿而阴冷的秋天已经来了，现在的问题是要制定一套规则以强制性地在某些公路上使用雪地防滑轮胎，以防在提前的暴风雪突袭中，因为我的车在上坡时滑向路边，而使后面的所有车都受阻，从而造成交通混乱的情况出现。我可能会为了等圣诞节后的大减价而迟迟不把我的车换上雪地防滑轮胎，这相当于我在用晚餐时间和轮胎的价格进行赌博。

有时，只需要我们当中的一部分人就能解决问题。如果用电负荷只超出不多的几个百分点，有一半人可能就会执行自愿的用电限制，从而避免断电情况的出现。另一半人不进行自我限制，这会使我们感到非常气愤，更让人气愤的是这一半人因为电力紧张而造成的忧虑心情刚刚消失，他们就开始放松警惕、大手大脚，把所有的灯都开着。因为他们知道，为了避免断电，我们关掉了电扇。尽管如此，即使我们不对这样的行为处以重罚，而让我们当中的一半人承担全部责任，这样的契约仍可以称为一个好契约。"搭便车者"相比我们获得了更大的福利改善，但对于采取合作行动的一半人来说，我们也获得了福利改善，因为我们减少了所用的电力。

然而，有时只有几乎所有人都参与行动才能解决问题。我们首都的垃圾桶上都写着"乱扔垃圾可耻"，但真正破坏公园和马路的是第一堆垃圾，多十倍的垃圾会使环境变得糟糕，但不是十倍的糟糕。只要一辆割草机就足以破坏周日宁静的早晨，使宁静的社区变得像喧闹的工厂一样。确实，一旦第一个人大胆开动他 3.5 马力的割草机并破坏了周日的宁静，其他的邻居也会纷纷开动他们的机器，因为他们相信没有人会谴责他们，因为很明显，仅仅关掉其中任何一台机器根本不足以提供一个宁静的周日。

道德和善良可能会起作用，无论合作性行动涉及的技术是什么——是否所有乱扔的垃圾都破坏了环境，或者只是一开始的几件垃圾破坏了所有的环境——那些愿意与其他人一样恪守职责的人们，那些愿意遵守共同社会公德的人们，还有一些像其他人一样拥有无私特性的人们，他们不能容忍甚至不愿意提到有些人违背社会契约、背弃社会公德，不能容忍有人嘲笑那些尽量减少往河水里抛洒剩余洗衣粉的人，或者嘲笑那些把落叶扫走而不是一烧了之的人。

尽管如此，有时并不是所有人都能在共同的社会契约中获得福利改善。有些人得到的多，有些人得到的少，有些人甚至不能弥补他为遵守社会契约而放弃的东西。关掉空调，以使电灯和重要的家用电器正常工作这样的协议对于那些对花粉过敏的男人或女人来说，就不是一个好的安排，因为他们宁愿在黑暗中保持鼻子干燥，也不愿在灯光下不停地打喷嚏。禁止人们在室外用水尽管有点不近人情，但对大多数人来说还是可以接受的，然而以浇灌他们的花园为乐的一对夫妻就无法接受这样的条款。在出了事故的高速公路上，警察出来维持秩序，宣布所有的车都应全速前进不允许滞留，这对于那些本来还要缓慢行驶一英里才可能到达事故现场的人来说自然是一个很好的消息，但那些已经缓慢行驶了10分钟而且马上可以看到事故现场的司机们可能就会不高兴了。如果在10分钟前宣布这个消息，他们都不会生气，但10分钟前在他们前面的有些司机就会不高兴。

如果参与社会契约需要一致同意，那么为了所有人都能参与，可能需要对那些收益不能弥补成本的参与者进行补偿。不过，补偿会使这项社会契约变得更加复杂，当那对爱好浇灌花园的夫妻在得知他们的花枯萎后可以得到补偿时，他们的邻居就可以知道他们究竟有多热爱他们的花园了。

在经济学中，与这种现象最类似的情况涉及某些缺乏供给弹性的稀缺资源和产品，它们对所有人都是自由供应的，直到供给被用完为止。最著名的例子就是美洲水牛，在美国南北战争结束的时候还有 2 000 万头或 3 000 万头美洲水牛在密西西比河西边的草原上徜徉。当时，野牛肉还没有在市场上销售，而且铁路运输还不能把鲜活动物直接送达美国西部。因为美洲水牛的舌头味道非常鲜美，价格也很高，故在几年的时间里，水牛舌的买卖很兴旺，但最后留下了成千上万吨没有舌头的腐烂牛肉。此后，美洲水牛皮又成了抢手货，这导致更严重的后果，在大约 6 年内，有 200 亿磅的美洲水牛变成了腐尸。当时，货运火车为了回避腐烂的美洲水牛尸体散发出来的臭味都要绕道而行；地上每增加 5 磅美洲水牛肉，就有人从美洲水牛皮的买卖中获得 1 美分的利润。等 15 年后，牛肉有了销路，因此鲜牛肉的销售可以带来更多的收益。但是，这对过去一天宰杀 50 头美洲水牛的猎户来说，没有任何好处。他不可能宣称对一头美洲水牛拥有产权，并拥有在 15 年后出售其后代的权利。

鲸鱼和电力，美洲水牛和供水，都是这个社会的稀缺品，但只要它们还存在，对于个人来说就是"免费"的。从小的方面来说，如果 6 个商人在进餐时要求侍者将所有费用都写在一张支票上，这种情况就会发生。他们为什么吃汉堡会节约 6 美元，而点牛排者只要多付出 1 美元？若宴会提供免费饮料，人们往往会喝得更多，而每个人的花销是在最后计算的；相比于他们的支付能力，这种方式通常能使人们消费得更多，而宴会通常也会推荐这种方式。但是，如果基于实际消费而收费的俱乐部通知其会员，每个月的饮食开销只需要所有会员平均分摊，那么这种平均主义肯定行不通。

【注释】

[1] 莫里斯·S. 巴特利特（Maurice S. Bartlett）在《流行病学》(Epidemics) 一文（见 *Statistics: A Guide to the Unknown*, eds. Judith M. Tanur and Frederick Mosteller, Holden-Day Inc., 1972, pp. 66-76）中，明确给出了研究麻疹流行病的一个基本模型，以及对于不同城市之间数据的比较结果。

[2] J. Maynard Smith, *Models in Ecology*, Cambridge University Press, 1974, chapter 5, "Competition"; Kenneth E. Boulding, *Conflict and Defense*, Harper and Brothers, 1962, chapter 6, "The Group as a Party to Conflict: The Ecological Model".

[3] George A. Akerlof, The Market for "Lemons": Quality Uncertainty and the Market Mechanism, *The Quarterly Journal of Economics*, 84（August 1970），No. 3.

[4] 根据拉塞尔·L. 亚当斯（Russell L. Adams）在《伟大的黑人，过去与现在》（*Great Negroes, Past and Present*）（California State Department of Education, Sacramento, 1973）中的记载，加勒特·A. 摩根（Garrett A. Morgan）在1923年发明了"自动的禁行标志"，并将专利权以40 000美元的价格卖给了通用电气。

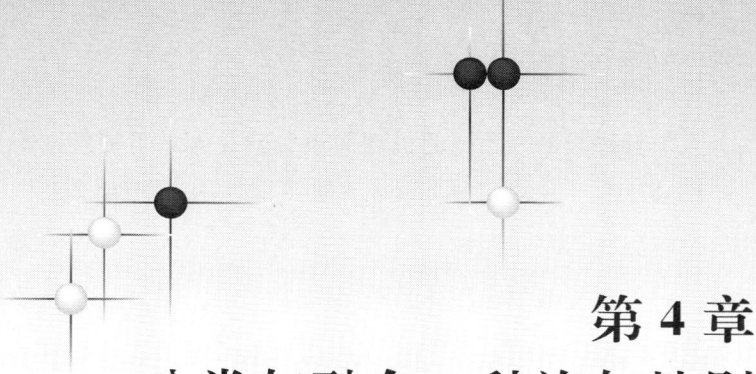

第 4 章
分类与融合：种族与性别

我们可以根据多种方式和方法区分不同的人。人们会因性别、年龄、收入、语言、宗教信仰、肤色、个人偏好以及由历史偶然性所决定的地域位置而被分隔成不同类别。有些分隔是来自组织的活动；有些分隔是人为的故意安排；有些分隔是由带有某种偏好色彩的个体选择的相互作用所决定的；有些分隔是由特殊的交流方式所决定的，比如语言；而有些分隔是其他分隔模式的结果，比如居住地与工作地点和交通工具密切相关。

假设黑人不允许白人参加他们的宗教活动，或者白人不允许黑人参加他们的宗教活动，这将会导致分隔。这种分隔既有可能是相互的，也有可能是单方面的。如果黑人恰好是基督教新教徒，而白人恰好是基督教卫理公会教徒，那么不管他们愿意与否，这两种不同肤色的教徒都会在礼拜天早上分开。如果黑人觉得与相同肤色的人在一起比较融洽而选择去黑人的教堂做礼拜，而白人出于同样的原因都去白人的教堂，那么这种不受指导的个人自愿的选择将会导致分隔。另外，如果教堂的公告栏是人们公布租房信息的地方，那么黑人和白人将分别只从相同肤色的人那里租住房屋，因为他们的沟通与教堂相关，而后者又与肤色相关。

大学教授们也因相同的机理而被分隔。大学可能拥有只供本校教职工使用的住房，教授们依据各自的收入情况选择住房条件。住房以不同的价位被分成不同的群落，而教授们也以不同的收入情况被分成不同的群落。有些教授偏爱比较学术化的居住环境，同时教授密度的任何差异都会使他们趋向集中，并增加当地的教授密度，使这些地方的学术氛围更浓厚，从而吸引更多的教授。那些寻找心仪住所的教授们从同事及其配偶那里了解不同类别的住房，而他们想了解的住房自然也是教授们密集居住的地方。

相似性到此为止，没有人试图建立一个委员会来将学者们分开。教授们不会怀念那些在住房选择上与自己不一致的同事们；他们也不太会被与自己同住在一个社区内的教授们所注意；此外，虽然他们从比例上看比较集中，但通常还是属于社区内的少数派。虽然教授们确实会远离那些他们不喜欢而又住在一起的人，但他们往往更关注自己的住处，而不关注他们并不居住的地方。他们的积极选择与其说是一种分隔，不如说是一种聚集，尽管从选择的结果来看，两者并没有太大区别。

本章致力于研究由歧视性的个体行为所导致的分隔——或称其为分离、分类。此处提到的"歧视"，反映的是对性别、年龄、宗教信仰、肤色或任何其他组成分隔基础的因素的一种有意识或无意识的认知，它是影响在何处居住、与谁同桌、选择或避免何种职业、与谁合作以及与谁交谈等行为的一种认知。本章将研究导致**集体**分隔的**个体**的行为动机和**个体**对差异的感知。本章还将研究，在多大程度上能从实际的集体分隔中导出关于个人偏好、个人偏好的强弱以及个人偏好影响集体分隔的机理等的推断。

下面主要研究在美国由"肤色"所引起的分隔。这种分析虽然显得有点大而不当，但有关任何一种特征的两种划分都可以构成一种分类，比如白人和黑人、男孩和女孩、军官和士兵、学生与教职工等。本章的分析只需要这种一分为二的、详尽的和易于区分的分类。（当然，肤色既不是一种一分为二的分类标准，也不是一种一维的分类标准，但从传统分类法来看，这种分类基本上是一种"一分为二"的方法，即使在美国的人口普查数据中也是如此。）

至少有两类分隔过程不在这一章的讨论范围内：一类是有组织的行为过程——合法的或不合法的、强制的或排外的、微妙的或明目张胆的、公开的或隐蔽的、善意的或恶意的、追求道义的或是追求实惠的。另一类是在很大程度上但又并非完全由经济因素所决定的过程，比如在哪里工作、居住、餐饮和休闲，与什么人相知相交，与什么人约会，以及与什么人一起上学，穷人与富人分隔、受教育不多的人和受过良好教育的人分隔、无技巧的人与有技巧的人分隔、穿一般衣着的人与穿戴良好的人分隔。显然，肤色与收入相关，而收入与住所相关。因此，即使在对住所的选择上不受肤色影响，也不受某种有组织的歧视行为的影响，白人和黑人的住所也不可能是随机的自由分布。

要想将"个体驱动"的分隔与有组织的分隔或由经济因素所引致的分隔区别开来并非易事。习俗和传统可以替代组织的分隔作用，对惩罚的恐惧会迫使人们行动，不论这种恐惧是否合理，无论惩罚是双方同意的、阴谋的还是口述的。共同的预期将会导致协调一致的行为。

由经济因素引致的分隔也与歧视行为相关联。选择居住社区就是选择邻居。例如，选择了一个拥有良好教育环境的居住社区，就是选择了想送孩子上好学校的邻居们。即使是在做经济决策时，人们可能也依赖肤色的信息，即相信较深肤色的人群平均来说比浅肤色的人群要贫穷，人们可能有意识或者无意识地将肤色作为判断贫富水平的指标，或者相信其他人也会将肤色作为判断贫富的指标。

因为诸多原因，由个体驱动的、由集体实施的和由经济因素引致的分隔并非泾渭分明的分隔方式。同时，它们并不代表分隔的所有机理。单独的或者专业化的沟通交流方式——尤其是不同的语言——能产生强大的分隔作用，尽管语言与上述三种分隔方式共同起作用，但毫无疑问，它的确是一种不同的分隔方式。

个体激励和集体性的结果

经济学家都知道，某些系统通常会产生个体既不想要也不知道的集体结果；有时，这些结果没有明显对应的个体行为。由商业银行实现的货币创造就是一个例子，由个体的储蓄决策所导致的经济萧条或通货膨胀也是一个例子。

生物进化导致了大量的分类和分离，但与此同时，微小生物之间的交配、繁殖和生息也带来了生物物种的分隔、地域的分离以及物种的灭绝。在人类社会生活中，第二语言的存在或消亡就是这样一种现象。它虽然受政策法令和学校课程安排的影响，但并不是有意识的集体选择的结果。

正如本书第 1 章所云，恋爱和婚姻纯属个体的行为，至少在美国是这样的，但它们形成的基因后果却具有集体性。法律和教会也许会限制我们对恋爱和婚姻的选择，某种传统习俗上的分隔更是势力强大，但除了皇室的婚姻以外，很少有婚姻是基因计划的一部分。倘若一位矮个子男士娶了一位高挑的小姐，或者一位金发碧眼的小姐嫁给了一位肤色黝黑的小伙子，他们的初衷肯定不是为了增加基因的随机性或者是改变人口中的某些频率分布。

一些分隔现象与个体选择的动态过程一样复杂。有人或许会想，有一双"看不见的手"将人们以某种形式分开，而这种形式既不是人们的预见，也不是人们的设想，它只是符合某种一致的意见、集体偏好或者公众意愿。但是，我们从经济学中知道，很多宏观现象（比如经济萧条或通货膨胀）并不反映任何公众对于更低收入水平或者更高价格水平的一致渴求。这个道理对于银行破产或者市场崩溃等现象同样适用。小储户的"心思"与他们是否导致经济萧条几乎毫无瓜葛。在一个分隔的社会里,广大民众的心思、动机和习惯跟他们作为一个集体所造成的巨大后果之间并不一定有必然联系。

对集体分隔的社会有效性加以怀疑的一个重要原因是,社会中每个人的选择范围通常都很狭窄。依据对美国几乎所有大都市的人口统计,很容易找到都是白人或者基本上都是白人的居民区,以及全是黑人或者几乎全是黑人的居民区,但很难找到那些白人或黑人都占不到 3/4 的居民区。如果对一个地区每十年的人口分布进行一次比较就会发现,很少有地区能够在较长的时间内保持种族融合,以使一对夫妇能够安心地供完房贷或者让他们的孩子们上完中学。

一些数量限制

计算一个社区或者棒球队中白人和黑人的人数,并不能说明他们之间相处得怎么样。但是,它仍能传达一些信息,尤其是当这些人数和比例能影响到迁入或迁出这个社区的人时,或者影响到这个棒球队招募的新队员时。对于数量分析,类似于经济学中的收支平衡表,我们需要一些逻辑上的限制。(作为逻辑上的限制条件,除非人们以前从来没有想到过它们,它们本身都不包含任何新信息。)

关于二分混合的最简单限制是,在给定的边界内,这两个群体都没有数字上的优势。对于整个群体来说,两者的数字比例无论在什么时候都是固定不变的;但对于某一个地区而言,比如在一个城市、一个社区、一个教堂、一个学校或者一个餐馆,白人或黑人都可以占大多数。但是,如果两者都想在局部占大多数,那么就只有一种混合结果可以使他们都满意——完全的隔离。

如果放宽这一限制条件,比如白人要求至少占人口的 3/4,而黑人要求至少占人口的 1/3,那么这种人口分布就是不可行的;如果白人要求至少占人口的 2/3，而黑人要求不少于人口的 1/5，那么就会存在一系列的组合满足这些条件。如果总体的人口比例不在这个范围内，那么就不是每个人都可以进入这样的组合。

在空间分布中，比如社区或者医院的病房，每个人都与别人毗邻。在一个社区中，可能有 10％ 的白人或黑人，如果你左右两边都有邻居，那么相反肤色的最小比例是 50％。如果人们用不同的方式来划定"边界"，那么就会使每个人都处于一个少数派中：在共进晚餐时，男士和女士相间而坐。从局部来看，每个人都以 2∶1 的比例被异性的人超过，但如果他把对象范围扩展到两边的第二个人，他就成为占 3/5 的多数性别中的一员了。

分隔的机制

对比例和组合的简单数学运算告诉我们，什么样的结果具有逻辑上的可能性，但它并不能说明导致某种结果的行为。为了理解何种分隔或组合有可能由个体选择引起，我们很有必要弄明白形成不同分隔或者组合的过程。我们必须研究清楚个人动机以及由这种动机引起的行为，尤其是要研究组成社会的个人是如何相互影响各自的选择以及如何对彼此的存在做出反应的。

白人和黑人（或是男孩和女孩）可能由于很多不同的动机或者标准而分隔。可能是因为白人就喜欢跟白人在一起，而黑人就喜欢跟黑人在一起。换句话说，白人可能只是想刻意避免与黑人在一起，而黑人刻意避免与白人在一起。白人可能喜欢与白人在一起上班，而黑人并不在乎这一点。白人可能喜欢与白人在一起，黑人也可能喜欢与黑人在一起。但是，如果白人能够在黑人负担不起的地方生活、饮食和交往，那么分隔也会出现。

白人和黑人可能都不介意对方的存在，也可能都希望融合，但他们会尽可能使自己不变成少数派。除非是严格的50∶50的情况，否则就没有一种组合可以自我持续下去，因为它们都会有一个少数派，而且一旦少数派离开，完全分隔就会产生。如果白人和黑人都能忍受处于少数派的状态，并为这种少数派的比例设定了下限，比如25%，那么一个群体中的任何一派在开始时所占的比重如果介于25%和75%之间，这种人群构成将能持续下去；如果少数派在开始时所占的比重小于25%或多数派所占的比重大于75%，那么这个群体中的少数派将会逐渐消失，直至最后成为单一肤色群体。这些离开的人在加入他们作为多数派的人群之后，将会增加这个新群体的多数派比例，从而会使另一种肤色的人离开。

显然，如果一个群体对于能够忍受的少数派比例的心理底线更低一些，或者在开始时就已形成了彻底的分隔，那么就不会有人离开自己所属的群体。此时，彻底的分隔将是一种稳态均衡。

分类和争先恐后

在道奇镇（道奇附属俱乐部春季集训所在地）的美国二级职业棒球队员采用了自助餐形式。"队员们可以随意入座"，总经理说，"我们是有意这样设计的，如果一个白人队员不想和其他肤色的队员坐在一起吃饭，他可以出去自己买饭吃。这样做，迄今还没有出现任何麻烦。"[1]

一级职业棒球队员在就餐时并不一定要在指定位置就座；尽管白人和黑人混坐的桌子也不少见，但不是必须要这样做。假定一级和二级职业棒球队员对于种族的态度差别不大，那么我们可以得出结论，在餐厅里的种族倾向还是存在的。不过，这种倾向弱于就近就餐的价格。

事实上，还存在另一种选择：白人和黑人运动员也可以在排队就餐时站到与自己肤色相近的队员旁边。这样，在他们端起盘子入座以后，就会"无意"中跟与自己肤色相近的队员坐在一起了。显然，他们没有这样做。试想一下，如果他们要这样做的话，那就必须设定一种排队方式。也许我们可以依此得出结论：尽管对肤色的偏好可能使队员在就餐时分隔开成为一般规则，但其力量还不至于强大到使队员在拿到饭之前就愿意花费精力来接近与自己肤色一致的人。或许我们也可以这样说，即队员会预先制止就餐时插队的行为，以使其不能成为一种寻找座位的手段。

不过，即使是二级职业棒球队员也能提前几码知道，是否前扑就可以把球队的比分提高。很难想象，如果一群队员想坐在一起就餐的话，他们想不到在排队前就聚到一起；同样的道理也适用于因肤色而导致的分隔。

当然，我们也可以有其他假设：一种是队员们消除对肤色的敏感，随意就座；另一种选择是，队员们可以忽略、接受甚至喜欢不同肤色的人混合而坐，但当一个桌子边的某种肤色过于一边倒时，他们会变得不舒服，或者会认为同桌的队员们不舒服。在一个有6个白人或是黑人的桌子边就座本来是一件很随意的事情，但如果新来的第7个人跟他们的肤色不一样，这种差异就会使每个人心中产生一种异样的自我认知，由此会打破餐桌上融洽的气氛，从而形成彻底和持久的分隔。

举办鸡尾酒会的女主人肯定熟悉这样的尴尬局面。在酒会上，男士和女士随意地站在大厅里对话，气氛很友好，但由于某种随机的原因或者一些男士或女士在某个专门话题上聊得太久，就会形成男士或女士分别扎堆的现象。这样，选择性活动就会导致类似于道奇职业棒球队餐厅就餐那样的鸡尾酒会。有经验的女主人掌握了类似于二级职业棒球队员餐厅排队的规则：她们会让不同性别的来宾在餐桌上轮流就座，或者牵着来宾的手臂以使他们在酒会上来回走动，或是为来宾沏上咖啡，让他们自助取走，从而打破这种性别分隔。

不过，有时候事情恰恰相反。在飞机和其他封闭的公共场合，将瘾君子和不吸烟者分隔开是一件好事；出于安全考虑，将游泳者和冲浪者分隔开通常是很有必要的；在公路上，让行驶速度较慢的机动车靠右边行驶也是很有必要的。这样的二分法有很多是不对称的：抽雪茄的人很少影响到不抽烟的人；冲浪者不希望自己的冲浪板撞到别人的头上，而有的人更不希望如此；在公路上，当一辆慢速行驶的卡车被超车时，这辆卡车的司机对于他后面车的认识，肯定不如后面车的司机对于他的车的认识。不同人的行为方式也不同：游泳爱好者喜欢挤在一起，并在没有规章制度约束的情况下一起游泳；冲浪爱好者喜欢分散性的和非固定的运动；他们很少能跟游泳爱好者分享水域。

这些分离、分隔、共享、融合、分散甚至追逐等过程，有一个共同的特点：尽管这些过程的后果是总体性的，但对它们的决策却是完完全全由个人做出的。那些尽量避开冲浪运动员聚集海滩的游泳者，以及那些聚集在冲浪板数量较多的海滩的冲浪者，对环境会做出个体反应，而环境又是由那些做出同样反应的个人组成的。这种结果可能是无意识的，甚至是不被觉察的。不吸烟的人可能会聚集在列车上较少有人吸烟的车厢；当这些车厢变得比较拥挤时，那些瘾君子就会选择到人较少的车厢吸烟，不管他们是否注意到，也不管他们是否喜欢，他们会在一个不太拥挤的地方，集体吞云吐雾。

更重要的现象当属对于居所的选择以及其他选择（诸如职业选择、在城市之间的搬迁、对学校和教堂等的选择）。在这里，分离和融合涉及具有持久影响的关系。那些在道奇镇就餐的二级职业棒球队队员，他们没有像在自助餐厅排队那样的机制来选择他所居住的家庭住址；即使他们的住所是随机分布的，他们中的白人和黑人也不会随机地混住在一个社区内，因为这种混住的社区很少存在。对于白人或是黑人而言，他们对于住房的一般选择也是要么在白人区，要么在黑人区——除非连这样的选择权都被限制。

要从那些集体选择现象中得出驱使个人做出各种决定的动机是什么，以及这些动机有多强，并非易事。飞机上的瘾君子也许并不知道坐在他前排的乘客对烟草味很敏感；滑水者可能很愿意呆在离岸 400 码的海面上滑水，如果不用给其他滑水者留出最佳滑道的话。在鸡尾酒会上的男士和女士可能也厌倦了在同一性别的人群里扎堆，他们都希望女主人能将这种僵局打破，但如果没人组织，任何人都不能做什么。那些喜欢在英语和法语双语环境中工作的人士，如果发现自己所说的语言正好是某个工作环境中较少使用的语言，他们会感到很不自在；而他们一旦有了抽身而出的念头，就会恶化这种情形，使自己最后不得不离开这个工作环境。

人们经常做出"极端化"的选择，比如选择一个都是白人或者都是黑人的社区、选择一个只讲法语或者只讲英语的俱乐部、选择一个很少白人或者很少黑人的学校等，而经常以这样的方式进行选择又会进一步强化这种极端特性。他们这样做并不表明他们喜欢被分隔，而只是因为在分隔已经存在的前提下，人们只能在非此即彼的人群中做出选择。人们更喜欢跟与自己相似的人而不是不相似的人在一起。

这种选择的机制并不都是让人一目了然的。在这个过程中，可能有连锁反应、被夸大的感知、滞后的反应、对未来的预测以及成功或失败的组织力量。三个具有同一特征的人可能会单方面解除房租合约、搬出公寓而没人察觉；但是，如果他们在同一星期搬出来，那么就会有人注意到这一点，并加以评论。社区里的其他居民就会很警觉地观察是白人、黑人、老年人，还是有小孩的家庭或无小孩的家庭在搬走，从而形成他们认为的少数派状态。

这种少数派的形成过程可能是消极的、系统的或者是无意之中完成的，但不管怎么说，它可能不是不偏不倚。如果公司里空缺的职位通过口头方式招聘，或者公寓里的住房都由大楼住户熟悉的人居住，或者男士只娶自己认识的女士，而自己只认识讲同一种语言的女士，那么一种带有偏向性的交流系统就会形成，从而强化某种已经起主导作用的同质性。

一个自我形成的邻里模式

有些少数派的形成机制很容易被读者观察到，只要他有半个小时的空闲时间，一卷角币和一卷分币、一个桌面、一张纸、一种探求科学的精神；或者，即使他缺乏这种精神，但只要有对游戏的热爱精神也可以。

取一卷分币和一卷角币，在这张纸上画好格子，每个格子为一平方英寸的小正方形，最好是每一个正方形都与棋盘的格子一样大（8行8列，划分出64个小正方形），然后找出一种随机选择方格的方法。我们可以将一些1分硬币和1角硬币放入其中的方格，并假设这些1分硬币和1角硬币分别代表两种同质的人群：男人和女人、黑人和白人、说法语者和说英语者、军官和士兵、学生和教职工、冲浪者和游泳者、衣冠楚楚者和衣着不整者，或者是任意一种二分法分出来的完全易于辨认的人群。我们可以将它们随机摆放或是按照预想的方式摆放在方格中。我们也可以拿同样多的1分硬币和1角硬币，或者让其中一种数量较多而另一种数量较少。我们也可以设定各种不同的对单个硬币的摆放规则。

例如，我们可以假定，每一枚1角硬币都希望摆在它旁边的至少有一半也是1角硬币，而每一枚1分硬币都希望摆在它旁边的至少有1/3也是1分硬币。如果任何一枚1角硬币和1分硬币旁边的"邻居"不满足这两个规则，就将这些"邻居"拿走。这样，我们按照这个规则进行排列和摆放，拿走不合格的，进行重新摆放，直到最后在棋盘上的所有硬币都符合规则。此时，让我们来看一下结果会是什么样。（当然，如果最终结果不出现，那就观察一下我们的假设带来了什么样的动荡或循环往复。)

我们定义，每一枚硬币的"邻居"为围绕它的 8 枚硬币，这样每枚硬币都居于一个 3×3 正方形的中心。位于中心的这枚硬币对于自己"邻居"满意或者不满意，取决于 8 个"邻居"的"肤色"是否符合前面所讲的规则。当然，有些格子可能是空的。我们可以进一步认为：如果某枚硬币对自己"邻居"并不满意，它可以选择就近移到一个没有被其他硬币占据的、符合其要求的空格里面。

至于移动的次序，我们可以让最接近棋盘中央的"不满意"硬币先移动；或者让棋盘最左上角的硬币先移动，然后再逐步往右下方移动；或者让 1 角硬币先移动，再让 1 分硬币移动。我们会发现：通常说来，移动硬币的次序并不重要。

然后，我们选择 1 分硬币和 1 角硬币的比例。这两种硬币可以一样多，也可以是其中一种多而另一种少。我们可以采用两种不同的方式来分配这两种硬币：我们可以按照预想的固定方式放置硬币，或者随机放置硬币。

假设我们有一样多的 1 分硬币和 1 角硬币，并且假设它们的要求都很"温和"：它们都要求 1/3 以上的"邻居"与自己一样，而"邻居"的数量可以是从 0 到 8 的任意一个数。我们的规则如下：如果某枚硬币只有一个"邻居"，那么这个"邻居"应该与它一样；如果它有 2 个"邻居"，其中至少有 1 个与它一样；如果有 3 个、4 个或者 5 个"邻居"，那么就应该至少有 2 个"邻居"与它一样；如果有 6 个、7 个或者 8 个"邻居"，那么就应该至少有 3 个"邻居"与它一样。

最终，我们有可能达成一种使各个硬币都得到"满足"并有规则地"整合"在一起的排列模式。图 4-1 给出了其中的一种间隔排列模式，值得注意的是它的四个角落。

```
         ♯O ♯O ♯O
        ♯O ♯O ♯O ♯O
        O ♯O ♯O ♯O ♯
        ♯O ♯O ♯O ♯O
        O ♯O ♯O ♯O ♯
        ♯O ♯O ♯O ♯O
        O ♯O ♯O ♯O ♯
         O♯O♯O♯
```
图 4 - 1

在这个图中，除非是移到 4 个角落去，否则没有哪枚硬币能够移动了。因为除了这 4 个角落以外，已经没有任何空格了。现在，我们把这些硬币加以混合，同时把一些硬币拿走，从而使硬币可以动起来。

在这个棋盘上，一共有 60 枚硬币。先任意拿走 20 枚硬币，然后在这些空格中任意挑选 5 个空格，并随机地将 1 分硬币或 1 角硬币放入这 5 个空格中。这样，在这个有 64 个格子的棋盘上，有 45 枚硬币和 19 个空格。在这 45 枚硬币中，有 40 枚硬币的位置与我们移动 20 个"邻居"之前所处的位置相同，有 5 枚硬币是新加进去的。图 4 - 2 中左边的图显示了相关结果。"♯"代表的是 1 角硬币，而"O"代表的是 1 分硬币。当然，我们也可以认为："♯"代表的是说法语者，而"O"代表的是说英语者；或者"♯"代表的是黑人，而"O"代表的是白人；或者"♯"代表的是男孩，而"O"代表的是女孩；或者任意一种你喜欢的分类方式。

```
    — ♯ — ♯ O ♯ — O           — — — ♯ — ♯ —
    ♯ ♯ ♯ O — O ♯ O           — — — — — — —
    — ♯ O — — ♯ O ♯           — — — — — — —
    — O ♯ O ♯ O ♯ O           — — ♯ — ♯ — ♯
    O O O — ♯ O O —           — — — — — — —
    ♯ — ♯ ♯ — — O             ♯ — — — — — —
    — — ♯ O ♯ O ♯ O —         — — O — O — O —
    — O — O — — ♯             — O — — — — —
```
图 4 - 2

图 4 - 2 中右边的图显示的是对自己的"邻居"不满意的 9 枚硬币：6 个"♯"和 3 个"O"，它们想离开自己的位置，而剩下的硬币现在很

满意。整个棋盘上的两种硬币仍是充分"整合"在一起的，甚至于不满的硬币周围也有一些跟自己一样的硬币，而且在满意的硬币当中大多有异类的"邻居"。这样看来，整个棋盘的格局并没有出现被强烈分隔的现象。在这个阶段，要全部隔离♯"邻居"或O"邻居"是很难的，现在只需将45枚硬币中的9枚硬币进行重新定位，让它们移动到19个空格中的某一个格子，以求达到使每一枚硬币都满意的效果。

任何一枚移动了位置的硬币都将留下一个可以由其他硬币来填补的空格。与此同时，任何一枚移动了位置的硬币都会留下一枚或者两枚与它相同的硬币在周围；但这枚硬币在移动位置时，它原来的"邻居"就会少一枚与它们相同的硬币作为它的"邻居"，从而可能会引起它们的"不满"。当一枚硬币移动到新位置后，都会有与它相同的"邻居"，并在它的邻区增加一个相同的"邻居"，但也会给它的新"邻居"增加一个不同的"邻居"。

我并非强烈地建议你亲手用硬币做这个实验。在这里，我只能给你演示一两个实验结果。计算机能为你演示成千上万次实验的结果、实验中"邻居"的需求变化、对棋盘上硬币比例的变化、邻里的变化等。不过，无论计算机如何聪明，总是代替不了你亲手做这样的实验，并观察其结果。在1小时内，你可以重复几次，并实验不同的游戏规则、不同大小和形状的棋盘，而且可以根据需要（如果你把硬币的正反面也当成硬币的一个特征），将角币分成不同的小组，并让它们对其邻里的组成有不同的要求。

连锁反应

这一实验的发人深省之处在于它"没完没了"的过程。每一个选择新环境的人的离开都会对他原来所在的环境和他所进入的新环境产生影响。这是一个连锁反应。这种反应可能会在某个环节很快减弱，但也有可能永无止境地继续下去，产生非常深远的影响。（当然，这些结果只是展示性的，因为我们当中很少有人会生活在棋盘那样的格子中。）

图4-2描述的格局所导致的结果如图4-3所示。我之所以说它只是"一个结果"，是因为我还没有对个人迁移的过程做详细的描述。如果读者亲自做一下这个实验，他也许会得到一个稍微不同的结果，但两者的结构不会相差甚远。图4-4描述了通过另一种途径由图4-2演变而来的一种结果，它与图4-3唯一不同的是移动的顺序。只要几分钟的时间就可以重复一次这个试验，人们很快就可以得到所期望的结果。如果改变对邻居的要求和使用相当于分币数量两倍的角币，那么得出来的结果将会发生巨大改变；不过，对于固定的硬币比例和硬币对邻居的要求，得出来的结果还是相对比较稳定的。

```
  ♯♯  O ♯♯                    ♯♯♯O   O
♯♯♯OOO ♯♯                   ♯♯♯O   O O
♯♯OO    O♯                  ♯♯O
♯O  O  OOO                       O   O
OOO ♯OOO                    OOO ♯OOO
  O ♯♯♯OOO                      ♯♯♯OOO
    ♯♯♯                     O ♯♯♯♯♯♯
OO        ♯                      ♯♯♯
   图 4-3                       图 4-4
```

图4-3和图4-4中的所有硬币都处在一个满意的状态。相对于图4-2而言，它们被分隔的程度更高了，这并不只是视觉印象。在图4-2中，所有"O"的"O"邻居和"♯"邻居基本上一样多，只是有的多一些，有的少一些。有3个"O"对自己的"邻居"不满意。对于所有的"♯"而言，它们的"♯"邻居和"O"邻居比例是1∶1，在棋盘左上角有一片"♯"比较集中，还有6个比较松散分布的"♯"对自己的邻居不满意。在图4-3的结果中，对于"♯"和"O"而言，它们的"相同的邻居"和"不同的邻居"之间的平均比例是2.3∶1，是图4-2中相应比例的2倍，是每一种硬币所要求比例的3倍！图4-4更是将这种隔离效果显示得极为明显。图4-4中"♯"和"O"的"相同

的邻居"和"不同的邻居"之间的比例是 2.8∶1,差不多是图 4-2 中相应比例的 3 倍,是每一种硬币所要求比例的 4 倍!

另一个有意思的比较是看变化前后"♯"和"O"旁边"不同硬币"的数量。在图 4-2 中,每一枚硬币旁边至少有一枚与自己不同的硬币;而在图 4-3 中,有 8 枚硬币旁边没有与自己不同的硬币;在图 4-4 中,有 14 枚硬币旁边没有与自己不同的硬币。

我们可以从这些实验中得出什么结论呢?我们至少可以批驳一些思考,而这些思考本身是基于并不复杂的推理。那些开头就说"不言自明的是……"的陈述,有时可以由极为简单的现实所否定;也就是说,尽管它们可能是对的,但说成"不言自明的"并不确切。我们也可以告诉自己,有一些机制会发挥微妙的作用,而且可观察到的总体现象也可能与"原子运动"的规律相符,即使这些运动与它们所决定的总体结果并不严格一致。

也许会有一些更意外的发现。如果我们提高一种硬币对"邻居"的要求,而降低另一种硬币对"邻居"的要求,将会怎么样呢?图 4-5 显示了一种典型的结果。在这里,我们将"♯"要求拥有的"邻居"数量增加一个,将"O"要求拥有的"邻居"数量减少一个。与图 4-3 和图 4-4 相比,在这样的要求下,"分隔"结果与图 4-3 和图 4-4 显示的基本一致。不同之处在于人口的分布密度:"O"分布得比较松散,而"♯"分布得比较集中。如果读者有兴趣拿一些角币和分币来做一些这样的实验,就会发现:如果两种硬币对"邻居"数量的要求是一样的,但一种硬币的数量是另一种硬币数量的 2~3 倍,也会得到与图 4-5 相似的结果——"少数派"的硬币分布趋向于比较集中。我们从图 4-5 也许可以得出推论:如果冲浪者对游泳者的介意程度超过了后者对前者的介意程度,那么冲浪者的分布几乎就是完全分散的,而游泳者会更紧密地聚在一起。

```
＃＃＃O    O
＃＃＃OO   O
＃＃＃＃    O
 O ＃OOO   O
OOO ＃OOO
      ＃＃O
    O ＃＃＃O
O  O ＃＃＃
```

图 4-5

这是"分隔"状态吗?

读者可能会问,是什么样的个人偏好导致从图 4-2 演变为图 4-6 的结果?

```
   ＃＃    ＃＃
  ＃＃＃   ＃＃＃
  ＃＃OOO ＃O
      OOOOOOO
  OOO ＃OOO
   O ＃＃＃OOO
      ＃＃＃ OO
       ＃＃
```

图 4-6

在图 4-6 中,对于所有的"＃"和"O"而言,在它们的"邻居"中,相同硬币与不同硬币之间的比例比 3∶1 稍高一点;有 6 个"O"和 8 个"＃"没有不同的"邻居"。显然,这是一种分隔状态;但是,如果按照我的逻辑来思考,可能会说这是一种聚集过程,因为给予图 4-6 中"＃"和"O"的行为规则,就是不管存不存在不同的邻居,每个格子都移动到有三个邻居时为止。这种个人动机与形成图 4-3 和图 4-4 所示格局的个人动机是非常不同的。但是,从总体上看,我们很难辨认出究竟是什么动机形成了图 4-3 和图 4-4 那样的格局,又是通过什么过程形成了图 4-6 那样的分隔模式。但是,这些动机和过程确实重要!

这种展示给予读者的第一印象可能是——除非读者认为这个问题跟自己无关——令人沮丧的。避免自己成为少数群体的一种良好初衷，却使得接近混居的状态被打破，并造成了更大程度的分隔局面。正如图4-1所示的一种人为安排格局，一旦被一种小的随机事件扰动，就会脱离原来的稳定状态，成为如图4-3、图4-4、图4-5、图4-6所示的分隔状态。这些状态被证明是能有效抵御来自外部的连续扰动的。

然而，对于那些不愿看到分隔的人，尤其是对于那些因为在集体追求分割的过程中而形成了更大分隔的人来说，希望可能还有。导致分隔的深层次动机远比我们观察到的要简单。从图4-2可以看出是什么导致了分隔的产生；后面的图示表明，一旦分隔的过程稳定下来，要恢复到使每个"人"都满意的"融合"状态有多难。在图4-2中，在45枚硬币中只有9枚硬币有迁移的动机，如果我们能够劝说它们留在原来的位置上，那么所有的其他硬币就没有问题了。事实上，可能有愿意动脑筋的读者会考虑，在图4-2中，也许只需要再给棋盘上增添几枚硬币，或者在棋盘上将原先的硬币做少许调整，就不会使任何硬币想要迁移了。例如，只要将两枚孤零零的"♯"放到第三枚孤零零的"♯"旁边，那么这三枚"♯"就不再是孤零零的了。不过，要使第一枚硬币不移动，除非它能得到保证——第三枚硬币会跟它移到一起。在没有协调或者没有任何规章约束的条件下，这三枚硬币都会朝着一个更大的相同硬币聚集地靠拢，并且可能会抛下原来身边孤零零的"邻居"不管，而在它们到达新聚集地后，肯定会使附近的相同"邻居"数量超过不同"邻居"数量。

有界邻里模式

现在改变"邻里"的定义，转入另一个模型。在前面的模型中，"邻里"是从每一个"邻居"的位置出发来定义的。现在，我们将其替换为关于邻居及其边界的常见定义。每一个人要么在这个"邻里"边界内，要么在它外面。每一个人都关心在这个"邻里"范围内的肤色比率，但不关心"邻里"的肤色分布状况。因此，在"邻里"范围内"居住"就可以被解释为在工作、办公室、大学、教堂、选区、餐馆或是医院中的一种成员身份或参与。

在这个模型中，每一个人（不论是白人还是黑人）都愿意住在某一区域内，除非在该区域内相反肤色的人口比例超过了某一个临界水平。每一个人（不论是白人还是黑人）都有他的心理临界水平（或称"容忍度"，有时我会这样称呼这一概念）。如果不同肤色的人员比例超过了某个人的临界水平，他就会离开这个地方，去另一个地方。在那里，跟他肤色相同的人员比例占了大多数，或者在那里肤色根本就不重要。

我们应该认识到，"容忍度"只是一个相对的测度。对于不同的地点，"容忍度"是不一样的。在某个地方的白人对黑人的"容忍度"低，可能是其他地方的白人对黑人的"容忍度"高。

显然，黑人和白人对对方的"容忍度"必须是相互协调的，两者之和至少应为100%，否则双方就不可能和谐地共存下去。同理，如果没有人能够忍受极端的肤色比例，那么从一开始由某种肤色的人占据的地点就会永远保持那种极端的状态。除非有相当数量的少数群体达成了共识，并且同时进入一个不同肤色的人群中，否则没有哪个人愿意单独行动，做出头鸟。

我们可以做一个关于"容忍度"的频率分布实验来考察它导致的结果。（我们无法发现真实的分布，因为它们取决于所讨论的社区，而我们模型中的社区并未指定。）我们所要做的就是观察某个社区的入住情况或居住情况：是白人，还是黑人，抑或他们混居，并要找出能够将这种肤色构成比例的变化与"容忍度"、初始的职业以及变动过程联系起来的规律。

假设所有人的偏好都是相同的：每个人对自己周围的肤色构成要么并不在乎，要么在乎。这样，他就会在心理上存在一个对不同肤色在本社区出现的上限，只要不超过这个上限就会使他继续待在这个社区，而不是离开。但它没有下限。没有人会选择成为所在人群的少数群体，更没有人会因为某个环境中不同特征的人没有融合在一起就选择离开。绝对的人口数量并不重要，只有人口比例构成才重要。在这种混居中，不存在个人的处境：没有人靠近群体的中央或边界，也没有人有一个紧挨着的"邻居"。

为了研究这个群体的变化，假设不断有人离开，也有人返回。（有一个限制条件：如果对某社区的偏好只是因为在这个社区已经有一些相同特征的人居住，而且离开这里的成本较高，那么即使离开这里后再返回，也不能弥补离开的成本。）人们离开是因为这里的肤色比例超出了他们的心理底线，而有人要进来是因为这里的肤色比例没有超出他们的心理底线。

我们还假设信息是完全充分的：每个人在做出决策时都了解当地的肤色比例。但是，人们无法知晓其他人的意向，也无法预计未来该社区的人口周转率。因此，我们还需要做出一个略显模糊的假设，假设有两个对本社区的肤色构成不满的白人，那么不满程度更高些（也是"容忍度"更低）的那个白人肯定会选择首先离开这里。这样，留下来的白人的"容忍度"肯定高于任何外部的白人；同样，这个推论对于该社区的黑人也成立。"容忍度"最低的白人首先离开，而"容忍度"最高的白人首先进入，同样的道理对于黑人也成立。

我们最初使用的数据是有关两种肤色人群"容忍度"的累积频率分布。我们可以对不同的分布做实验。不过，对于刚开始做的这个实验而言，我们使用的是直线分布。

关于"容忍度"分布的描述

对于白人来说，横轴代表白人的数量，而纵轴代表白人的"容忍度"，即他们能忍受的黑人对白人的最高比例。假设白人总数为100人，"容忍度"位于中值的白人愿意与同等数量的黑人居住在一起，也就是这100个白人里面有50个人能够容忍黑人和白人的比例为1∶1*或者更高。最能容忍的白人能够接受的比例为2∶1（也就是白人愿意成为只占人口1/3的少数群体），而最不能容忍的白人不希望有任何黑人出现在自己居住的环境内。这样，白人"容忍度"的累积分布就如图4-7左边的曲线所示。它是一条直线，上面的端点代表的是2∶1的"容忍度"，而下面的端点代表的是100个白人组成的一个纯肤色的群体。

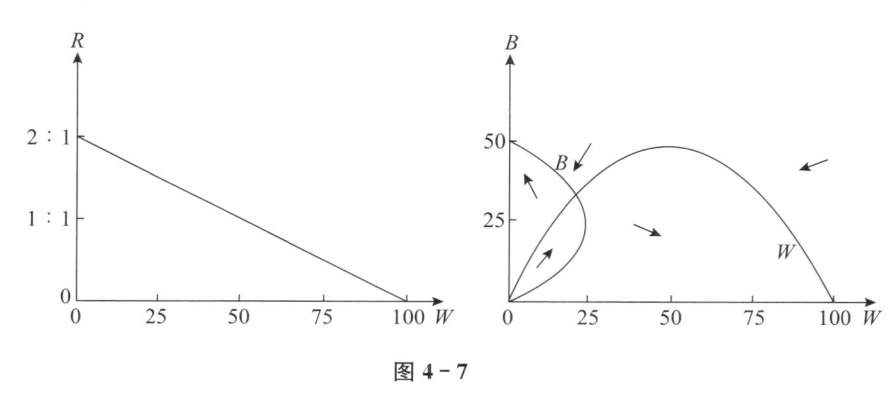

图 4-7

假设黑人的"容忍度"分布与白人的"容忍度"分布完全一样，唯一不同的是黑人的总人口只有50人。

在这种情况下，至少有一部分黑人和一部分白人能够和睦相处。100位白人里面有50位白人愿意与这50位黑人住在一起，尽管这50位黑人并不都愿意与这50位白人住在一起。但是，有25位白人和25位黑人能融洽地住在一起。有10位黑人的"容忍度"为1.6∶1，也就是他们能与

---

* 原文为1∶0。——译者注

16 位白人融洽地住在一起；那么，差不多 80 位能够容忍黑白比例为 10∶16 的白人中的任意 16 位都能与这 10 位黑人融洽相处。为了探究能达到融洽混居的所有可能组合，尤其是为了研究不同肤色的人进入或离开该群体的变化过程，我们有必要将"容忍度"的比例转换为绝对数量，并把它们放在同一张图中进行分析。

"容忍度"数据的图形转换

这个转换结果在图 4-7 右方的曲线中得到了体现。曲线 W 是对白人"容忍度"的图形转换结果。对于在横轴上的白人人数，他们能够容忍的黑人人数，等于他们的人数在"容忍度"图形上对应的数字。50 位白人能容忍同等数量的黑人；75 位白人能容忍只有他们一半的黑人，也就是 37.5 位黑人；25 位白人能容忍 1.5 倍的黑人，也就是 37.5 位黑人；90 位白人能容忍 0.2 倍的黑人，也就是 18 位黑人；20 位白人能容忍 32 位黑人；依此类推。

这样一来，我们就将图 4-7 中左图的直线容忍度转换成了右图的抛物线。在曲线 W 上，白人数量和其能容忍的黑人数量建立起了一一对应关系。（经济学家会发现，这样一个由累计频率分布转换成能容忍的黑人人数的过程，与由需求曲线转换成厂商的总收入曲线的过程是完全一样的。）通过类似的方式，可以将黑人的容忍度转换成其能容忍的白人人数，从而得到一条较小的曲线，即图 4-7 中开口朝向纵轴的曲线 B。

在图 4-7 中，曲线 W 和曲线 B 重叠部分中的任意一点，代表了一些可以和睦共处的白人和黑人的人数组合。在这些组合下，该数量的白人能够容忍该数量的黑人，而该数量的黑人也能容忍该数量的白人；位于曲线 W 下方和曲线 B 右方的所有点都代表所有白人达到了满意状态，而非全部黑人达到了满意状态（有一部分黑人能达到满意状态，但肯定不是全部黑人）；位于两条曲线之外的任意一点，也就是位于两条曲线右上方的任意一点，代表无论是白人还是黑人都没有达到全部满意的状态，即这两类人中的有些人将会感到不满意。

迁移的动力

正是迁移的动态过程决定了某个社区最后居住的人群会是什么样的肤色组合。最简单的动态过程是：如果在某个社区内居住的白人都对自己的邻里环境很满意，那么社区外的白人在搬进来后也会感到很满意；白人继续搬进来，只要这个社区内的所有人都感到满意，社区外的人只要搬进来也会感到满意。如果社区内的一部分白人感到不满意，他们会离开这个社区；他们离开的先后顺序是由不满意程度决定的，所以留下来的白人肯定是最有"容忍度"的；当留下来的白人数量和黑人数量达到某个比例时，就没有人离开了，而此时社区内剩下的所有白人都达到了比较满意的状态。黑人的离开和进入过程也遵循相似的规律。

现在，让我们用箭头划出图 4-7 中各个点的人口变化方向。在曲线 W 和曲线 B 重叠的区域，白人和黑人的数量都会增加。在曲线 W 内部、曲线 B 外部的点，白人会进入这一区域，但黑人会离开，这个过程表现为该点向右下方运动，直到区域内的全部黑人都离开，而全部白人都进来。在左上方，即曲线 B 的内部、曲线 W 的外部，黑人数量会增加，而白人会离开。这个过程会一直持续下去，直到全部白人都离开，而全部黑人都进来。在曲线 W 和曲线 B 以外的右上方的点，白人和黑人都会选择离开，直到这个点移动到某种肤色的曲线*以内。然后，另一种肤色的人口数量的继续减少会改进在该曲线内的比率状况，那些离开的人开始返回，而另一种肤色的人口数量会完全降为零。

---

* 即白人的曲线 W 或黑人的曲线 B。——译者注

根据图 4-7 中的"容忍度"分布，只有两种稳定的均衡：一种只有白人而没有黑人，另一种只有黑人而没有白人。至于究竟会出现哪种均衡，则依赖于初始状态，或者还有白人和黑人的相对迁移速度。如果一开始就有一种肤色的人口占了大多数，那么人口分布就会朝着使这种肤色的人口比例达到 100% 的方向运动。如果一开始两种肤色的人口都存在，并且他们都很满意，那么白人和黑人中哪一种肤色的人口迁入速度较快，就会导致另一种肤色的人口开始对"邻里"环境不满意并迁出。如果一开始两种肤色的人口数量都很大，那么两种肤色的人迁出该社区的速度就会决定哪一种肤色的人对人口构成比例满意，使得人口迁移发生逆转，最后成为该社区的唯一肤色。

在图 4-7 中，曲线 W 和曲线 B 重叠的区域代表的是白人和黑人都满意的混居状态。但问题是，这种人口组合会吸引外来人口迁入，使得一种或两种肤色的人口增加，而后就只有一种肤色的人口增加，最后会形成某种肤色的人口占主导的局面。此时，该社区内少数不同肤色的人口就会离开。当他们这样做的时候，就会进一步减少该肤色人口在该社区人口中所占的比例，从而使得留下来的该肤色的人口中有更多人不满意，于是他们也会选择离开。因此，少数派变得更少，最后的累积结果是使他们全部离开。

其他"容忍度"安排

当然，前面讲的情形不是唯一的可能，最终结果依赖于"容忍度"的分布和不同肤色的人口多少。刚才得出的结果并不是因为黑人相对于白人的数量较少：假设黑人的人口和白人的人口一样多，但最后得到的结果仍会是单一肤色的均衡。不过，如果曲线更陡一些，而且两种肤色的人口数量相同，那么就可以得到拥有更大数量的两种肤色人口的稳定混居。

具体说来,"容忍度"位于中值的白人愿意与 2.5 倍数量的黑人居住在一起,也就是白人能够容忍居住在一个白人人口只占大约 30% 的社区内。假设最有"容忍度"的白人能与 5 个黑人居住在一起,而"容忍度"最低的白人根本不愿意与黑人居住在一起。那么,"容忍度"曲线与纵轴的截距是 5。如果黑人的"容忍度"分布和人数与白人的相同,那么由两者"容忍度"曲线转化成的对等曲线如图 4-8 所示。

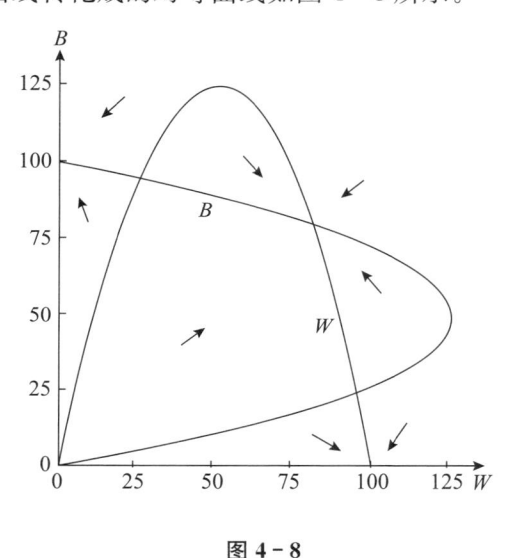

图 4-8

在这个图中,除了在 100∶0 和 0∶100 两处形成的稳定均衡之外,在 80∶80 处也形成了一个稳定均衡。事实上,在绝大多数初始情况下,通过黑人和白人的迁入与迁出,最后形成的正是这种 80∶80 的均衡。只要两种肤色的一半以上人口存在——事实上,只要两种肤色的人口稍高于 40% 即可——黑人和白人的迁入与迁出会使这个社区的人口比例最后变成 80∶80 的稳定均衡。即使是对于两种肤色的初始人口非常少的情况来说,只要初始人口比例落在图 4-8 中两条曲线相交的区域内(允许两种肤色的人口比例稍稍超过 4∶1),而且某种肤色人口的增加速度不至于比另一种肤色人口的增加速度快很多,那么最后这两种肤色人口的比例就会趋于 80∶80。此外,如果该社区在开始时只有某种肤色的人口,那么至少需要另一种肤色的人口同时迁入25%或更高，才能最后形成这一稳定均衡。因此，这三种均衡状态——全是黑人、全是白人或者80∶80——是稳定的，能抵御较强的外来冲击。

另一组数据

如果图4-8中某种肤色的人口超过了另一种肤色的人口，比如白人是黑人的2倍或者相反，那么这种平衡就将被打破。在这种情况下，一条曲线就会基本存在于另一条曲线的内部，而不是与之相交，如图4-9所示。

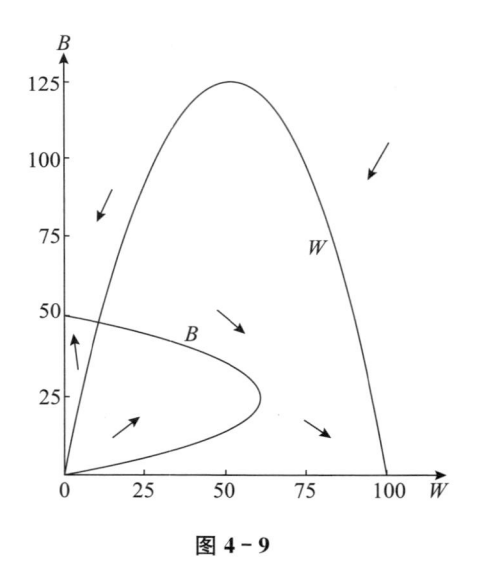

图4-9

限制人口的迁入有时能够形成一种稳定的组合。如果这个区域内的白人人口被限制在40人，而"容忍度"最高的40位白人总是最先迁入、最后迁出，那么图4-10就可以代替图4-9来描述这种情况。这里会形成一个稳定均衡，即40位白人和相应数量的黑人。然而，对于图4-7中的曲线，必须对两种肤色的人口迁移都进行限制，才能形成一个稳定均衡。

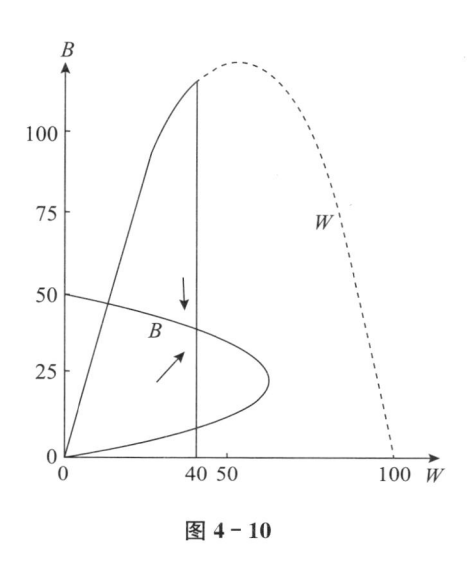

图 4-10

注意，限制白人的数量就等同于假设超过这一数量的白人的"容忍度"为零。不论那些没有"容忍度"的白人是被人排除出这个社区，还是他们自行迁出这个社区。总之，他们的"缺席"使得白人不能在数量上压倒性地超过黑人，并使这种不同肤色的稳定均衡成为可能。

因此，更大的"容忍度"并不总能增加形成稳定均衡的可能性——尤其是当更大的"容忍度"只意味着在某一个人群中，某种肤色的一些人口在统计上由其他更能容忍的人口所替代时。恰恰相反，在图 4-9 中，如果"容忍度"较小的 2/3 的白人被"容忍度"更小的白人所替代，那么白人的迁出就会使白人不会成为该社区中占绝对多数的人口。（如果所有白人的"容忍度"都很低，那么这种情况就不会发生。）

显然，我们可以对很大范围内的"容忍度"安排和不同肤色的人口进行实验。当然，我们不可能选择很多的组合来操作。本书提供的方法很简单，而读者也可以根据自己最感兴趣的情况来做实验。（当画出绝对数曲线的形状时，在逻辑上唯一的限制条件是从原点出发的一条直线与一条曲线只能相交一次。）

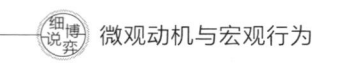

种族融合论者的偏好

令人感到惊奇的是,这种分析结果并不是因为每一种肤色的人都喜欢分隔居住,甚至并不取决于人们是否喜欢成为某个区域内的多数派!

为论述方便,我们假设每个人对不同肤色都有一个"容忍度",如果肤色比例变得太极端的话,他就会选择离开。现在的问题是:假设这些白人和黑人实际上都偏好混居,那么用我们得出的模型来研究这个问题,我们要怎样做才能刻画出这一邻里偏好呢?

回顾前文,似乎我们已经做了相关分析,同一个模型表示两个不同假设。不仅如此,两个不同的假设前提可以得出同一个结果。

假定人们更偏好混居在一起,并且将"容忍度"重新解释为人口肤色的比例上限。在这个极限比例上,人们对混居的偏好受制于他们极端的少数派地位或他们不适当的多数派地位。

同样的模型适用于两种不同的解释,其结果既对研究混居偏好适用,也对研究分隔偏好适用。对混居主义者和分隔主义者的研究结论是一样的。[唯一的不对称之处为:我们没有假设能够接受不同肤色的最低界限(也就是接受相同肤色的最高界限)是多少。]

政策和工具

以上分析还适用于研究数量定额、比率定额或是数量限制对于某种混合的稳定均衡的可能性的影响,而且它对于研究协同行为也同样适用。两条曲线的交点可能形成一个稳定均衡,但并不能保证会产生这一均衡。通常情况下,它与极端的单一肤色的稳定均衡是相对立的。当存在几种可能的稳定均衡状态时,初始的居住比例和迁移速率会决定最后的结果。

从一种稳定均衡跳转到另一种均衡,常常需要强大的外部冲击,或者是协同行动。通过协同行动，人们能达到另一种均衡。（黑人和白人在彼此对立的情况下，不可能同时成功；无论哪种肤色的人，借助协同行动，有可能会取得压倒性优势，但绝不可能是两者同时发生。）

这一章讲述的模型对解释现实生活中的现象有其局限性，因为它假定人们没有投机心理，没有行为上的时滞，没有有组织的行为，也没有误解。这个模型仅包括单一社区，而没有把更多的社区因素考虑在内。不过，我们可以修正这个模型，以便将这些因素考虑进来。[2]

【注释】

[1] Charles Maher, "The Negro Athlete in America," *The Los Angeles Times* Sports Section, 1968-03-29.

[2] 对于这方面问题更为深入和广泛的研究，请参见 Schelling, "Dynamic Models of Segregation," *Journal of Mathematical Sociology*, 1 (1971), pp. 143-186。

第 5 章
分类与融合：年龄与收入

假设一个组织的成员年龄各异，而且每一个人都关心其同事的年龄。说得更具体一点，假设该组织的成员年龄在 20 岁到 70 岁之间均匀分布，而当该组织成员的平均年龄超过某一个人的年龄 10 岁或是低于某一个人的年龄 20 岁时，这个人就不会在这个组织中继续待下去。一开始，该组织成员的年龄平均分布在 20 岁到 70 岁之间，平均年龄为 45 岁，那么低于 35 岁的成员和大于 65 岁的成员都会离开。在这种情况下，该组织的规模和成员年龄分布是什么样的？

同样，人们都会对自己所处的外部环境做出反应，而外部环境又是由相互反应的人们构成的。当人们做出这些反应时，他们又会影响到与他们有关的人的外部环境，并持续不断地影响。也就是说，每个人的反应都会影响周围人所处的环境，而不管这种影响有多大。"反应"在这里指的是离开或者是被允许进入或重返。反应的结果用总体表现、平均值和频率分布情况来描述。但是，除非个人能够服从组织的或者有纪律的选择，否则最终的结果都来自个人的决定。

分类与融合的模型

关于分类与融合或是分割与组合存在一些理想的模型。假设有一群人，他们中的每一个人都会对该群体中的某一特征做出反应，比如比率、平均数或者是百分比。我们可以假定这个群体中的个人对于该群体的特征具有某种偏好，借以考察该群体中反应的动态过程。

我们对于这些模型的兴趣来自既可能成立也可能不成立的两种情况。第一种情况是我们能够找出一个具有某些重要社会过程的模型，哪怕这种模型离我们非常遥远且抽象，或者它只刻画了社会过程的一部分。第二种情况是这些模型的结果并不是显而易见的，即结果与模型阐述之间的关系并不明显，从而使我们必须做出复杂的推理才能知道这些结果。

离散变量与连续变量

在本章研究的模型中，变量都是连续的。离散变量包括信仰、语言、性别、"颜色"、国籍、政党以及根据二分法所划分的文官和武官、教职工和学生、医生和护士等。连续变量包括年龄、收入、智商、身高以及网球或桥牌的技艺。（在这里，我之所以将"颜色"一词打上引号，是因为颜色本身是连续的。不过在美国，对于分隔现象来说，"颜色"更多的是指肤色，而且基本上是指黑白两种肤色。）有一些连续变量具有准确的定义并可以测量，比如年龄；有一些连续变量只能做一个大概甚至任意的定义，比如收入；有一些连续变量只能排序，而不能被准确地衡量，可能或不可能用一个统一的尺度来计量，比如智商和网球球技；还有一些变量，即使在一个抽象模型中，也需要包括太多的其他方面来作为一个单一变量，以便对其做出一个衡量，比如社会地位。

离散的行动与连续的行动

除了要研究群体的特征，本章的模型还需要识别群体的行动。当我们谈论在居住地的邻里中因种族或者年龄而导致的分隔时，我们不仅需要关于"种族"或者"年龄"的定义，也需要关于"居住地"和"邻里"的定义。我们可以研究一个这样的模型，即我的"邻里"和我邻居的"邻里"指的是一个概念，亦即"有界邻里"模型；我们也可以研究一个这样的模型，即我的邻居的"邻里"概念比我的"邻里"概念有扩展，虽然与我的有所不同，但在空间上是连续的，因而"环境"一词的所指有可能是连续的，也有可能是离散的。有些活动（比如联合、接触或者居住）可以是"开/关"式的离散变量，也有可能是在组成、频率和距离上可度量的连续变量。

限制性恒等式

最简单的例子莫过于研究一幢公寓楼、养老院或是邻里，并假设没有人愿意待在一个平均年龄比自己要大的地方。年轻一些的人会选择搬出去，从而使平均年龄上升；此时，又会有人比平均年龄小，所以也搬出去。最后，留下来的就是那些年龄同时达到最大的人。同样的情形也会在网球俱乐部发生：球技最差的10%的成员会发现这个俱乐部的会员身份对于他们来说并不具有什么吸引力。

这就是我们要研究的限制性恒等式，即不能忽略的数学条件。对于任何一个人们可以排序或衡量的变量，在任何一个群体里，有一半的人会在变量中值以上；有1/4的人会在下1/4数值水平之下；不超过10%

的人会在上 1/10 数值水平之上。每个人的加入或离开都会影响别人在集体排序中所处的位置。如果超过平均水平的人离开，就会降低这个群体的平均值；如果他们加入，就会提升这个群体的平均值。

如果我们将一个群体一分为二，那么这两个新群体的加权平均值与整个群体的平均值应该相等。年轻人不会出现在那个平均年龄较大的群体内，年龄比较大的人也不会出现在平均年龄比较小的群体内，不论他们多么希望如此。

这样的分组能否让所有人都满意，依赖于一种"开放式"模型。在这种模型中，如果人们的要求没有得到绝对的满足，他们可以选择离开。而在另一种"封闭式"模型中，人们只在有更好的环境吸引他们时，才会选择离开。我们会根据某种变量（比如年龄）对人们进行排序，同时询问他们愿意如何分配到两个或更多的分组中，如邻里、组织，或者只是"分组"。

开放式模型

现在考虑本章开始所提的问题。最初，有一群年龄平均分布在 20 岁到 70 岁之间的人，他们的年龄均值是 45 岁。任何一个 35 岁以下和 65 岁以上的人都会感到不满并离开，最后的结果视人群的变化情况而定。因此，我们必须弄清楚以下问题：是不是所有不满意的人都会选择在同一时间离开？如果他们不是同时离开，那么年轻人离开的速度是否快于老年人离开的速度？最不满意的 20 岁的人的离开速度是否快于 30 岁的人？因为后者的不满用时间衡量只有 5 年，而不是 15 年。

首先，让所有不满的人一次性离开。这样一来，留下来的人的年龄介于 35 岁到 65 岁之间，他们的均值是 50 岁。此时，所有 40 岁以下的人都想离开；更多年轻人的离开使这个群体的平均年龄上升。那些年龄超过 65 岁的人怎么办？还让他们回来吗？如果我们不让他们回来，那么最后的结果为：这个群体中所有人的年龄都介于 45 岁到 65 岁之间。如果我们重新吸纳那些在平均年龄上升前就离开这个群体的老年人，即那些如果继续等待就不会离开的人们，那么这个新群体中所有人的年龄将会介于 50 岁到 70 岁之间。

截然不同的初始状态会导致完全相同的结局。如果最初只有年龄介于 20 岁到 40 岁之间的年轻人在这个群体中，而且本来不属于这个群体的人在感觉到有足够吸引力时可以加入这个群体，那么年龄更大的人就会加入，而年轻人会离开，最后又会形成年龄介于 50 岁到 70 岁之间的稳定状态。假设有年龄介于 40 岁到 50 岁之间的中年人加入这个群体，这将导致年轻人的离开，也会导致中年人的离开，因为他们发现：由于他们的存在，吸引了过多的老年人进来，使他们不能忍受。

假设这个群体的年龄分布出现了年龄断层，也就是没有年龄介于 40 岁到 50 岁之间的人。这样的话，外边的老年人就不会加入这个年龄介于 20 岁到 40 岁的群体。因此，上一段描述的是中年人赶走了年轻人，而到头来自己也被他们吸引过来的人赶走了！

如果要求高于 40 岁的人不能加入这个群体，那么 40 多岁和 50 多岁的人就会反对。如果要求离开的年龄上限往上抬高一点，那么这些人就会加入这个群体；只有当年龄更大的本来没有什么兴趣加入的老年人也加入后，他们才会离开。

封闭式模型

假设有一群人，他们年龄各异，可以自由选择待在两个房间（比如餐厅）中的任意一个。每一个人都希望自己所在房间中的所有人与其年龄相仿。能否实现这种均衡状态？这种均衡状态如何实现？这个实现均衡状态的过程如何受到运动规则、错误判断、不同人做出选择的顺序以及不同人行动速度的影响？该调整过程是连续的，还是只存在几次有限尝试？

显然，我们能找到一个这样的均衡。首先，将所有人按照年龄排成一排，然后将其分成两部分。假设处于分界线上的人要么更偏好跟年龄较大的人在一起，要么更偏好跟年龄较小的人在一起，或者无所谓。如果他更偏好跟年龄较大的人在一起，就将他归入年龄较大的那一群人。持续进行这一过程，直到处于分界线上的人不再偏好年龄较大的一组。假设第一次分隔时，在年龄较小的那一群人中有人更愿意与年龄较大的人在一起；当我们将年龄较小的人归入年龄较大的人群时，我们就可以降低这两个人群的平均年龄。这样一来，在年龄较小的那一群人中的一些人本来还比较满意，但由于年龄较大人群的平均年龄逐步接近他们的年龄，所以他们也愿意将自己归入年龄较大的人群。不过，我们很容易就可以发现，最后还是能够达成一个均衡（哪怕最后有一个房间里的人的年龄非常小）。通过对人们移动到其他组别的速度以及人们估测的该速度（比如算术平均数）做出一些较为可行的假设，我们可以得到一个逐渐衰减的调整过程——最终的收敛结果是所有人都分配在两个房间中。不过，我们还应该考虑其他的偏好假设。

有一种极端的情况，即所有人都想到平均年龄最大的那个房间去。那么，一种可能的均衡就是所有人最后都汇集到了某个房间中。（当然，这种情况是不是一种均衡情况，还要看我们是否允许年龄最大的人进入某个空房间。这是因为，如果年龄最大的人进入一个空房间且这个房间只有他一个人，那个房间中所有人的平均年龄就是他的年龄，这对他的吸引力无疑是相当大的。）

另一种可能就是，超过平均年龄的人想进入平均年龄比自己小的房间内，或者相反。还有一些更复杂的偏好情况。

封闭模式中的其他偏好

这种有趣的偏好具有如下特征：该偏好的"首选平均年龄"偏高，

而一个人的年龄越大，其年龄与首选平均年龄越接近，则首选平均年龄就越被偏好。这种简化了的偏好只关注所在人群的算术平均年龄；事实上，很难说这种单一的统计变量（如人口均值）就是人们所关心的。不过，关于这个算术平均值的讨论可以作为我们的热身训练，它是很有意义的。

下面用尽量简单的例子来说明要讲述的问题以及可能的答案。我将使用"年龄"一词，但在这样的抽象层次上，任何测度都是可以的。（因为我要讨论的例子是用算术平均值作为一个重要的统计变量，这隐含着用一个可衡量指标来描述人的某个特征。不过，对于一个均匀分布而言，中间值和均值是相等的。）

假设有一个人群，他们的年龄均匀分布在 0 岁到 100 岁之间。同样，假设在同一楼层有两个房间——我们可以设想它们为同一楼层的两个餐厅，而且每个人都可以自由进入他所选的房间，并可转换到年龄中间值与他/她的偏好更接近的房间内。没有人关心自己在哪个房间，所有人只关心与什么年龄的人在一起。下面尝试给出这些人的不同偏好结构。

（1）每个人都愿意待在平均年龄与其年龄最接近的房间内。

（2）每个人都愿意待在平均年龄比其年龄稍大的房间内。具体地说，每个人都希望所在人群的平均年龄与其年龄有一个差额，该差额是其年龄与这个人群中最高年龄（也就是 100 岁）之差的一定比例，并且该比例对任何人来说都是一样的，而不论其年龄是多大。（如果这个比例为 1/3，那么一个 40 岁的人希望进入平均年龄最接近 60 岁的那个房间。）

（3）每个人都愿意待在平均年龄比其更接近 50 岁的房间内。更明确地说，每个人都愿意根据年龄差额的某个固定比例选择平均年龄更接近 50 岁的房间。（如果这个比例为 1/5，那么一个 30 岁的人更愿意待在一个平均年龄为 34 岁的房间内。）

稍作思考就可知：任何稳定的分隔必须是以年龄为基础的，在一个房间内的所有人都在这个年龄之上，而在另一个房间内的所有人都小于这个年龄。这样一来，我们就很容易处理第一种偏好情形：如果每个人都希望所在房间的平均年龄与其年龄相仿，那么就存在一个50∶50的稳定均衡。假设初始状态是以40岁为界，那么第一个房间的平均年龄为20岁，而另一个房间的平均年龄为70岁。每个介于40岁到45岁之间的人都希望到那个平均年龄较小的房间去，从而提升了两个房间的平均年龄：年龄较小的那个房间的平均年龄上升到22.5岁，而另一个房间的平均年龄上升到72.5岁。在这种情况下，年龄介于45岁到47.5岁之间的人就会偏好到年龄较小的那个房间去。这种情况将会持续下去，直到两个房间的人以50岁为界。

第二种偏好情形更复杂。每个人都希望所在房间的平均年龄更接近一个年龄值，该值比他的年龄高出100与其年龄差额的一部分。如果每个人都希望所在房间的平均年龄比其年龄多出该差额的1/3，也就是一个25岁的人希望所在房间的平均年龄接近50岁。假设两个房间的人的年龄以50岁为界，那么这两个房间的平均年龄分别为25岁和75岁。25岁左右的人对于所在房间的平均年龄不在乎，但30岁的人并非如此，他们更希望所在房间的平均年龄接近53岁。25岁以上的人都转移到了那个平均年龄更大的房间，这使得两个房间的平均年龄都有所下降。该过程将会持续到所有人都聚到一个房间为止。（对于新生儿而言，从理论上说，他们偏好的平均年龄是33岁，但他们更偏好一个所有人都在的平均年龄为50岁的房间，而不是留在他们所在的平均年龄为0岁的房间。）

经过计算，我们可以得出：除非上面所说的比例（即参考公式中的参数）比0.25要小，否则就无法将人群稳定地划分在两个房间。如果比例小于0.25，那么这个稳定的划界年龄就是$100(1-4a)/(2-4a)$，其中

的 a 就是这个比例。例如，如果这个比例是 0.2，那么稳定的划界年龄就是 16.7 岁；如果比例是 0.1，那么稳定的划界年龄就是 37.5 岁；当然，如果比例是 0，那么我们以 50 岁作为划界年龄。

这是一个"均衡分析"的例子。在这里，代数计算是比较基本的。我们需要考虑，应该选择一个什么样的比例，才能在某个年龄（比如 30 岁）上形成稳定的划分。只有当年龄较大的房间内的最年轻的人和年龄较小的房间内的最年老的人都对自己所处的环境比较满意时，这个划分才是均衡的。如果以 30 岁作为一个划界年龄，那么年龄较小的那个房间内的平均年龄是 15 岁，年龄较大的那个房间内的平均年龄是 65 岁，而 15 岁和 65 岁之间的中间年龄是 40 岁。如果一个 30 岁的人希望所在房间的平均年龄在 40 岁以上，那么他将去那个年龄较大的房间；如果他希望所在房间的平均年龄在 40 岁以下，那么他将去那个年龄较小的房间；如果他恰好希望所在房间的平均年龄是 40 岁，那么他就无所谓了。所以说，以 30 岁作为划界年龄是稳定的，仅当 30 岁的人偏好比其年龄高出 100 与其年龄差额的 1/7 时成立。

如果以 0 岁作为划分界线，那么就要求新生儿对于平均年龄为 0 岁和 50 岁的差距无所谓；他们肯定更偏好 25 岁，所以能够维持该划分方式的最大比例应该是 1/4。

为了得出计算公式，我们约定：处在划分界线上的人，偏好两个房间的平均年龄的中值。如果以年龄 D 作为两个房间的划分界线，那么年龄较小的那个房间的平均年龄为 $D/2$，而年龄较大的那个房间的平均年龄为 $(100+D)/2$。这两个平均年龄的中值为 $[D/2+(100+D)/2]/2$，也就是 $25+D/2$。年龄处在 D 上的人希望所在房间的平均年龄超过 D 的数值为 $a\times(100-D)$，他偏好的平均年龄与这两个房间的平均年龄的中值相同，即

$$D+a(100-D)=D/2+25$$

$$D-aD-D/2=25-100a$$
$$D(1/2-a)=100(1/4-a)$$
$$D=100\times\frac{(1-4a)/4}{(1-2a)/2}$$
$$=100(1-4a)/(2-4a)$$

在前文提到的第三种偏好情况下，每个人都希望自己所在的小群体的平均年龄比其年龄更接近整个大群体的平均年龄，这样将存在三种可能。如果他偏好的其年龄与大群体平均年龄之差的比例大于 0.5，那么任何划分都是不稳定的，所有人都会在同一房间内。如果该比例小于 0.5，将会得到稳定的划分；如果该比例刚好是 0.5，那么任何年龄上的划分都是中性的均衡。

这些结果并不是一目了然的，但我们很快就可以知晓其中的奥妙。我们注意到，不论用什么年龄划分，划分后两个群体的平均年龄的中值正好和 50 岁与划界年龄的平均数相等，即 $25+D/2=(50+D)/2$。例如，我们以 60 岁作为划界年龄，就可以得到两个群体，他们的平均年龄分别是 30 岁和 80 岁，两者的中值是 55 岁，正好是 50 岁和 60 岁的中位数。

如果以 50 岁作为划界年龄，那么就没有人愿意改变自己所在的房间，也就是 50 岁的人无所谓；而每个人都偏好自己所在房间的平均年龄，如果他超过 50 岁，那么这个平均年龄就是 75 岁；如果他低于 50 岁，那么这个平均年龄就是 25 岁。但是，如果两个房间的划界年龄是 60 岁，就会出现以下情况中的一种。

一种情况是：每个人都希望所在房间的平均年龄离自己的年龄更近，而不是离 50 岁更近。在这种情况下，等于划界年龄或在划界年龄附近的人都偏好年龄更大的房间的平均年龄。例如，如果以 60 岁作为划界年龄，那在 60 岁左右的人都希望所在房间的平均年龄能够更接近某个比 55 岁更大的年龄。因此，这些人就会加入那个年龄较大同时人数较少的群体,从而使这个群体的人数增加。在划界年龄上的人们总是偏好加入那个平均年龄较小的群体,这种人口流动将会持续到划界年龄变成50岁。

另一种情况是:每个人都希望所在群体的平均年龄介于其年龄和50岁之间,但更接近50岁。在这种情况下,只要不是刚好以50岁作为划界年龄,那么在划界年龄附近的人们就会更偏好那个人数更多的群体的平均年龄。例如,以60岁作为划界年龄,他们更希望所在群体的平均年龄比55岁小——因为与80岁相比,55岁更接近30岁。所以,他们会移动,而且在那个人数较少、年龄较大的群体中的所有人都会跟着移动,因为年龄接近划界年龄的人总是希望自己能够加入那个人数较多、年龄较小的群体。(百岁老人们更愿意加入任何其他平均年龄为50岁的群体,而不是待在自己的老人群体中不动。)

这两种相对运动是人们对平均年龄刚好处于其年龄和50岁的平均年龄上的偏好。在这种特殊情况下,处于分界线上的人们对两个均值是无所谓的,因为他们偏好的平均年龄是这两者的中值。此时,任何分隔都是一种被称为"中性均衡"的例子。请注意另一种可能情况:如果人们希望平均年龄更接近50岁而不是他们的年龄,但实际划界年龄刚好是50岁,那么就没有人会移动。此时,没有一个人数"更大"的群体能吸引在划界年龄上的人们。但是,如果年龄介于48岁到52岁的人都进入了同一个房间,那么两个房间的平均年龄就会分别下降到24岁和74岁。在这种情况下,敏锐的47岁的人就会移动到48岁的人所在的人更多且年龄更大的房间,因为他更希望所在群体的平均年龄接近74岁。46岁的人也会随后而至。所以说,以50岁作为划界年龄虽是一种"均衡"划分方式——在这种划分方式下,除非有人先移动,否则没有人会移动到别的房间,但这是一种不稳定均衡。任何偏离都会打破均衡,而且这种均衡的破坏是无法自我修复的,还会越来越恶化,导致越来越多的人离开原来的那个不稳定均衡。最后形成的稳定均衡是所有人都聚到一个房间。这种均衡是稳定的,因为任何人的离开都不会对均衡造成影响。

更为一般的公式

在原先的水平分布基础上,我们可以较方便地使用算术平均方法以外的统计方法来考察人口移动的过程。此时,均值和中值是重合的。但我们要考察的是,如果每个人都希望自己所处群体的上 1/4 或下 1/4 或者 40% 或 60% 的人最接近某个特定的偏好值(该值为他们的年龄或者此年龄的某种调整值),那么会发生什么?

我们的第一种偏好很容易被转化为四分位或者十分位的表述。假设每个人都希望处于这样的群体中,即该群体中下 1/4 的人的年龄与其年龄最接近。在水平分布的年龄结构下,我们可以首先在脑海里做一次计算。最后,处于划界年龄上的人(也就是处于年龄较大的那个群体中的最年轻的人和处于年龄较小的那个群体中的最年老的人)的年龄,离这两个群体各自下 1/4 的年龄距离相等。由于人口是均匀分布的,所以年龄较小的群体中 3/4 的人数与年龄较大的群体中 1/4 的人数相等,因而年龄较大群体所包括的年龄跨度是年龄较小群体的 3 倍。也就是说,分界年龄将处于整个人群的下 1/4 处,在年龄较小的房间内的人数是在年龄较大的房间内的人数的 1/3。

对于水平分布而言,此结果可以扩充为:如果群体中的"一部分"人希望自己离所在群体的某个分割点(比如 1/10、2/5 或者 3/4)最近,那么最终这个群体就会在这个分割点形成均衡分割,并将人群划分为两个群体。我们在上一节之所以能够利用算术平均值得到均匀分割的结论,是因为在水平分布下,均值就等于中值,它将总体分为两半。

下面将要推出的较为一般的公式,能将这些情况都包括进来。假设每个人都希望所在群体下 $1/P$ 的分界线离某个年龄最近,而这个年龄将他的年龄与某个参考年龄 R 之间做了一个比例为 a 的划分。如果每个人都希望自己所在群体下 1/4 的分界线最接近他的年龄 x 和 60 岁之间的 1/5，那么此时的 P 为 0.25、a 为 0.2、R 为 60；他希望所在群体下 25% 的分界线离 $x+0.2\times(60-x)$ 最近。如果这个群体在年龄 D 处进行了划分，那么当且仅当以下等式满足时，这种划分才是稳定的：

$$D+a(R-D)=[PD+D+P(100-D)]/2$$

或

$$D=100(P-2aR/100)/(1-2a)$$

如前所述，令 $P=0.5$ 表示中值（均值），$R=100$ 或 $R=50$，我们就可以得到 $D=(1-4a)/(2-4a)$，或 $D=1/2^*$。如果分母是负数，平衡将被打破，稳定的划分点就不再存在，而公式也不再起作用。因此，当 $P=0.5$，R 分别取 100 和 50 时，a 的最大值分别为 0.25 和 0.5。

这个公式并不值得我们记忆，因为偏好不可能是前面讨论的那种理想化模型。不过，这个公式有助于我们研究类似模型的工作原理。

第三个房间

如果现在增加一个房间，会不会有人进去？正如在 a 值很大时第二个房间不会有人一样，只有当 a 值较小时，第三个房间才会有人。我们可以先将人群均衡地分配到两个房间内，然后问那个年龄较小的房间内的最年轻的人是否愿意去第三个房间，而且该房间的平均年龄或中间年龄就是他的年龄。为方便起见，我们仍采用水平分布，在年龄较小的房间内平均年龄正好等于划分这两个人群的年龄的一半。如果最年轻的人（也就是年龄为 0 的人）偏好的平均年龄 aR 更接近 0，而不是更接近划分

---

* 原著如此，疑有误。——译者注

两个人群的年龄的一半，那么他将转移到第三个房间。也就是说，如果 $4aR < 100(P - 2aR/100)/(1 - 2a)$，用均值（中值）作为感兴趣的统计量（$P=0.5$，$R=100$），即每个人都希望所在群体的平均年龄要比自己的年龄稍大，那么只有当 a 小于 0.096 时，第三个房间才会有人。如果 R 等于 50，即参考年龄为人口年龄的均值，那么只有当 a 小于 0.25 时，第三个房间才会有人。

当 R 等于 100 时，如果第三个房间是空的，年龄最大的人肯定偏好去第三个房间。因此，在有三个房间的情况下，只有当 a 小于 0.096 时，人们才会稳定下来；否则，年龄较小的人就会转移到年龄较大的人的房间，从而最年轻的人的房间被清空，然后又会吸引年龄最大的人进来。当 R 等于 50 且 a 小于 0.25 时，空房间要么会被最年老的人占据，要么会被最年轻的人占据，不论是谁先进去。但不管怎么样，最后的结果都是一样的。

分离或不分离的最优性

前面讨论的将人均匀分配到两个房间是否代表某种最优化的结果，或者是否会使福利最大化，或者是否会使集体偏好得到最大满足？我们不应指望这一结果，因为在这个模型中，没有人留意自己的行动会对所在群体的平均年龄产生什么样的影响。

例如，我们可以考察最后形成的均衡分配是否使得最终的实际平均年龄与人们偏好的平均年龄的差距之和最小化。当然，人们的满意度不一定与这个差距之和成比例。但是，如果确实如此，至少我们也可以看一看人们偏好的平均年龄与实际平均年龄的差距之和是什么样的。

假设参考年龄为 100 岁，对于任何正值的 a，最后在均衡分配下所形成的差距之和就不是最小化的。事实上，a 越大，差距之和就越大。现在看一下当 a 等于 0.25 时的情况：所有人都聚在一个房间内。如果我们迫使这群人中较老的那一半人在一个房间内，而将年龄较小的那一半人赶到另一个房间内，情况会怎样？

待在年龄较大的房间中的每个人都会增加福利。50 岁的人偏好的平均年龄是 62.5 岁，这个 62.5 岁正好是原来的平均年龄 50 岁和新的平均年龄 75 岁的中值；在年龄较小的房间内，最年轻的 1/3（即全部人口的 1/6）的人也会得到改进。他们更偏好新的平均年龄 25 岁，而不是原来的 50 岁；年龄倒数第二小的 1/6 的人（也就是年龄介于 16.7% 到 33.3% 的人），他们的福利水平会下降。因为他们更偏好所在房间的平均年龄是 50 岁，而不是 25 岁。不过，他们也不会主动地转移到那个年龄较大的房间，因为那个房间的平均年龄是 75 岁，而他们无疑更偏好 25 岁。年龄倒数第三小的 1/6 的人（也就是年龄介于 33.3% 到 50% 的人），他们的福利水平也恶化了。只要有可能，他们更愿意搬到那个年龄更大的房间，因为要在 75 岁和 25 岁之间做一个选择的话，他们更愿意选择 75 岁。不过，对于所有人来说，如果我们能够计算一下分隔前后每个人所偏好的平均年龄与实际平均年龄的差别，就会发现分为两个房间减小了这个差距之和。事实上，如果把年龄最大的 40% 的人留在年龄较大的一个房间，而让年龄较小的 60% 的人去另一个房间，这个差距之和将会实现最小化。[1]

以上分析表明，一个均衡的划分并不一定会形成最优结果。此外，它也提醒我们：一个人为强制性的划分会使一部分人的福利增加，也会使另一部分人的福利减少（尽管他们不会主动离开），还会使一部分人不满意，而且在可能的情况下他们会主动离开。

建模的需要

现在讨论建模的两种情况：首先，我们所建立的模型必须是对现实有意义的——对住所的选择、成为某个社团的成员或者是对于某个组织的参与，其中的分离和组合具有某种社会意义。其次，个人行为对集体造成的系统性后果并不是那么一目了然，以至于我们不能将集体作为集中的个体对待，而只有借助模型才能研究清楚。

我一直在努力展示第二种情况。在这种情况下，虽然个人的行为动机都已给定，而且个人的特征也很突出，但要想研究它们所导致的宏观结果仍非易事。在这种情况下，如果不借助模型的帮助，我们就不能根据集体的行为表现来对个人的行为动机妄加揣测。对个人行为的了解也不能自动得出对集体行为的预测，或者是得出影响这些集体行为的政策。我们必须在对宏观现象进行研究的基础上才能得出对它们的恰当政策。

对于简化模型的研究有两个目的。第一个目的是比较野心勃勃的。这些模型是基本模拟现实的，它们是对现实的一阶近似，可以以较高的可信度来模拟我们想要的现实情景。第二个目的比较一般。我们可以通过对这些简化模型的考察来得出与现实更接近的模型，它们让我们知道哪一种分析是必需的、哪些现象是值得期待的、哪些问题是值得提出的。

前面描述的案例旨在实现第二个较为一般的目的。我选择的模型都易于描述、可观察性较强，也比较容易用算术进行计算。但是，即使是这些简化模型也需要进一步说明。例如，在封闭式模型中，我们可以援引一个新变量（比如"密度"），以得到一种新的划分方法，即将人群划分在两个房间内，直到不同年龄的吸引力和人口密度的排斥力相互平衡为止。为了研究这个问题，我们应该辅以某种物理维度，对"房间"这个词给出一个比较具体且不抽象的定义。（某个小孩可能偏好加入某个有年龄较大男孩的棒球队，但如果他不能经常上场打棒球，情况可能就不一样了；某人可能偏好与一个有年龄较大成员的小组进行旅行，但如果他坐靠窗座位的机会较少，情况可能就不一样了；某人可能偏好参加一个年龄较大的小组进行讨论，但如果讨论的会场比较拥挤、现场比较喧闹、发表谈话的机会较少，同时自己被选为大会主席的可能性也较小，情况可能会不一样。）当我们考察的模型维度越来越多时，考察的模型就会越来越具体，我们可能就会越来越怀疑是否应该研究这一模型。此外，在对一系列富有启发性的研究对象进行研究后，我们发现：找出所要研究对象的实际特征，比归纳出它们之间在某个连续变量上的共性更有成效。养老院、网球俱乐部、桥牌锦标赛、社交聚会、律师事务所、公寓、本科大学和舞蹈学习班之间可能存在一些共同之处，而且很多其他方面（比如年龄、智商、行走速度、驾驶速度、收入、级别、体型和社会角色）会使人产生大致相似的行为。不过，要想研究工作最终获得成功，对各成员之间的共性关注和对他们各自特性的关注是一样重要的。

几个应用

一个比较容易描述且不难找到的例子是关于"老年之家"的问题。通常说来，这会被归入我们的"开放式模型"中。在该模型中，人们可以自由地加入或者离开，虽然这样做并非没有成本。（开放式模型总被认为是封闭式模型的一个特例，它将模型以外的东西看成一个外部世界。由于这个外部世界的人口数量很大，所以相对而言，他们的整体特征对模型的来说是不变的。）

要想某个社区内的居民都由同一年龄的老年人来组成并不太现实。很多居民是结了婚的夫妻，时常有人去世或者残疾，此时就会面临补充空缺的问题。但是，由于市场是高度本地化的，所以找房子的人并不多，因而不能将他们分配到大小相当的房子里。此外，如果房间太小，找房子的人就不一定认为那是属于自己的"住所"。对于混居而言，人口的年龄分布并不是严格排列的，而是与其他特征（比如精力、饮食、视力和记性）联系在一起的，其他特征随着年龄和时间而改变。

因此，该地区居民的年龄分布并不稳定。现在的问题为：对于这个被研究群体而言，有没有可能找到一群人，不论他们的年龄组成如何，都愿意彼此住在一起？我们注意到，即使是年龄较大的人愿意与年龄相仿的人住在一起，也不一定存在这样一个群体。（这个问题涉及的数学与精英大学新生班遇到的情况相似：如果按某种共同的制度，没有人愿意自己在班上的排名属于最后的 10%；如果每个人都在加入班级之前就能准确预见自己在班上的排名，那么这个班就不可能成立，或者说这个班就不可能延续下去。）

一个有关的问题是：如果给定年龄的人们对愿意住在一起的群体有不同的看法，比如有人希望自己成为这个群体中年龄最小的，而其他人不这样想；或者有人希望自己成为这个群体中年龄最大的，而其他人不这样想。这样，我们就可以组成新的群体，比如让所有 80 岁的人都加入并让一部分 60 岁的人也加入。如果能将这些分组形式有效地付诸行动，最后究竟能吸引多大比例的老年人过来？

另一个问题是：如果允许自由地进入和退出，那么我们将得不到任何稳定的人群组合。如果我们设定了限制条件或者是优惠条件，旨在吸引他们进来或是让他们待在群体之外，那么我们所面临的问题是不是就变成了究竟是吸引他们进来还是让他们待在外面？或者说，这两个问题是可以互相替代的？（让一部分最年老的人待在外面，可能会吸引一些年轻人进来。）

还有一个问题是：如果一个群体是稳定的，那么应该吸引这个群体中的多少人待下去，才能让群体中的其他人愿意继续待下去？请注意，本章一开头就已提出了这个问题。当时，我们得到的答案是对于一群年龄介于 50 岁到 70 岁的人，如果往里面加入一群年龄介于 40 岁到 50 岁的人，那么平均年龄将从 60 岁降到 55 岁。那群年龄介于 45 岁到 50 岁的人会保持不动（尽管他们并不愿意加入），只需确保 40 岁到 45 岁的人愿意待下去。

年龄有一个有趣的特征：它会随着时光的流逝而改变。所以，对于任何一个群体或年龄组来说，我们都可以从时间角度来考察以上几个问题。如果某个群体在目前可以持续下去，那么它的年龄构成在 5 年或 10 年以后还适合它的所有成员吗？如果答案是否定的，但我们仍让它维持一段时间，情况又会怎么样？如果现在有一个群体，其中最年轻的人是 65 岁，当年龄最大的人相继去世时，我们一直往里面补充 65 岁的新人，那么由死亡率形成的年龄分布是否代表了一个稳定可行的群体？

其他的一些"分类变量"

大学生们可能都对他们要加入大学的奖学金等级和体育活动的发展程度比较关注。有些人希望成绩出众；有些人希望更多地参与活动；有些人希望自己的潜能被激发；有些人希望能进入一所蜚声海外的高校深造，或参加一支表现杰出的球队。最后的结果通常为：可能每个人都希望进入一个比自己希望的要好一点的高校。严格的录取政策限制了排名较高的学校的学生密度。如果大学录取是严格按照个人能力来进行，那么申请读大学的学生就会依照这些排序变量被录取到不同层次的高校。（这个原理对于教师队伍和硬件设施的质量同样适用。）

模型的结构

这些模型中最简单的一个可以描述如下：每个人跟所在人群中的某个统计测度有两方面的联系——每个人对这一统计测度都有自己的偏好，而他又为这些统计测度值的改变做出了自己的贡献。这两种联系方式通常是不一样的：自己是中年人，并不意味着一定愿意与中年人待在一起；自己是富人，并不意味着一定愿意与其他富人待在一起。不过，这两种联系虽然不一样，却是相互关联的。

除了共同拥有的某种偏好以外，聚集在一起的人只是该群体的一个样本，他们并没有什么聚集的理由。如果"偏好"和"贡献"之间是负相关关系，那么这个群体就有离散的趋势。如果任何一个群体因为他们的组合而使得这个群体的某些统计指标远离平均值，并朝着某一个极端变化的话，那么他们就会寻求加入另一个群体，从而使另一个群体的统计指标朝着另一个极端变化，而这又会使这个群体的人也像第一个群体的人那样想寻找同样的群体。如果肥胖的人想与苗条的人待在一起，而苗条的人也想与肥胖的人待在一起，那么肥胖的人或苗条的人分别待在一起的情况就不可能存在。

只有当"偏好"和"贡献"之间是正相关关系时，才有可能将两种不同特征的人分开。

有一个指标，每个人对它的贡献是一样的，尽管每个人的偏好可能都不一样。该指标就是人口规模或人口密度。有些人更偏好喧闹的海滩和咖啡屋，而另一些人更偏好独处。除去体型差别不算，每个人对于所在群体的人口密度的贡献度为1.0。没有变化就没有相关性，所以上述相关性原理对此并没有什么帮助。让我们仍然先假设存在两个房间，以做进一步讨论。

如果每个人都偏好进入一个不太拥挤的房间，那么当两个房间的人数相等时就会出现稳定性；如果每个人都偏好进入一个比较拥挤的房间，那么所有人都会聚到其中的某个房间里；如果房间大小一样，每个人都希望进入一个聚集了最接近人口总数55%的房间，那么所有人都会聚到一个房间里！（如果将15%的人强行从这个房间转移到另一个房间，那么每个人都会得到福利改进：15比100更接近55。然而，分出去的15%的人肯定不愿意待在原地，因为85比15离55更近。）

如果人们对所在群体人口密度的偏好有所不同，那么两个房间的人口分布情况就取决于那些偏好待在刚好有一半人口的房间内的人。（如果两个房间一样大，人口密度和人口数量呈比例对应关系，两个房间人口数量的中值等于总数的一半。）如果有少于一半的人愿意待在有超过一半的人口数量的房间内，那么人们将会在两个房间内等量分配；如果超过一半的人愿意待在有超过一半的人口数量的房间内，那么最后两个房间内的人口数量将取决于那些偏好待在刚好有一半人口数量的房间内的人。如果在 100 人中，他们对房间内人口数量的偏好在 20 人/间到 120 人/间均匀分布，那么就有 30 人更偏好房间内少于 50 人的人口密度，70 人更偏好房间内多于 50 人的人口密度，而且两个房间内的人口数量分别是 30 人和 70 人。不仅如此，对于任何一个群体，只要第 30 个人更偏好有 50 人在其房间内，那么也会导致两个房间内的人口数量分别是 30 人和 70 人。

市场上的类比

在某些情况下，人们非常关心身边人的特征，比如他们的年龄、收入或者是智商。但有很多的市场现象是以一种非人性化的方式发挥作用的，不过，它们仍具有我们所讨论的分隔模型的特征。

现在考虑一个保险模型。在该保险模型中，每个人都支付相同金额的保费，那些死亡或受伤的人或者是保单受益人得到理赔。那些最不可能死亡或受伤的人从保险中得到的回报是最低的。如果这些人知晓这一情况，而保险公司却不能针对不同健康状况的人收取不同的保费，那么这些人就会放弃这家保险公司，转而成立他们自己的协会，一个对可以证明自己风险度低的人收取较低费率并排除较高风险的组织。在他们退出原来的那家保险公司时，在那家保险公司投保的人的死亡率和事故率将会上升，因而保费必然要提高，这会导致更多的人离开。如果那些预期收益为负的人都离开了这家保险公司，那么最后就没有人会留下来。（如果每个人都愿意以一定的费用投保，那么最后只会留下那些高死亡率和高事故率的人,因而这种投保计划就可能无法持续下去。如果健康状况的分布是指数分布,那么这种投保人类别根本就不可能存在。)如果保险公司在制度上不推出因人而异的保费标准,但可以把那些风险较高的人排除在外,那么投保人就可以根据死亡率和事故类别而被分成不同的组别。在这种情况下,人们关心的并不是他们自身,而是自己加入某个组别而导致的成本。[2]

同样的情况也发生在收取固定费用的餐厅,它收取的费用正好足以弥补成本,这样的餐厅就比较适合那些喜爱昂贵食物或很多副食的人。只喜欢吃沙拉的人,他们的花费要比所吃东西的价值多一些。如果那些胃口一般的人不来这里,那么餐厅的平均价格就要上升。此时,那些胃口稍大的人在为那些橄榄球队的食客们买单,所以他们也可能离开这家餐厅,去寻找其他更加经济实惠的餐厅。最后,可能就只有那些最能吃的食客仍会光顾这家餐厅,即使他们付的钱可能要比自己所吃的更多!他们也有可能离开这家餐厅,去寻找一家价位与他们初始付费标准差不多的餐厅,而这家餐厅也差不多要关门了。

因为不能实行歧视,所以那些"老年之家"就要收取年费或较高的入伙费,同时很多服务又是免费的,这就将市场层面的因素加进了老年人的考虑之中。

随着时间流逝而发生的改变

随着时间的流逝,与个体相关的变量会发生什么改变呢?年龄是一个比较特殊的变量:年龄在每一年都会增长一岁,而且这种变化不受周围人年龄的影响。在一个人的年轻时代,随着年龄的增长,他所能容忍的年龄范围可能在扩大。所以,如果某个群体的年龄分布尽管并不稳定,但可以不断扩大,那么年龄结构的兼容性就会出现。

玩桥牌或者网球的人的技艺增长速度在很大程度上依赖于他所在俱

乐部的整体水平。同样，他所在俱乐部的平均水平与他的水平之间存在一个最佳差距。此时，固定的一组人会随着时间的推移而减少技艺上的差别。技艺最好的人长进肯定不会太快，因为没有匹配的竞争对手；技艺最差的人会退出，因为他们不堪竞争的压力；其余人技艺水平的上升速度与他们的技艺水平和平均水平（或是其他统计指标）之间的差距成比例。

社会地位也是一样的：在学术界或者在人生中，一个人通过与有地位的人建立联系，可以得到自己的地位。这可以成为人们建立联系的部分动力，它也可以减少一个团体内地位的分散程度，因为个人会被一个团体逐渐同化。

中介变量

我一直假设，具有不同年龄、收入或者智商的人比较关心所在群体中其他人的年龄、收入或者智商状况。然而，偏好通常是关于年龄、收入、智商或技能的某种函数。在孩子们中间，他们的体型、体力、年龄和技巧具有很强的相关性，所以当他们按年龄进行组合时，比如在棒球队中，不同年龄段的孩子对应着相应的体型和力量。学校制度将孩子们按年龄划分，之所以如此，是因为年龄与体型、体力、技巧、经验和已有的教育相关。成年人可以按年龄进行组合，是因为不同的年龄对应着不同的家庭地位和生活方式。那些将要生小孩的人就想居住在更适合婴儿成长的地方，也就是这些家庭里的父母年龄都差不多大。

喜欢清静的人更喜欢与喜欢清静的人住在一起，这不是因为他们喜欢彼此，而是因为他们都喜欢清静；不喜欢狗的人更喜欢与不喜欢狗的人住在一起，这不是因为他们喜欢彼此，而是因为他们都不喜欢狗；喜欢热闹的人更喜欢与喜欢热闹的人住在一起，这不是因为他们喜欢彼此，而是因为他们都喜欢热闹；愿意加入年金计划的人更愿意与短寿的人住在一起，这不是因为他们偏好拥有不久于人世的朋友。

【注释】

[1] 让60岁以上的老人在一个房间，而其他人去另一个房间，与所有人都在一个房间的情况相比较：60岁以上的人都赞成这种划分；40岁到60岁的人在那个年龄较小的房间，但更偏好60岁以上的老人们所在房间的平均年龄，也就是80岁（对这个年龄段的人，必须给予他们一定的动力，他们才愿意留在这个年龄较小的房间）；20岁到40岁的人更偏好原来的状态——所有人都聚在一个平均年龄为50岁的房间内，但他们也没有兴趣转到那个老年人集中的房间，因为后者的平均年龄高达80岁；20岁以下的年轻人更喜欢现在的新状态，即平均年龄为30岁，而原来的平均年龄为50岁。因此，60%的人改善了福利水平，40%的人降低了福利水平。相比待在一个房间的状态，在分开以后，每个人离自己偏好的平均年龄的差距缩小了6.67岁（小了1/3左右）。

[2] 关于这类市场现象，乔治·A.阿克洛夫在《次品市场》一文的第488~500页给出了精彩论述。（参见本书第3章的注释[3]。）

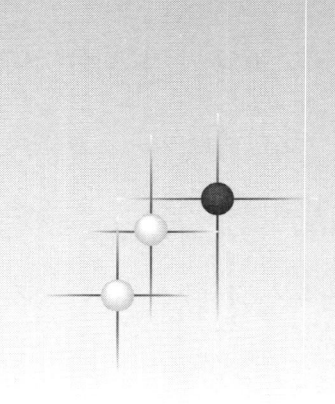

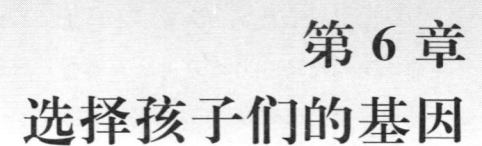

第6章
选择孩子们的基因

"选择孩子们的基因"有几种解释。通常而言，它指的是我们共同为下一代选择他们的基因。不管我们是不是他们真正的父母，他们都可以被看成我们的"下一代"。如果我们将"选择孩子们的基因"理解成一种优生优育的概念，那么它就意味着对孩子父母的选择。

在这里，我指的是一种本义上的解释。我要讨论的是父母如何选择他们孩子的基因，而不是试图决定其他人及其孩子的基因政策。

需要进一步指出的是，我要讨论的是如何选择那些本来就属于我们生物意义上的孩子基因，而不是选择一个捐献者或制造者的基因。如果我的妻子和我，或者是你的丈夫和你，能够从现有的基因组合中选择一个特定的遗传组合——我为我的孩子，你为你的孩子——那么我们会做出什么样的选择？会有什么不同吗？

选择的菜单

在一对新人结婚之后，他们生下的孩子可能有很多种不同的基因组合。根据传统优生学理论，他们最后得到的那个孩子，只是他们从比地球人口数量还要多 1 万倍的可能组合中随机得到的一个。这就是一对夫妇能够在许多具有不同染色体的孩子中所能做出的选择。

一个男性能形成 800 多万（2^{23}）个有遗传功能的彼此相异的精子，而一个女性也能形成 800 多万个有遗传功能的卵子，尽管她实际产生的卵子可能要比这少许多。如果将这两个数字相乘，就可以知道父母可能得到的不同孩子数量了。父母得到的可能是其中之一。接下来要讨论，如果父母能够在这 60 多万亿个可能的孩子中间做出一些选择，那会出现什么情况。

尽管这个数字看起来很大，但实际上可供挑选的余地并不大。对我来说，我的孩子可能得到的染色体只有两个来源：我妻子的和我本人的。我的孩子可能没有卡里姆·贾巴尔那么高，可能不像巴赫那样有音乐天赋，也不太可能跟这本书的某位读者长得很像。我和妻子有限的遗传信息决定了我们只可能面对一定数量的选择。所以，尽管我们有 60 多万亿个可能的孩子可供选择，但实际上我们也许只有几千万个选择机会。此外，不管你喜欢与否，我们生出来的小孩极有可能跟我或者我的妻子非常相似。他们也不太可能与我们的父母、祖父母和曾祖父母相差太远。

请注意，在这种选择中，我所讲的小孩都是自然孕育的小孩。任何试图通过人工干预而改变基因组成的小孩出生的概率和其他小孩出生的概率是一样的。这里没有人工因素，没有所谓试管婴儿。至于为什么我们所选择的小孩不可能是原来预想的那样，我们并不能给出合理的解释。

一个父亲产生的 800 多万个精子，不仅在基因上与这位父亲十分相似，而且其染色体遗传种类也非常有限（23 种）。（我们不能把染色体一一打开来选择基因，而只能选择整个染色体。）如果你要从你的祖母那里遗传到极高的音乐天赋，那就必须同时遗传她的近视眼，因为你必须同时接受这个染色体或者同时拒绝这个染色体，而不能只挑出对你有利的基因。

选择的技术

我应该跳过不谈——也许有人会认为我在骗人——有朝一日能够实现对染色体的挑选。简单地讲，我们必须首先从一个胚胎、精子或是卵子的两条染色体中挑选出一个感兴趣的且能辨认出由那条染色体所决定的特征（可能不容易直接观察到）。也许必须从该人的先辈们那里追寻这些特征，然后再进行取舍。我们选择的对象是胚胎或者是精子。（如果有可能筛选精子或者卵子，我们只能看到数量有限的卵子，这依赖于相关技术水平准许我们在任何时间选择多少卵子和精子进行检查及利用。所以说，该选择主要取决于家庭中男性的一边，而不是女性的一边。）

检测一个细胞内的染色体所需的外部能量可能足以使这个细胞受到威胁，所以没有一种安全的办法可用来检测精子或卵子，而只能对胚胎进行检测。[1] 这就意味着非常有限的选择。我们不会对数以百万计的精子进行挑选，而只能一次检测一个胚胎，看是否有必要保留它或是继续尝试。

判断一个胚胎是否有必要保留，可能取决于人们是否能从胚胎附近的液体中抽取细胞物质进行分析，虽然这对不到三个月大的胚胎可能并不安全；或者取决于人们是否能在孕早期得到胚胎细胞物质，同时不伤害胚胎。

我们确实有一个例子可以说明这不是一个空的选择集合。现在的医学可以检测出胚胎的性别，如果父母并不喜欢这一性别的孩子，就可以流产。当然，我们也可以检测出胚胎的其他染色体特征，但我们较为关注的特征主要是与病理学有关的。

从目前的技术水平来看，这种技术实际上至多是一个要承担高昂成本的选择。形成胚胎至少需要三个月，但它应该没有识别父母的能力，所以可以做出不要这个孩子并重新开始的选择。如果父母选择在堕胎以后重新开始，那么他们将失去至少六个月的时间，同时也会造成一定的焦虑，失去怀孕初期的快乐。所以说，选择堕胎并重新怀孕是要承担成本的，但这是可以做到的。

假设在刚怀孕的前一两周内就能得到细胞物质并对其进行检测，那么在这个时候进行选择的成本可能非常低。此时的选择就是要决定在哪个月怀孕，并按照未来婴儿的特征和性别来怀孕。

性别选择的特异性

对性别的选择不同于大多数的其他选择。现在，人们可以自由地说出他们更希望要一个男孩或是女孩。也许对于太太们来说，她们不会像她们的丈夫那样简单扼要地说出对小孩的喜好，是否愿意将自己的音乐天赋遗传到后代身上，或者是否要孩子像丈夫那样有其他天赋。她们可能会觉得讨论夫妻身上的种族特征能否遗传在后代身上是一件困难的事。但是，他们讨论是否喜欢男孩或女孩并不是不合时宜的，事实上，这种讨论也很难避免。所以说，这种选择是合法的，而其他的选择基本上还不存在。（这种合法性可能取决于这样一种信念：他们并没有真正的选择，即没有决定要做，只不过是在空谈！）

但是，由于这种选择是可行的，因此可能会刺激这方面的技术研究。例如，它足以使得研发部门收回开发的成本。根据此技术，人们就可以对染色体进行选择，而不只是对性别进行选择。

随着对婴儿性别进行选择的技术的发展，这方面的经验也在积累，包括人口统计学上的和家庭内部的经验，从而使此前只有上帝才能办到的事情，或者说上帝偶尔才会把机会留给我们去办的事情，现在我们也能办到了。

当然，也许我们应该注意到一个很重要的事实：人们为孩子选择的种种特征取决于孩子的性别。一个例子是体型。我想，大多数父母大概不会为一个体型比较纤细的女孩而感到惋惜，但一定会为一个瘦弱的男孩而感到无奈；同时，大多数父母不会为一个身材魁梧的男孩而感到惋惜，但一定会为一个体型庞大的女孩而感到无奈。因此，对人们可能要选择的很多方面来说，如果他们确实能选择，这种选择将取决于孩子的性别。所以，性别选择在许多方面都是这一主题的重要方面。

选择孩子们的性别

设想一下，我们能够事先选择孩子们的性别。我们很容易做出这样的假设，并且要认识它的要义也没有什么困难。

我们已经能够选择是否要生小孩，在什么年龄生小孩，生几个，以及使孩子们的年龄如何分布等。我们甚至还能控制孩子们的性别比，比如当我们有一个男孩和女孩后就会停止生小孩。如果没有我们想要的，我们就会继续生。进行性别选择，也不会造成什么新型家庭的产生，因为各种性别比例的家庭都已经存在。

我们的兴趣在于性别选择的后果，而不是性别选择的技术。我们还对如何处理以前不重要的选择感兴趣。不过，技术能够影响我们想要研究的一些问题。例如，性别选择技术是由母亲一个人来控制，还是由父母合作实施？进行性别选择的事情要不要跟别人说？跟谁说？如果本来想要一个女孩，最后却生下来一个男孩，那么这种情况究竟是由技术缺陷造成的？还是由于工作人员的粗心造成的？抑或是由欺骗行为造成的？如果一个小孩想知道自己当初究竟是不是父母想要生下来的，那么避孕技术的出现就会影响孩子对正面回答的接受度。如果性别选择技术使孩子知道父母当初尝试要过其他性别的孩子，情况会怎么样？

暂且把这些问题放在一边不管，我们先来看一下：如果人们能够选择，他们会做出什么样的选择？我们能做的只是设想。不过，在现实生活中很难找到这样的证据。我们无法研究人们实际上选择了什么，因为他们实际上并不做选择。此外，即使我们去问他们（比如有些研究人员有时做的那样），我们也很难得到比较严肃认真的答复。

这种情况就好像你在路上突然碰到一个巫女，她能让你实现三个愿望，以便让你放她走。由于没有遇到过这种情况，你不可能有很多时间好好构想这三个愿望。关于孩子的性别选择问题，虽然不是对所有人，但绝大多数人对此并没有充分的心理准备，尤其是那些从未生过小孩的年轻夫妇。不可能有人在研究人员问他们问题后的短短几分钟之内就能对这个问题做出决策，而且很少有夫妇会协调他们之间的分歧，或者是认真探究各自不同的偏好，为调查提供可能的数据。

美国家庭增加对避孕技术的采用可以被看作是有意的，所以有人就试图研究在选择是否继续怀孕时展现的性别偏好。这种想法很简单：如果那些已经有两个男孩或者两个女孩的家庭，比起那些已经有一男一女的家庭，一般更会生第三个小孩。那么，这就意味着：人们都希望自己的孩子中各有一个男孩和女孩。如果头两个孩子不满足这种要求，他们就会继续尝试。但是，统计数据并不能说明这种情况，因而就有了其他各种解释。一些研究认为：只有男孩的家庭和只有女孩的家庭是两种不同类型的家庭，而且很多父母都同意这一点。下面这种情况也有可能，即已经有两个女孩的家庭在决定要第三个小孩时，并不是想要男孩，而是因为他们觉得两个孩子也不算多，孩子们可以增添家庭生活的乐趣，所以他们想要第三个孩子；然而，已经有两个男孩的家庭会觉得自己的家庭过于喧闹，或者对自己的家庭环境较不满意，或者同样满意，或者认识到两个小孩已经足够多了。换句话说，可能男孩和女孩对于父母关系（比如离婚）的影响程度是不一样的，这对于是否要第三个小孩具有一定的统计影响。也就是说，如果我们确实在统计数据上观察到这些偏好，也不能确定所观察到的是对男孩还是对女孩的偏好。

更进一步，至少有两方面可以说明：当某一个选择变成现实时，父母的性别偏好或许会发生变化。在很多文化中，生男孩是有男性气概的象征，或者是神对这个家庭的恩赐；一个有些强制性的传统是父亲都想要男孩，而且当一个父亲宣布他生了一个男孩时，别人对他的恭贺听起来似乎发自心底。当一个家庭里的第三个小孩仍是女孩时，连她们的祖父都会觉得遗憾。一旦婴儿的性别只是表明了其母亲要么是吃了一颗蓝色的药丸，要么是吃了一颗粉红色的药丸，那么所有这些也就不存在了。一个坚持说他很高兴看到第二个孩子像第一个孩子一样是个女孩的父亲，不会被认为是在故作姿态。因为人们清楚地知道，如果他想要一个男孩，也能做得到。

但是，伴随这一选择的将是一系列社会学和人口学的问题。如果父母都可以自由选择后代的性别，那么他们后代的性别比例就会偏离传统的 50∶50。如果在一个地区或者社会阶层里，父母为孩子选择学校、婚姻和职业的性别比例与传统的比例发生了严重偏离，尤其是当政府利用某些计划来影响这种性别比例时，人们就不得不考虑作为所在群体中的多数派或少数派的好处和坏处。从目前来看，人们对于未来性别比例的计算更多的是一种预测。不过，这种预测对于大家来说是一种公平的猜测。如果一个小男孩告诉父母，他幼儿园班上有 2/3 是男孩，只有 1/3 是女孩，那么他的父母就会在决定再要男孩或者女孩之前对这个数字进行严肃的思考。

人们会为这个新技术带来的选择而高兴吗？我们只是多了一种选择而已？还是多了一种冲突的来源？或者是多了一种懊悔的理由？因为生活要面临太多的选择，而夫妇之间已经有太多容易发生冲突和争执的地方。

从人口统计学的角度来看，这种选择的影响主要是总体上的，比如总体性别比，或者是一个涉及社会生活和婚嫁迎娶等活动的特定年龄群体、社会经济群体和其他群体中的性别比。另外，这种性别的选择还会对家庭发生作用，尽管这种作用目前还很难评价。例如，如果选择的主要方向是追求一种平衡的性别结构，也就是在一个有两个孩子的家庭中，这两个孩子最好是一个男孩和一个女孩，那就会有很多的男孩没有兄弟，有很多的女孩没有姐妹；更多的男孩只有姐妹，更多的女孩只有兄弟。根据目前的技术，在有两个孩子的家庭中，有一半的男孩会有兄弟；而在追求性别平衡技术的引导下，男孩们不再有兄弟。

对于总体性别比，我们可以用一些简单的算术方法来考察在不同的选择之间究竟有什么不同。在对欧美的访谈和问卷调查中发现，一个偏好是至少在家庭中要有一个男孩。看起来，这像是一个还算温和的男性偏好。当然，如果家庭对女孩的偏好数量也是一个，那么实际上就不算是什么偏好了。在调查中，我们时常观察到家庭的一个假设性偏好是先要一个男孩。这两种选择可能反映了相同的偏好：如果你至少想要一个男孩，那么先生一个男孩就能极大地缓解这种对男孩的期盼。

要想感知一下这种计算，可以考虑一下如果每个家庭都想先要一个男孩的情况。最后的结果要看各个家庭是否在要了一个男孩后再随机生其他孩子，还是先生一个男孩，然后再生一个女孩以作平衡。当然，我们的计算还要看有多少家庭最后有一个孩子，多少个家庭有两个、三个或者四个孩子。假设每个家庭都先生了一个男孩，那么只有一个孩子的家庭的孩子性别都是男性；有两个孩子的家庭，其男性孩子占的比例可能是 $1/2$；有三个孩子的家庭，其男性孩子占的比例可能是 $2/3$；等等。考虑到美国家庭的规模，以多种方式出生的新生儿中的男性占 70%，女性占 30%。这一男女比例比 2∶1 还高。如果每个家庭在先要了一个男孩后，再轮流交替地生女孩和男孩，那么有偶数个成员的家庭将有同样多的男孩和女孩，有奇数个成员的家庭中男孩将比女孩多一个。新生儿中的男孩将占 60%，女孩将占 40%。在这样的人口结构中，每一个女孩会有一个兄弟；$3/5$ 的女孩没有姐妹；$1/3$ 的男孩没有兄弟。

假设每个家庭都想要至少一个男孩，但不去人为选择腹中婴儿的性别，而是随机生下孩子，直到生下最后一个孩子。如果他们还没有生出男孩，就用现代技术选择一个。除了少数事先只想要一个孩子的家庭外（这些家庭所占的比例远远比不上目前美国只有一个存活孩子的家庭比例21%），这种计划的影响很小；只有那些一直只生女孩的家庭不会受到影响，因为他们必须生一个男孩。不过，如果有些家庭在完成这个计划之前就已停止生育了，那么这种情况也不会发生。

性别比不平衡会造成什么样的后果呢？在所有的制度中，一夫一妻制是与这种不平衡联系最紧密的。不过，从此方面讲，这种不平衡已经存在。第一，在不同地域存在着不同程度的性别不平衡。在华盛顿地区，女性数量大量超过男性数量；在一些西部地区，尤其是夏威夷和阿拉斯加，男性数量又大大超过女性数量。第二，在美国，婚龄女性已经超过了婚龄男性，因为男性的初婚年龄趋向于比女性的大。随着新生婴儿每年按3%的增长率增长，比如在1956年之前的1/4世纪那样，3年的初婚年龄差距就意味着婚龄女性要更年轻一些，而且要比婚龄男性多10%。第三，在美国，女性比男性更长寿，而未婚的女性比未婚的男性要多得多。对于年龄在45岁以上的未婚者来说，未婚的女性与未婚的男性之比大约是4∶1。对于20岁出头的年轻男女来说，他们的期望寿命之差为6～7岁。所以，那些嫁给比自己年长3岁的男性的年轻女性们可以预计自己要比丈夫平均多活10年。显然，即使在出生时的男性和女性基本实现了数量平衡，在一些重要的年龄上仍会存在很大的不平衡。

如果出生婴儿的数量很不平衡，或者说出现周期性不平衡（发生在长期内能够平滑，但在连续的年龄组别内存在较大的循环性不平衡），那么政府应该采取什么样的措施呢？从"技术性政策"层面上看，处理这种问题并不比处理通货膨胀、失业、能源、出生率的变化以及退休人员与总工作人口之比的变动等问题更难。政府可以采取一系列的财政手段来稳定婴儿出生率（比如差别化的所得税减免措施，对不同性别的差别化服役条款，差别化的大学收费标准，以及一系列的针对不同性别的优惠奖励措施和以性别为基础的歧视性强制行为）。尽管这些不太容易出台的政策能够成功，但从目前政府试图稳定的一些经济指标来看，相关分析并没有多大不同。

但是，社会的甚至宪法上的含义都是非常深远的。试想一下，现在政府试图通过一项政策来实现新生儿的"目标"性别比。此时，总统候选人就必须辩论，让男性数量超过女性数量5%或者10%会不会更好，或者让女性数量超过男性数量的利弊所在。除了需要在政府的支出、收入和管制计划中融入一系列以性别为基础的奖励及惩罚措施外，对拥有多少"正确"数量的男女需要制定相应的政策。

已经有人指出，联邦政府推出的帮助穷人阶层的家庭计划有种族歧视的含义，甚至还有种族歧视的动机。设想一下，政府设立了明确的人口目标会有什么结果：总统会通过采取一些措施，使通胀率控制在4%以内，使失业率控制在5%以内，使多出生的男婴比率控制在6%以内。

所以说，不仅是父母们可能不愿意享受这项新技术带来的新选择，还有一些事情——天气情况可能算一个，婴儿的性别也算一个——无法更好地控制。设立的公正是随意的，但它可能比歧视要好。

选择其他特征

下面有没有你可能要选择的其他特征？

体型？

长寿？

种族认同？

左撇子或右撇子？

视力？

体育素质？

智商？

秃顶？

用来选择的技术可能因为这些特征的不同而不同。有一些特征跟连续变量相关联，比如长寿和体型；有些特征跟离散变量相关联，比如左撇子和秃顶；有些离散的选择，比如跟"病理学"相关的选择，可能需要经过检测才能得到某种特定的唯一特征；其他的选择可能涉及某个极端值或者平均值。有一些选择可能跟某个特定的染色体一一对应，而其他的选择可能与某条染色体有关但不是一一对应。例如，决定长相的基因肯定比决定长寿的基因更集中于染色体上。最后，两个或两个以上的特征可能由同样的染色体来决定，这使单独挑选这些特征比较困难。

选择后代的一些人口学后果

如果在连续几代人中，绝大多数的父母都希望自己的孩子比其他人都高大一些，那么我们最后将使后代变得非常高大。"我们"是指人类，而不是指20世纪的父母。如果世界将来需要更矮小的人，而不是更高大的人。即使父母对孩子的体型并不太关心，只希望孩子的个头不要属于最矮的10%，如果人人都这样做，那么人们的平均身高就会受到显著的影响。由于预期到别的父母会挑选更高大的孩子，所以每一对父母都会放弃原来的挑选孩子方式，以平衡将来的风险，避免使自己的孩子因父母这一代稍微低于平均数，而到了他们那一代就显著低于平均数。这种选择的结果就会使后代身高的增长像大家熟悉的通货膨胀现象一样。

选择后代在文化方面的一些后果

假设我们当中的大多数人并不在意自己的孩子是右撇子还是左撇子，但如果有机会选择，还是更希望自己的孩子不是左撇子，因为左撇子有时不太符合大众的习惯。如果能够很容易地选择成为右撇子，大家可能更希望将左撇子从一个很普遍的、无关紧要的特征——甚至还是某种值得自豪的特征——转变为一种较为少见的特征，以至于人们为了防止自己的后代成为具有某种少见特征的孩子，而会尽量避免这种选择。因此，由于大量并未协调过的个体行为，一个本来很普通的特征就变成了一种缺陷。

预测，还是猜测？

这一定是一个猜测性的话题。不论我们对于基因选择技术的发展情况是否明了，也不论这门技术将来能给我们提供多少选择染色体的机会，我们总会面临很多的不确定性：不是缺少用于猜测的元素，而是可供我们猜测的无用数据太多。根据这些数据，我们可以猜测别人的选择，可以猜测其他人对别人选择的猜测，以及从这些猜测中可能得出的动力。我们还可以用这些数据猜测人们对于个人选择的态度和职业意见，政府和宗教部门可能推行的政策，以及个人决策的方式。这种决策通常涉及父母或者其他更多的人。

我们要想辨认出在什么时候做哪些选择是极端危险的，做哪些选择是轻率的，就更困难了。我想，在前面罗列的一大堆特征中的最后一个特征"秃顶"，应该算是比较轻率的一种了。阅读广告页就可以了解，秃顶已成为一种"病症"，虽然并非完全如此。关于社会发展过程中一些探索性质的投机行为，比如为后代选择特征，如果我们关注其中某些并不是非常重要的选择,也许我们就能享有更大的选择自由。"秃顶"也许就是由社会文化所决定的一个"审美学"选择,它可以被用来作为"长相"或者"容貌"的代名词,它对在人群中的分布密度极为灵敏,并且还跟性别相互关联。它也许可以用来显示一个社会中的歧视和不公平是如何产生的。

与传统优生学的对比

秃顶还可以用来显示传统的优生学和未来对染色体的可能选择之间的惊人差别。差别是这样的:优生优育与畜牧业有点类似,但更偏重于父母的选择;我们现在讨论的是从父母那里选择特定的染色体。传统的优生学——在这里,我指的是大概在一代人之前提出过的用来"选择我们后代的基因"的任何可能措施——包括是否让一个人出生成为父母的决策。(这一点在畜牧业中是不一样的。在畜牧业中,我们可以有选择地消灭后代、使后代绝育或者是阻止其进一步繁殖。)因此,这种做法涉嫌干涉了一个人最重要的个人权利。现在讨论的对染色体的选择就显得较为人性化。对染色体的选择可以听天由命,也可以人为地由父母进行选择。父母一方的一个主要"特征"在第二次尝试时就会有50:50被筛选成功的可能。此外,如果精子能够被筛选,那个主要的特征就能从大量的精子中被挑选出来,而且对父亲没有任何影响,除非需要选择的特征影响了其他的特征,比如孩子的性别。在染色体中的那些可以追溯到上几代祖先的隐性特征,在这个选择过程中也可以用类似的方法去掉。对于严重的疾病而言,若能将父母从生出不好的孩子和不要孩子之间解放出来,可能是一件巨大的幸事,而且在某种情况下,这种可能已变成了现实。这个原则也适用于那些愚蠢的人。

目前,也许最大的约束条件就是,可能决定孩子性别的染色体还决定了孩子的其他特征。这是关于"基因在染色体内"集聚的一个很好例证。这也是关于性别选择的一种特殊的（尽管不是独一无二的）重要性所在。如果一对夫妇想要一个男孩或者女孩，那么他们就只能接受由决定性别的染色体所决定的其他特征。

一些动机性的或者人口学意义上的结构

为后代选择不同特征的动机和方法可能是多种多样的。有一些特征可能是人们要避免的，因为不管这些特征在社会上出现的频率如何，具有这些特征在社会中可能会留下比较痛苦、尴尬或者是令人恐惧的记忆。这些特征被认为是不健康的表现。

此外，一些特征由于比较少见或者代表了分布的极端值，所以被认为是危险的和不合时宜的。它们中的一部分（但不是全部）被认为是不合时宜的，主要因为社会对它们有偏见。（不过，一些比较少见的特征正是由于其稀缺性，甚至具备了较高的经济价值。）不过，在那些人们可以进行自由选择的特征和已经被外部环境决定的选择之间，还是有很明显区别的。前者是人们根据某种价值取向而做的选择，与他周围相关人口的常见特征和均值无关。人们所偏好的体型应该是有很多前提条件的。人们基本上都希望自己的体型比平均水平高一些，但如果每个人都这么想，那么我们就应该认真思考一下，是否有必要长到 6 英尺而不是 3 英尺。

然而，并不是所有的人类特征都是竞争性的：人们希望长到平均个头就够了，因为这样比较容易找到适合自己体型的衣服和裤子；不过，他们可能希望自己能比别人的体型更大些、更强壮些，也更高些，因为这样的话，在某些方面会有优势。在一个竞争性环境中，大家都希望自己能够拥有某些让别人处于劣势的特征，比如身高；与此相反，音乐天赋却不是这样的。一个有音乐天赋的孩子能够让身边的人产生愉悦的感觉，而不是让身边的人感到处于劣势。

但是，某些选择可能是遵从、融入或是认同，而不是简简单单的"适应"或者"超越"。例如，父母可能想让孩子的肤色跟大众基本一致，头发的颜色要跟别人不一样，个头比一般人要高一些，与自己所属的种族相像或者不相像，长寿但不必早熟早慧。

这些不同的偏好会形成非常不同的动态变化趋势。如果长寿不会牺牲其他方面有用的特征，那就是一个极有价值的特征，尤其是当它能够有效防止短寿时更是如此。父母为孩子进行的非自然选择的这个特征通过影响部分或整个人口的年龄分布，肯定会使人口的平均年龄上升。长寿配偶或伴侣的前景可能会让长寿看起来更有价值。

很难想象，如果能为孩子的面相或其他可以看得到的特征做出选择，情况会是什么样。个人的选择可能会使整个种族的特征发生融合，也可能会使整个种族的特征发生分化。

智商可以作为一种竞争性的特征。由于它本身比较有价值，所以在一个竞争性的社会里，智商可能会被认为是一种富有价值的特征。不论这种竞争是建立在对智商测度的基础上，还是建立在智商起很大作用的学校竞争的基础上，或者是一个人在竞争性职场上的成功程度的基础上。如果父母都相信，在对染色体进行人为选择下的基因组合比随机选择下的基因组合更能提高孩子的智商；如果父母都相信，在某些社会阶层中，人们都在利用这门技术，那么他们就有压力来进行基因选择。这不是因为他们对孩子的智商不满，而是想到要与新一代人看齐。

为谁而选择？

智商与长寿之间的有趣区别在于，智商在孩童时代就已体现，而长寿必须在成年以后才能体现。如果决定一个人长寿与否的染色体跟智商没有关系，那么选择的难度就在于父母要从无数的精子中挑选出智商和长寿的最佳组合，或者根据将来需要的智商和长寿程度将那些表现不佳的胚胎打掉。那些即将要生小孩的父母，主要考虑他们的婴儿成为小孩时的情况，而不是他们到老年的状态。

与此同时，这些父母并不是小孩子。一位父亲大概不会希望自己的孩子在上中学时就已经秃顶，若他的年龄已经足够大，他大概会考虑为正在扩大的家庭做一些财务安排，考虑自己的生活，并且在可能的情况下，他还会考虑为自己的事情做一些应有的安排，而不只是为孩子做选择。

拥有选择的后果

至少在两方面，选择染色体的能力不会被人利用。首先，在一些我们非常热衷的选择上，我们所做的一厢情愿的选择也许只会使事情在整体上变得更糟糕。我已经用孩子的体型举例说明了这个问题。也许对于个人来说，比别人高大一些会有一些好处，但从集体来看，人口平均身高的上升并不是什么好事。

有一些本来比较细微的缺陷，如果在社会中变得越来越少见，但没有完全消失，那么通过大众的"不受人欢迎的比赛"，就会变成一个不良的特征。尽管用一两个例子并不足以说明集体选择的社会学和人口学后果会大于收益，但也足以提醒我们，由外部条件决定的自愿选择并不一定能够带来什么好处。

第二个困难存在于家庭内部。例如，对孩子性别的选择问题。这是增加即将成为父母的夫妻之间以及他们与对方的父母之间意见不一致的来源之一。（如果选择孩子性别的技术并不是十分过硬，那么他们尽管能一起决定是生男孩好还是生女孩好，但最后要得到所偏好的孩子是有一定风险的。）那些已经有了一个男孩和一个女孩，但还想要第三个孩子的家庭，要冒的风险就更大。

长得比较瘦弱的男孩也许会想，如果当初不是他的母亲坚持要在他出生前把他的较强壮体型方面的基因换成音乐天赋方面的基因,那么他可能与其他男孩一样强壮,现在可能就不用上小提琴课了。如果父母对他说,"他"本来就是这种体型,他也不会满意这种回答,因为他可能是60多万亿个小男孩或小女孩中的一个。

【注释】

[1] 决定性别的染色体除外,因为它们会影响精子的大小、重量甚至是生命,并且通过离心机或者其他技术可以被分离出来。

第 7 章
曲棍球头盔、夏令时以及其他二元选择

布鲁因斯队的特迪·格林在打曲棍球时脑袋挨了一棍子。结果，《新闻周刊》（Newsweek，1969 年 10 月 6 日）马上就有评论：

> 出于某些缘故，队员们从来不主动戴头盔。芝加哥的球星博比·赫尔一语道破个中缘由："虚荣心。"但是，很多队员坦率地承认：戴上头盔打球，会降低他们的速度，使其处于不利地位，而有些人则是担心被对手嘲笑。只有在担心打球时会受到像特迪·格林那样的伤害，或者是有某种规则的约束时，大家才会带上头盔……有一个球员很好地总结了大家的意思："不带上头盔是愚蠢的，但我还是不想戴，因为其他人都没有戴。我知道这样做是非常愚蠢的，但绝大多数人都有这样的感觉。不过，如果联盟要求大家都戴上头盔，我想大家都会乖乖地戴上它，而且也没有什么好介意的。"

《新闻周刊》的这则评论还引用了唐·奥瑞的话："当我看到特迪的模样时，我当时的感觉糟透了……从现在开始，我一定要戴上头盔，我也不再去管别人说我什么。"但是，第 38 频道（波士顿）的观众知道，奥瑞实际上并没有这么做。

这一章要介绍二元选择的外部性问题。这些是要么这样要么那样的选择。"外部性"指的是你比较关注我的选择，或者我的选择会对你产生影响。也许你并不在意，但你必须知道：当我们相遇时，你应该从左边还是从右边走过去。你也许并不需要知道，但你也许会在意：不论我是否开车，你都会开车，不过你还是希望我能够不开车。[1]

要不要为属于你的那份买单就是一个例子，在打曲棍球时要不要戴头盔也是一个例子。与此类似，要不要把你的狗拴住，要不要在ERA选举中投赞成票，要不要继续待在某个社区或是搬走，要不要加入一个商品抵制活动，要不要在请愿书上签名，要不要打预防针，要不要携带枪支，要不要购买责任保险，要不要买一个拖车链，驾车时要不要开前灯，要不要骑车去上班，要不要修理自家房前的人行道，要不要使用夏令时，等等。问题不是要研究每个人做多少，而是有多少人做出这种选择或那种选择。

加入一个具有约束力的组织，或是不加入并随心所欲地做自己想做的事情，就是一个二元选择。如果我们考虑到一个组织可能施加的各种限制，那么我们就会有很多问题；但是，如果组织已经存在，它的规则已经固定下来了，那么加入还是不加入就是一个二元选择。而正式批准核条约或是确认最高法院法官的提名，则要涉及多个方面，除非这个条约或提名已经完成。在通常情况下，那仍是一个二元选择问题。[2]

在某些情况下，不同安排的结果也是不一样的。假设每个人都需要100瓦的灯泡照明才能进行阅读，而邻座的灯泡能够给自己提供相当于邻座灯泡一半亮度的照明，并且每个人头上都有一个60瓦的灯泡。这样的话，只要每个人的左边和右边都开着灯，他就能进行阅读。将一群人围成一圈，如果别人把他们的灯打开，每个人都会把自己的灯打开（如果有邻居不开灯，那么他也不会开灯）；将这群人排成一排，坐在两边的人不管怎样都没法阅读，于是只好关掉自己的灯，这样就造成他们的邻座也得不到足够的照明，于是也会关掉自己的灯。这一过程的最后结果就是大家都把自己的灯关掉了。在此，我们只讨论每个人的处境都完全一样的情况。不论他们做出什么样的决定，每个人最后的处境都完全依赖于身边的人。

知识和观察

如果人们根据别人的选择来决定自己的选择，那么他们能否发现别人在做什么就很重要。在下雪天，只要我环顾一下四周，就能知道有多少人用了雪地轮胎；不过，在出现紧急情况时，要想知道有多少路过的车上有拖车链，就显得有点困难了。我不可能知道周围的人有没有接种疫苗，除非我让他们一个个把袖子都卷上去；不过，我的私人医生只要看一下统计资料就能告诉我这个数据。我对学校里有多少人经常穿西装去教师餐厅进餐较有把握；但是，在某次非正式的聚会上，究竟有多少人会穿得比较正式、有多少人会穿得比较随意就很难知道，除非我决定亲自到场。

连续性的或者是重复性的双向选择，如果易于观察且没有转换成本，就可能准许我随时根据大众的行为来调整自己的决定。那些不容易改变的决定往往是在不清楚的状态下做出的。有一些决定（比如辞职抗议）是容易观察到的；有一些决定（比如上了膛的枪支或者是种痘留下的疤痕）有可能是明显的，也有可能是隐性的；有些决定（比如扔废弃物到一个公共水池里）既不容易看见，也不容易被发现。某项政策或规定能否得到有效执行，通常遇到的问题是能否监控个人的选择，或是仅监控总体或百分比。除非特别说明，我一般认为：人们能观察别人的行为，并会按照别人的选择来改变自己的行为；但我们应该记住，这是一种特殊情况，而且是一种比较容易处理的情况。

事实上，人们真正"看到并去适应"的，有时并不是选择的数量，而是选择的后果。对于考虑是否要反对由总统提名的最高法院法官人选的参议员而言，反对票的总数无疑是他们关注的焦点。而对于那些将车辆并排停放的车主来说，他们看重的是人多带来的安全感，而非具体有多少人；那些选择不为孩子接种疫苗的父母，更为关注其他人接种疫苗所能提供的安全保障程度，而不是数字本身。尽管他们也许更清楚有多少人接种，而不清楚有多少人不接种，同时这一风险有多大。数量本身和这些数量背后所隐含的后果（这是大多数人真正关心的，也是能够观察到的）之间的区别，在某些特定的情况下应该是很清楚的；但在这里，我通常假设人们更关心选择本身，而且能够对选择看得很清楚。

现在有一个包括 n 个人的群体，每个人都可以在"L"和"R"（"左边"和"右边"）之间做出选择：在一条水平线上，这对应着两个方向；在实际生活中，它表示人们选择在某条道路的左边或右边走；它还可以表示两个持不同政见的党派。对于任何一个人而言，选择"L"或者"R"所能得到的收益，要视究竟有多少人选择"左边"或者"右边"而定。

囚徒困境

对此问题的一个较好的入门级讨论是被称为"囚徒困境"的两人博弈模型。它分析了两个人之间的二元选择，具体描述如下：

（1）每个人都有一种无条件的偏好。不论对手做出的是什么选择，自己都偏好同一选择。

（2）每个人都有一种对对方行为的无条件偏好。这种对对方行为的偏好并不受自己所做选择的影响。

（3）两个人的偏好方向是相反的。每个人偏好的选择都不是他希望对手偏好的选择。

（4）两个人偏好的强度说明，如果两个人都能做出那个他们不情愿做出的选择，而不是两个人都偏好的选择，他们的福利会增加。

图 7-1 给出了一个描述性矩阵。一个人 R（代表"行"），他所做的选择可以用图中的上下行来表示；另一个人 C（代表"列"），他所做的选择可以用图中的左右列来表示。在每个方格中，左下角的数字代表 R 的收益，右上角的数字代表 C 的收益。不论 C 的选择是什么，R 都偏好下一行的选择；不论 R 的选择是什么，C 都偏好右列的选择。如果是这种选择方式，那么最后两个人的收益都为零。如果两个人都选择自己"不偏好"的选择，那么最后的结果就是左上角的那个方格，每个人的收益都为 1；如果两个人都转换到他们偏好的行或列，每个人都可以多得 1 单位收益，但会给对方造成 2 单位损失。

	C（选择列）	
R（选择行）	1 1	2 −1
	−1 2	0 0

图 7-1

注：在每个方格中，左下角的数字代表 R 的收益（选择行），而右上角的数字代表 C 的收益（选择列）。

这种情况很容易描述。但是，当我们考察多人模型时，这个情况就变得模糊起来。如果只有两个人，那么"其他人"指的就是"其他所有人"；如果人数超过两个，其间就存在很多可能性。我们必须用一种比较清楚的定义来反映囚徒困境博弈，然后看看我们能否给予它一个合适的名称。

概念的扩展

这里有两个重要的概念问题：（1）一个人的收益总是很好，是否因为越来越多的其他人选择了不偏好选择？（2）无论其他人做出何种选择，个人的偏好是否总会保持不变？

为了进行定义，我们暂时对以上两个问题给予肯定的回答，同时假设在这个问题中起作用的只是人数（即不存在个体特性），并且所有人的收益排序都是一样的。我们可以对一个标准的多人囚徒困境（简称"MPD"）做出如下描述：

（1）有 n 个人，每个人都有相同的二元选择和相同的收益。

（2）无论别人如何选择，每个人都有一个偏好选择，并且这个选择也是其他人偏好的。

（3）无论一个人做出的选择是什么，选择了不偏好选择的人越多，他就越能获得效用改进。

（4）对于某个比 1 大的数字 k，如果不少于 k 个人选择了不偏好选择，而其他人选择了偏好选择，那么选择了不偏好选择的人将比他们都选择偏好选择时获得的效用更大；但是，如果少于 k 个人选择了不偏好选择，那么这个结论不成立。

将以上 4 点作为囚徒困境概念的合理扩展，我称之为 MPD 模型。我们可以立即发现：k 是一个重要参数，它表示任何能通过放弃偏好选择而获得收益的联盟的最小规模。这个最小的有组织的联盟能给加入其中的人带来好处（尽管它可能会给没有参加联盟的人带来更大的利益）。不过，他们很厌恶那些"搭便车者"。

在一条从 0 到 n 的横轴上，我们可以画出两条收益曲线。（为了方便，我将 n 个人转换为 $n+1$ 个人。这样，对任何一个人来说，n 表示他人的数量。）一条曲线表示偏好选择，这条曲线被认为左起于 O 点，并向右逐渐升高，可能渐趋平缓，但不会下降。在这条曲线下方，我们画出了不偏好选择曲线，这条曲线起于 O 点之下，逐渐升高，与横轴相交于某一点，记作 k。我们用 L（"左"）来表示人们的偏好选择，用 R（"右"）表示人们的不偏好选择。选择"右"的人数用横轴上任意一点与左端点之间的距离来表示。当横轴上的值为 $n/3$ 时，即该点位于从左到右的 1/3 处时，这两条曲线表示对于某人来说，当其他人有 1/3 选择

R、2/3 选择 L 时，他选择 L 或 R 时可获得的价值。

图 7-2 给出了符合这一定义的几条曲线。对这些曲线的唯一限制是每幅图中两条曲线的四个端点都像显示的那样与纵轴相交，并且每条曲线都向右逐渐升高，彼此互不交叉。将图 7-2 中的每一幅图与现实情况对应起来是一个很好的练习，我把这个任务留给读者。其中，在图 A 中选择 R 的劣势是一直存在的；在图 B 中选择 R 的成本随着选择 R 的人数增加而增加，选择 L 会比选择 R 获得更多的外部性收益。

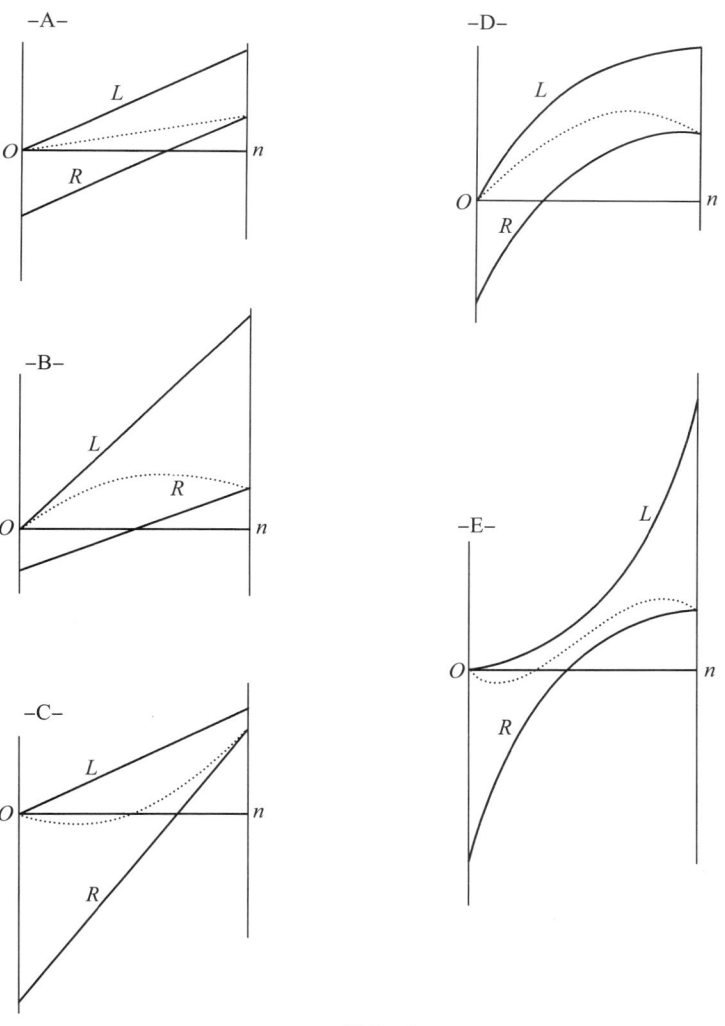

图 7-2

对于不同个人来说，选择 R 和选择 L 所带来的"价值"增加也许有共同的度量尺度，也许没有。对于气味、噪音以及其他外界刺激所产生的反应并不能在人群中进行累加。即使有共同的度量尺度（比如生病的频率、排队等候的时间、电话中的忙音），如果不加选择地进行加总，其结果可能也是毫无意义的。即使不假设我的时间与你的时间具有同样的价值，但研究我们的时间损耗总量也是有意义的。在通常情况下，如果对于不同个人的权重与他们对 L 和 R 的可能选择之间不存在所期望的相关关系，一个简单的总数就可用来代表某种适当的加权和。图 7-2 中的虚线表示选择 R 和选择 L 的人所得到的总价值（或称平均价值）。在虚线的左端，每个人都选择 L，总价值（或平均价值）与曲线 L 重合。在虚线的右端，总价值与曲线 R 重合。在横轴的中点上，总价值正好位于曲线 L 与曲线 R 之间距离的中点上，而在 1/3 和 2/3 的分界点上，总价值正好是从曲线 L 到曲线 R 之间距离的 1/3 和 2/3 的分界点。

重要参数

在对 MPD 进行描述的过程中，一个重要的参数是 k，即可行性联盟的最小规模。在此，"可行"指的是在二选一的决策基础上，假设不再有其他合作者，若某个合作者群体的人数达到 k，就一定能从选择 R 的策略中获益。这是能够获益的最小规模组合。显然，要描述任意一种 MPD 的情形，我们需要不止一个参数。图 7-2 表明，即使 k 是固定的，各种 MPD 的情形也是存在差异的。然而，现在暂时假设 k 不变，我们可能会问是否要集中考虑 k/n，或者说 $n-k$ 等。

如果 n 是固定的，这些情形都是一样的。但是，n 在不同情形下各不相同，所以 k、k/n 以及 $n-k$ 是不是控制参数不是一个定义问题，它取决于我们讨论的是哪种情形。

如果 k 是遵守国际捕鲸配给量的捕鲸船数量，那么关键的参数可能

不是 k，而是 $n-k$。如果不受限制的捕鲸人数足够多，那么就没有人能够通过限制自身的捕鲸行为而获得利益。如果收费公路上的汽车使用弹性是无限的，那么无论我们如何限制自己的驾驶行为，也无法缓解公路拥堵问题。

此外，如果捕鲸者需要一个灯塔，并且现在的问题是如何对灯塔的成本进行补偿，那么捕鲸者就只需建立一个足够大的联盟，然后在这个联盟中细分建造灯塔的成本，使灯塔为他们带来的收益超过他们的成本。如果灯塔对每艘船的价值与获得多少收益无关，那么排序为 k 或其后的捕鲸者的成本与收益就能持平，或通过分摊成本来增加收益，而不管有多少船只没有对使用灯塔付费。

如果起作用的变量是比例（比如装载紧急设备的船只），k 将与 n 同比例变化。因此，我们得到标准 MPD 的第二个重要特征：k 与 n 之间的关系。

第三个重要参数是在 L 和 R 两种选择之间的价值差别是什么。随着联盟规模的变化，选择 L（即不参加联盟）的积极性是会增加还是会减少？如果进入捕鲸行业是受到限制的，而我已经在这个行业之中，那么你们对捕鲸限制得越多，我退出这个自我限制联盟后能捕到的鲸鱼就越多。从另一个角度来说，如果参加这个联盟只需要分摊建造灯塔的成本，那么加入该联盟的人越多，分摊的份额就越少。

我们可以根据选择 R 的人数变化所带来的两条曲线之间垂直距离的变化来计算这个成本。在图 7-2 中，有的曲线之间的距离向右逐渐扩大，表示差异在扩大，而有的曲线之间的距离逐渐减少，表示差异在缩小。

如果将这些收益的价值作为增加值，我们可以得到第四个重要的参数，也就是使总价值最大化的选择 R 的人数（在图 7-2 中，由虚线的最高点表示）。如果定量配给制过于严格，那么有些人会选择 L，即有些人不参加有限制性的组织，则捕鲸者就可以捕到更多鲸鱼，或者获得更多收益。接种天花疫苗的最优人数通常要比总人口数少，因为疾病传染的风险与免疫人数成比例，而在流行病学上，接种疫苗的收益在达到百分之百以前就开始逐渐减少了。

在有些情况下，如果对联盟的条款进行适当界定，集体最优只有在所有人都选择 R 时才可能出现。如果设定每人每个季节只能猎取一头鹿，那么护林员将不得不全体出动去寻找那些过度捕鹿的人，这种规定是很愚蠢的。设定限制是有道理的，只有猎鹿者都遵守规则，才能获得最佳收益，那么就无须依靠某些"搭便车者"来捕杀鹿群。然而，有时并不能如此安排，比如我们很难设计出一个机制，使每人每个季节都能猎获 4/3 头鹿。

接下来，利益冲突出现了。考虑一下疫苗接种问题：如果最优的接种率是人口的 90%，并且每个人不可能只接受 9/10 的疫苗接种，那么必须有一个体制来决定谁接种疫苗谁不接种疫苗。（事实上，人们确实可以"部分"接种，只需要在免疫力下降后拉长再接种的间隔时间就行。）在高速公路问题和猎鹿者问题上，人们可以寻求必要的数量调整，以使产生的最佳利益让全体成员都满意，尽管为了维持一定的比例，有时不得不准许人们每 3 年猎取 4 头鹿。

自 1949 年以来，美国还没有出现一例天花病例，并且人们也相信这种疾病目前已在全世界被消灭了。迄今为止，接种天花疫苗所带来的并发症只造成了一例意外死亡，大约 1 000 个人里有一个人会出现轻微的过敏反应。美国公共卫生局也不再推荐对年轻人进行常规的天花疫苗接种。因为免疫力在逐渐下降，许多曾经接种过天花疫苗的成年人可能现在已不再具有免疫力了。

假设美国公共卫生署宣称：考虑到疾病及其蔓延，以及接种疫苗的风险，美国最佳的疫苗接种人数是总人口的 2/3。你会选择让孩子接种吗？（假设它还提到，如果总人口的 2/3 接种了疫苗，对于全国来说，那就是最优选择；然而，对于个人来说，不接种疫苗是最好的选择。）

如果集体最优发生在 k 的左边,那么可能会有更多冲突发生。除非我们能够解决分配的问题,否则集体最优就必然会给选择 R 的人带来净损失,而不是少获得利益的问题。如果选择权是自愿的、全部接受或全部拒绝的、非补偿的,那么任何一个可行的联盟都会陷入大而无效的情形。

值得注意的是,一个联盟(即使是一个非自愿的联合体)可以仅凭它的存在而改变收益。在最近的一篇研究高等学校舞会的文章中,作者描述了当她做出要求穿燕尾服的决定时一些男生的行为反应:这些男生不愿意到外面去借燕尾服,但赞成穿燕尾服的主意,因为"对许多人来说,这可能是他们盛装打扮参加舞会的唯一机会"。记得博比·赫尔对头盔厌恶的诊断是:虚荣。人们自愿戴上头盔可能被视为一种软弱的行为,但如果一个棒球运动员戴上棒球头盔,没有人会认为他是个懦夫,因为他不戴头盔的话,棒球联合会不让他参加比赛。人们不仅会经常性地戴摩托车头盔,而且在要求佩戴的州里,他们可能会更乐意戴头盔。本章再次假设,收益仅取决于选择本身,而不取决于选择产生的方式,但读者必须对其他的可能性有清醒的认识。

我用"联盟"这个词来表示被引诱选择 R 的那些人。他们做这种选择可能是因为某个协定,或者是受到他人的强迫,或者是因为他们相信自己的选择可以使别人也做出同样的选择(如果他们不做,别人也不会做这种选择),或者是他们恪守一项做人准则的结果。

但是,"联盟"通常有一个制度性的定义。它表示在这个特定的二元选择中,拥有足够规范的组织结构的一个群众子集能为其成员,或部分成员,或者在一定情况下的所有成员形成一个集体决策。他们可以是某个协会中的成员,如贸易联合会、教工会、枪支俱乐部或老兵组织,他们在政治活动中作为一个集体进行投票,遵守一定的规则,共同捐献,或者加入更大的组织。团体行动有以下两种方式:要么对成员的个人选择做出限制,要么由团体代表他们做出集体选择。

一些不同的结构

迄今为止，我们只研究了 MPD。我们还必须研究其他几种情况：曲线相互交叉，并在交点、端点上达到均衡；或者两条曲线向相反的方向倾斜。我们必须研究下述两种情况：一种情况是人们想与别人做同样的事情，另一种情况是人们尽量回避与别人做同样的事情。

但是，我们需要清楚地知道：为什么囚徒困境会受到如此多的关注？它的独特之处就在于，它能生成一个无效均衡：给定他人的行为，每个人都会选择对自己最有利的策略；然而，如果每个人都做出相反的选择，所有人都能获得效用改进。这就要求社会组织做出努力，寻找一些能形成集体决策的方法，或者能达成某种可执行的协议，或者重塑人们的行为动机，以使人们放弃原本可以选择的行为，转而做出相反的选择。

然而，当人数比较多时，囚徒困境所体现的无效均衡就不是那么明显了。我们可以画出一些关于选择 R 和选择 L 的人数的曲线，以找到无效均衡。这些曲线不具有 MPD 的形状、斜率和端点特征。

因此，我们也许应该确定一个一般性问题，这个问题不是囚徒困境中的无效均衡，而是指所有的此类情况：在这些情况下，通过非一致性选择和非限制性选择所能达到的均衡都是无效的；也就是说，通过协调的、限制的、组织的、管制的或集中的决策，能够使每个人获得效用改进，或者使某些集体的总利益扩大的所有情况。

在这些情况下，我们应该区分以下两种选择：（1）在自我约束条件下已经形成的占优选择——在这种情况下，人们更偏好两种完全不同的均衡中的一种，但可能会陷入他们并不偏好的那种均衡。（2）通过强制要求、可执行的协定、集中化决策，或者其他一些使每个人的决策都建立在他人决策基础之上的办法而形成的占优选择。MPD 是要求执行非均衡选择行为的多种情况中的一种特殊情况，尽管它不是非常特殊。

我们必须清醒地认识到：对处于 MPD 或类似情况下的人，组织人们进行有限制的选择是他们的问题，而不是我们要做的。"他们"可以是一群坚守沉默原则的诈骗犯，也可以是一群组织抵制运动的偏执狂，还可以是组织市场垄断的密谋者，或者是策划秘密会议的政治反对派。

交叉曲线

为了使 MPD 适合这种更大的类别划分，让我们来看 MPD 中的选择曲线为直线的情况——以图 7-2 中的 B 图为例——如图 7-3 那样，将曲线 R 上移。曲线 R 穿过了原本位于上方的曲线 L，曲线 L 不再是无条件的最优选择曲线。在图形的左部，仅有少数人选择 R，R 是偏好选择。如果我们进行了任意一种有序的调整，就能在两条曲线的交叉点处得到一个稳定均衡。[3] 如果多于这个数目的人选择 R，L 就会成为更好的选择，人们就会放弃选择 R 而选择 L，直到这两种选择的价值相等。选择 R 的人越少，R 的吸引力就越大，人们就会放弃选择 L 而选择 R，直到 R 的优势消失为止。

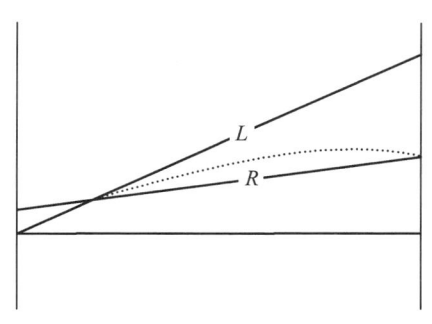

图 7-3

这个均衡点不可能是集体最优点。如果有些原本选择 L 的人选择了 R，那么所有人都会从中获益。选择 R 的人数沿着曲线 R 上升；所有放弃选择 L 而选择 R 的人都将在曲线 R 上达到一个比他们原本所处的"均衡点"更高的点。(集体最优点可以在右端点之外的任何一点发生。)

那么,这种情况与MPD有什么不同?对所有人来说,这两者提供的均衡点都劣于当更多人选择R时的价值。

MPD与这种情况的区别为:在MPD的均衡点上,没有人选择R;在交叉曲线的情况下,这两条曲线都向右上方倾斜,有人会选择R。但是,两者之间的这种区别并不是很明显。在这两种情况下,均衡都是无效的:如果更多的人选择R而不是集中在均衡点附近,那么所有人都能获得更大的利益。在这两种情况下,集体最优并不需要所有人都选择R。

(没必要让所有人的汽车后备箱里都备有拖车链。每两辆车有一根拖车链就行了,两根拖车链并不比一根拖车链更好。表示"有拖车链"的曲线R应该是接近水平的;表示"没有拖车链"的曲线L的起点基本上位于曲线R的下方,逐渐弯曲并且穿过曲线R,渐趋右端点并变得与曲线R平行,两条曲线之间的垂直距离相当于拖车链的成本。如果人们能够观察到汽车拖车链的使用频率并做出相应反应,那么这两条曲线的交点就是一个均衡点。因为"有拖车链"的曲线是水平的,所以均衡点正好相当于每个人都购买并准备了一根拖车链,但并不占优;集体占优点必须具备更大的拖车链使用频率,但不是百分之百。因为存在曲率,所以处在均衡点之下的拖车链数量所造成的不足对于选择L的人来说是非常严重的。)

在图7-3的右边,L受偏好(此时,大多数人都选择了R),而在图7-3的左边,R受偏好(此时,大多数人都选择了L)。如果保持两条曲线都向右倾斜且相交,我们可以将两条曲线相互交换:这样,在右边的R受偏好,在左边的L受偏好。这就是图7-4描述的情况。这里有两个均衡点:一是全部人都选择R;二是全部人都选择L。右边的均衡点由于存在外部性,因而是更好的均衡点。但是,如果每个人都选择左边的均衡点,那么没人有理由选择另一个均衡点,除非选择这个点的人足够多。

在图7-4中,L可用来表示带了武器,而R可用来表示没有带武器。如果其他人都带了武器,那么我也会带武器;如果其他人都没带武器,那我也不会带武器。(这些可以用来表示核武器及"单个国家"吗?)武器是否可见有两个影响。如果 L 和 R 与图 7-4 中表示的一样,个人所带的武器被隐藏起来,或者说核武器仍处于秘密阶段,你就不知道自己位于曲线的哪个点上——无论你面临的曲线是哪一条。更可能的影响是,武器是否可见将会改变收益——携带武器的风险和收益通常取决于携带的武器能否被明显看出来。(即使武器本身不被禁止,但某些可靠的武器检查措施也会起一定作用。)

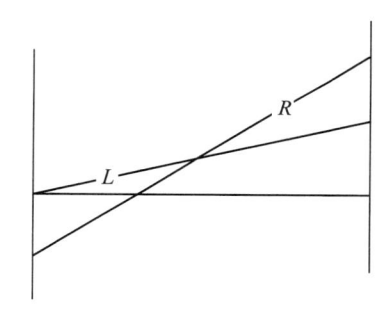

图 7-4

有条件的外部性

将曲线 R 按顺时针方向旋转,直到如图 7-5 那样向下倾斜,并与曲线 L 相交。外部性并不是一致的:选择 R 会使那些位于左边的人获益,而选择 L 会使那些位于右边的人获益。然而,我们仍有一个均衡点。此外,如果选择的收益是某种可以用相同尺度衡量的产品,那么这个均衡点仍不是集体最优点。

这里有点差别。如果集体最优点位于交叉点的右边,那么在这个点上必然有些人(即那些选择 R 的人)不如在均衡点上的收益高,除非对他们进行补偿,或者人们轮流做出牺牲。这样就会形成一个特殊的组织问题。

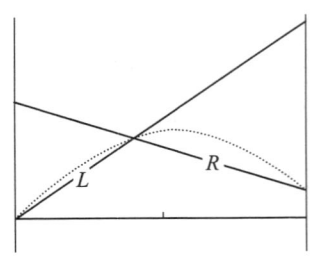

图 7-5

图 7-5 可以使我们思考信息在这个问题中所扮演的角色。为了使问题更具体化，假设在公路突发事件中有两条线路，而司机们对这两条线路都不熟悉。如果司机们在毫不知情的情况下，对这两条线路进行随机选择，那么其结果将会类似于 50∶50 的分配。在图 7-5 中，这个分配点位于两条曲线交点的右边。选择 R 的司机一旦知道情况后，就会后悔没有选择 L，但这个结果却比均衡分配下所能得到的结果在整体上更优，而且作为一场"公平竞争"的选择，所有司机都会认为这个结果比交叉点上的结果要好。有鉴于此，在直升机上观察到这一结果的交通指导员也不应干涉。如果他加以干涉，就要冒着使本来畅通的线路变得拥挤，并使两条线路都失去吸引力的风险。（如果我们将曲线 R 画成水平形状，那么这个结果将会更明显。）如果直升机交通指导员告诉那些在较拥挤线路上的司机另一条较不拥挤线路的情况，是否会改变整体状况呢？

下面用曲线 R 表示暴风雪后待在家里的人，用曲线 L 表示驾车出门的人——也是两种选择。收音机里的播音员告诫人们都待在家里不要出门。许多人都乖乖地待在家里了，而驾车出门的人却欣喜地发现马路居然如此空旷畅通；如果别人也知道了这一情况，他们一定都会驾车出门。如果所有人都驾车出门，他们将位于曲线 L 较低的左端点上。夸大其词的告诫往往比"真实"的告诫（例如，一个自我肯定的告诫）更能阻止出行的人数，从而导致一个近似于最优的结果，除非人们已经知道这一告诫的程度需要打折扣（或者事先已达成服务协定，人们可以随时获知有关道路情况的信息,这样他们就会自发靠近两条曲线的交叉点)。

接下来,在保持曲线 R 向右下方倾斜的条件下,将曲线 R 下移到曲线 L 的下方(见图 7-6)。这样,当所有人都选择 L 时也会出现一个均衡点。选择 R 可以使选择 L 的人获益,而选择 L 可以使选择 R 的人获益。这种情况与 MPD 不同,因为即使没有补偿措施,没有 R 选择者的联盟也能成为一个可行集合。同样,曲线 L 上的均衡是无效的。如图 7-6 所示,如果曲线 R 的左端低于曲线 L 不太多,只要有一些人选择 R,就有可能产生集体最优。然而,要引导人们选择 R,从而使集体最优,我们仍然面临着一个组织的问题。

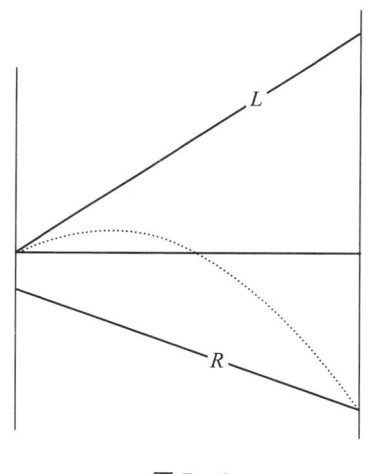

图 7-6

公　地

对上面这种情况有一种常见的解释,就是"公地"。假设有两个公共牧场,每个人都可以在这两个牧场上自由放牧牲畜。同样,还有两条公路,任何人都可以在公路上自由驾驶。任何一个在公路 2 上驾驶的人都会使在公路 1 上驾驶的人获益,因为他的行为减少了公路 1 上的堵塞程度，而增加了公路 2 上的堵塞程度。任何一个在公共牧场 2 上放牧牲畜的人都增加了公共牧场 2 上的牲畜数量，而减少了公共牧场 1 上的牲畜数量。任何有关两个可替换位置上的堵塞问题都可以用两条向不同方向倾斜的曲线来表示。

双重均衡

让我们回到直线情况下的双重均衡。

在此，有两种情况：（1）两条曲线的斜率可以完全相反，曲线 R 向右上方倾斜，而曲线 L 向左上方倾斜，这样的外部性是有条件的，并且是"自利性"的——即 R 选择支持 R 选择，L 选择支持 L 选择。（2）两条曲线都向右上方倾斜，曲线 R 比曲线 L 更陡。（当然，它们也可以都向左上方倾斜，但这是同样的道理，只要把曲线 R 和曲线 L 调换一下就行。）无论是哪一种情况，都有两个均衡点，而且每个均衡点都在曲线端点上。组织的问题就是要达到最优的均衡点。如果两条曲线的倾斜方向相同，那么哪个均衡点是最优均衡点就不言而喻了；但是，如果它们的倾斜方向相反，那么这两个均衡点都可能是最优均衡点。

在任何一种有两个均衡点的情况下，问题是（如果确实存在这个问题）要如何得到一个共同选择，或者改变足够多的人的选择，以实现最优均衡。也许并不需要强制、约束或者集中化的决策，也许只需要在开始就让人们做出正确的选择就可以了。如果这种选择是一次性的，只需要使每个人相信其他人都会做出正确的选择就足够了，而人们的这种预期仅通过信息沟通就可以形成。因为人们一旦形成了一致性的认识，他们就没理由不做出正确的选择。

如果已形成了无效的 L 均衡，那么每个人都不愿意选择 R，除非他们认为其他人都会选择 R。这种情况需要做出某些有组织的调整，比如规定单行道以及靠左或靠右行驶等。人们可能会陷入无效均衡之中，每个人都等待他人改变行为，没人愿意做第一个尝试改变的人，除非他有信心使其他人也随之改变行为，从而使他的尝试不至于落空。

现在注意一下两条曲线都向右上方倾斜与它们斜率变化趋势相反这两种情况之间存在的小差别。在前一种情况下，尽管联盟本身是可行的，但不足以吸引其他人选择 R 并使其可行。图 7-7 说明了这种情况。如果每个人都选择 L，那么就会存在一定人数，姑且再称之为 k，能够通过选择 R 获得更大收益。即使他们的人数非常少，从而无法使 R 成为受所有人偏好的选择。这个临界数字点出现在曲线 R 达到曲线 L 左端点的高度时，这与 MPD 情况下一样。如果选择 R 的联盟人数超过了这个数字，那么这个联盟就是可行的；如果联盟人数达到了与两条曲线的交点所决定的更多人数，它就足以吸引其他人都改变他们的选择。但是，如果这个联盟太小，以至于无法达到改变他人选择的目的，它仍是有作用的。即使是在具有两个均衡的情况下，也含有 MPD 性质的内容：存在某种联盟，当它选择 R 时能获得效用改进，而其他人也同时获得了效用改进。联盟中的任何人选择 L 都能获得效用改进。这种情况的不同之处在于，存在一个更大的联盟，能够诱导其他人改变他们的行为选择。因为当这个联盟足够大时，它可以使 R 成为一个受偏好选择。

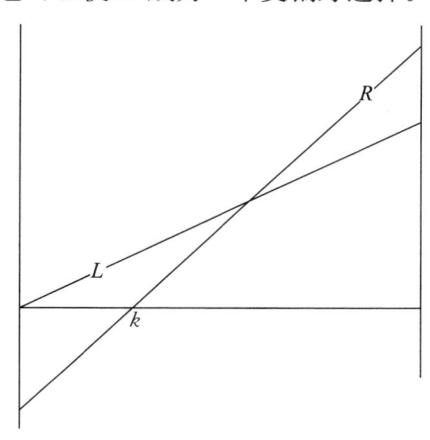

图 7-7

作为不完整双重均衡的 MPD

MPD 与双重均衡之间的区别实际上和人口规模上的区别差别不大。在图 7-8 中,当人口数量为 x 时,有两个均衡点。如果 k 与人口数量无关,将人口数量减少到 y,出现的情况就是 MPD。将人口数量继续减少到 z,MPD 就会消失。MPD 只不过是一个"不完整的双重均衡",因为人口不够多,所以无法超过峰值。(同样,双重均衡只不过是一个"扩展的 MPD",因为前者比后者增加了足够多的人数,从而使该联盟得以维持下去。)

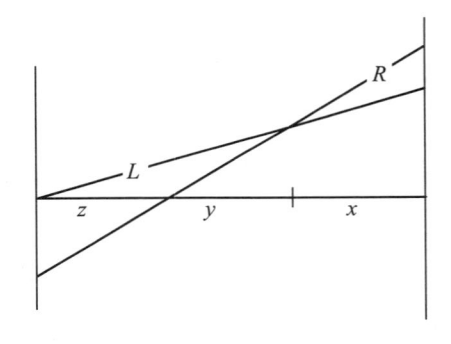

图 7-8

曲线弯曲度

我们能给出无数种 L-R 曲线,但无法保证现实中确实存在一对这样的选择,对应着某一对具有启发意义或构造意义的曲线。直线的情况略微有些不明确,它通常用来作为整个单调曲线集合的代表。但是,直线的简单性却会带来一定的偏差;直线只相交一次;除了端点之外,它们也没有最大值和最小值。一些具有弯曲度的曲线可能会改变外部性应该具有不变边际作用的假设。

一致性

一类有趣的情况是两条曲线都呈现 U 形，如图 7-9 所示的三种不同情况。

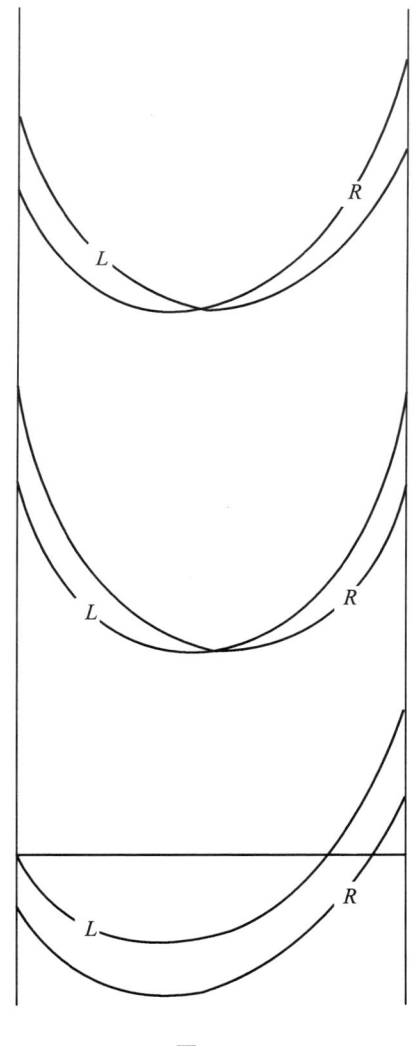

图 7-9

它们的一个基本关系是"一致性"：对于任何人来说，无论他的选择是什么，其他人的一致性选择都要比混合选择好。

在图 7-9 最上面的那种情况中，如果有足够多的人选择 R，R 就是这个人愿意采取的偏好选择；如果有足够多的人选择 L，L 就是这个人愿意采取的偏好选择。这里存在两个均衡，一个均衡是占优均衡，而且这两个均衡都要比在一个很大范围内的其他中间分配好得多。夏令时可能是一个能说明这个问题的例子。假设现在是夏天，用 R 表示执行夏令时。如果每个人都执行夏令时，那是最好的。如果每个人都执行标准时间，事情也不差。但是，如果人们在安排工作、工作进度表、节目时间和晚餐时间时采取了不同的标准，那么事情就会很糟糕。此外，与靠右行驶、实行米制计量制度这样的问题不同，对个人来说最糟糕的问题还不是不能与其他人保持一致，而是使所有人都不能彼此保持一致。假设我目前处于夏令时的时间内，如果全世界有一半人都在执行夏令时，而我却不知道究竟是哪些人在执行夏令时，我还是能以标准时间更好地驾驭我的生活。一个旅游者在旅游过程中如果跨越了时区，他会将腕表上的时间仍保持在"家乡本地时间"上，这样也能处理好各种情况，除非他要与其他一些也没有调整时间的旅游者打交道。

图 7-9 中间的那种情况与最上面的情况基本相似。但在这种情况下，每个人都希望自己属于少数派，同时希望其他人保持一致。如果要找到一个与夏令时相对应的例子，也很容易，前面谈到的当四天工作制被普遍推行时，是选择周一还是周五作为第三个休息日的问题，就是这样的例子。为了避免拥挤的人群，如果别人都选择在周一驾车出城或去打高尔夫球，那么我愿意选择周五休息。（或者，如果我是个杂货店老板，那么我愿意在别的店都关门的那天营业。）同时，在组织一场高尔夫球赛，或者与朋友们去海滩度假，或者仅仅知道哪家商店在营业，以及谁还在上班等这些问题上，其他人做出的一致性选择是一个有利条件。总的来说，如果一个人不能得到独一无二的待遇，他最好还是与其他人保持一致。在任何情况下，如果达到了均衡，那也是一个不能令人满意的均衡。

越是想要与别人不同，结果就越是对每个人都不利。

图 7-9 最下面的那种情况表示了一种单一均衡情况。这种均衡是一个比较令人满意的结果，但不是一个完全令人满意的均衡。（这个图形本可以将 L 的端点画得比 R 的再高一些，并给出一个有效结果。为了说明问题，我没有这样画。）L 表示十进制计量系统，R 表示十二进制计量系统。每一种计量系统单独来看都运行得很好，但如果一半人使用某种计量系统，而另一半人使用另一种计量系统，结果就会混乱。此外，改变一种计量系统是一件非常困难的事情，但为子孙后代着想，我希望大家都能改变。然而，在有生之年，我宁愿固守自己的那一套，即使它已经落后于时代了。正如在 MPD 中那样，我可能只愿意在与别人达成协议时才接受十二进制这种系统。如果我们只比较这两条曲线的端点，而忽略掉它们的中间部分，那是不是就成了 MPD 了？

互补性

现在把曲线颠倒过来，如图 7-10 所示。图中同样有三种情况。除了前面所讲的一致性之外，这里还存在互补性。如果人们能在两种选择之间进行分配，那么情况就会好得多。然而，尽管每个人都希望万事万物的选择都能混合起来，但他希望自己的选择有时属于多数派，有时属于少数派，有时使自己的偏好不受任何影响。

有关互补性的一个明显二元划分的例子就是关于性别的问题。让我们顺着第 6 章的思路来推测一下孩子的性别可以事先选择的情况。这个选择并不是二元的，因为大多数父母都不止有一个孩子，他们可以对每个家庭的规模选择一些不同的整数组合。但是，这一分析仅具有参考价值，所以我们可以设想一个家庭决定要男孩还是要女孩。

显然，大多数家庭都希望人口是男女混合的，并且男孩和女孩各占一半。然而，一对夫妇有可能偏好下面三种不同选择中的一种。

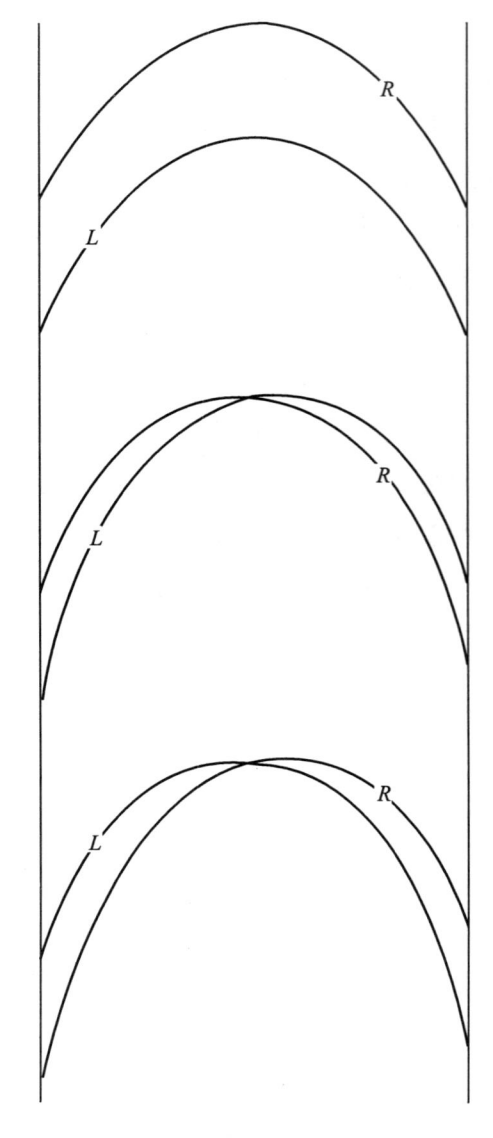

图 7-10

第一种情况，人们可能有一个一致性的偏好，比如无论人口中的性别比例是多少，所有人都想要一个女孩，或者所有人都想要一个男孩；同时，他们也强烈希望总人口的性别比例是 50∶50。第二种情况，每个人都可能想要一个较稀缺性别的孩子。因为将来无论是恋爱、婚姻甚至是再婚，较稀缺性别的孩子都有优势。第三种情况，占优的性别可能具有一个超过"稀缺价值"的优势，而父母在选择生育一个多数派性别的孩子时，可能会不喜欢这种男性或女性的人数优势。

在第一种情况下，存在一个满意均衡。在第二种情况下，存在两个不满意均衡。在第三种情况下，存在一个单一的不满意均衡。

在最上面的那个不满意均衡情况下，我们可以定义一个 k，即能够从强制性契约中获益的最少人数组成的联盟。

即使技术进步可以为人们提供这样的选择，并产生上述这些问题，但现实问题也不会如此严峻，因为每一对夫妇面临的选择并非二元选择，最后他们都不止选择了一个孩子。然而，即使是二元选择的例子，它也生动地提醒我们：对于严重偏离最佳的个人选择来说，一个良好的组织性措施就是不让人们选择——但这种随机选择可能使人们受益，也可能使人们受害——并且不需要任何组织。

充足性

现在看图 7-11。曲线 R 两次穿过直线 L。每个人都希望别人选择 R，而处在中间的人们由于被吸引而选择 R。使用杀虫剂的情况可以作为一个例子：别人使用杀虫剂会使你受益。你的邻居也使用了杀虫剂，否则他购买杀虫剂的价值就会丧失；如果别人也适量使用了杀虫剂，那么你喷洒杀虫剂才是划算的；此外，如果最后几乎所有人都使用了杀虫剂，你就没必要自己花钱来杀虫了。

有时，通信广播系统也具有这样的特征。如果几乎没有人有民用波段无线电，那么人们也就不会通过它进行交流；电台的外部性使有该设备的人比没有该设备的人获益更多，尽管后者从这种通信系统中也获得了一些收益；如果足够多的人都拥有该无线电，那么其他人也会购买一台，以此作为平常的通信交流手段；最后，如果几乎每个人都有一台这

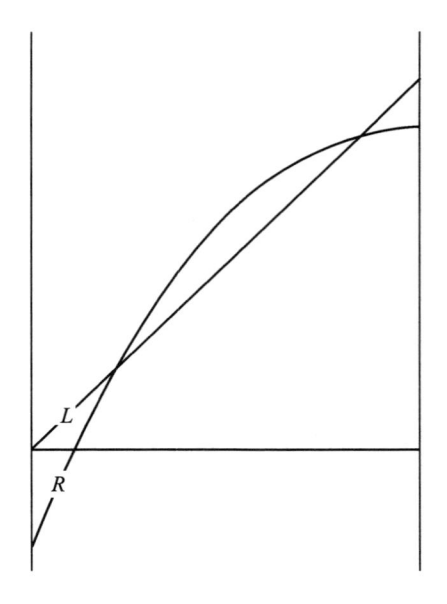

图 7-11

样的设备，你倒可以省钱不买了，因为你可以去朋友家里用他的设备，甚至在有紧急情况时，可以请任何一个路过的行人帮你发送信息。

委员会的会议是一个大家更为熟悉的例子。如果没有人来参加会议，会议就要受影响；然而，除非出席会议的人数达到法定人数，否则会议就不值得去；在一定的数量范围内，你的到会可能是使会议有效的重要因素，但如果到会人数太多，你又会觉得没必要放弃这么好的一个下午来参加本来可以不参加的会议。

利用这些收益曲线，我们可以得到两个均衡点：一个是右上方的交点，另一个是左端点。[如果我们重新定义这两条曲线（即改变这两条曲线的含义），那么均衡点也可能是左下方的交点和右端点。]

概要总结

对种种可能的二元选择的收益结构所进行的概要分类看似很有意义。

不过，这些收益结构虽然不是无限多，但也极其庞大。即使是单调曲线，也可以是内凹的或外凸的、S形的、弯折的以及锥形的等；当然，它们不一定就是单调曲线。这些不同形状是否值得进行区别分类，需要看我们想分析什么样的情况——均衡的个数、均衡有效性、信息以及负面信息的作用、潜在联盟的规模、约束性或强制性合约的重要性、人口规模的重要性等。同样，我们只讨论了人口的一致性收益问题。所以，任何一种逻辑分类机制都不可能满足所有人的要求。

然而，仅就直线情况而言，不同情况的数量还是有限的——至少，值得研究的不同种类是数量有限的。尽管如此，仍有下述情况值得我们进行区别分类：

Ⅰ. 当所有人都做出同样的选择时，存在唯一均衡点。
    A. 这是所有人都偏好的结果。
    B. 如果所有人都做出相反的选择，每个人就可以获得更大的利益。
        1. 集体总利益将达到最大化。
        2. 只要有一部分人（而不是全部）做出了相反的选择，集体总利益就会增加；可能有人比别人获益更多，但相对于均衡点，所有人都获得了更大的利益。
    C. 如果有一部分人（而不是全部）做出了相反的选择，集体总利益就会增加，但有人获得的利益可能比在均衡点处获得的利益少。

Ⅱ. 当有人选择 L 而有人选择 R 时，存在唯一的均衡点。
    A. 如果所有人都选择 R，那么他们都将获得更大的利益。
        1. 集体总利益可能达到最大化。
        2. 如果有一部分人仍然选择 L，集体总利益也能增加。相比于均衡点，每个人都能获得更大的利益，但他们所获得的利益增加可能并不相等。
    B. 如果有一部分（而不是全部）本来选择 L 的人选择了 R，尽管有些人的利益可能减少，但集体总利益会增加。

C. 集体总利益达到最大化。

Ⅲ. 存在两个均衡，每个均衡都表示所有人做出了相同的选择。

A. 其中一个均衡是每个人都偏好的结果。

1. 然而，较小的那个均衡值优于大多数情况下的混合选择。

2. 较小的那个均衡值比大多数情况或者所有情况下的混合选择要差。

B. 两个均衡同样令人满意，并且都优于所有混合选择情况。

这些情况都可以用已经给出的图形进行描述。如果我们对图7-2中的两条曲线重新定义，就可以描述情况ⅠA，全体选择 R 就给出了一个可行的最大值。情况ⅠB1与图7-2A或图7-2C表示的情况一样；情况ⅠB2对应着图7-2B。情况ⅠC显示在图7-6中。情况ⅡA（包括1和2在内）都可以用图7-3来说明，只不过具体情况取决于曲线 R 的斜率；情况ⅡB对应的是图7-5，如果我们将图7-5中的一条曲线旋转至最大点与交叉点重合的位置，情况ⅡC就是这种特例。如果我们对曲线 L 和曲线 R 进行重新定义（或者换个方式，将图7-4中的曲线 L 围绕交点旋转，直至它向左上方倾斜），那么情况ⅢA1就可以用图7-5来描述。情况ⅢA2对应的就是图7-4，如果图中曲线 L 的左边与曲线 R 的右边一样高，情况ⅢB就是这种特例。

运用这些曲线而不是直线，可分析情况的多样性大大增加；正如图7-10最下面部分所表示的那样，我们可能得到两个次优均衡，其他情况也是一样。

在每一种情况下，"均衡"这个词都应该被理解成"潜在均衡"。选择的顺序和时机以及选择的可逆性，有关他人选择的信息，信号传递、议价以及组织过程，风俗习惯、以往的先例、模仿，以及其他种种关键因素，我们在此都没有进行详细说明。因此，我们不能肯定地说，现实选择将稳定地趋向我们在此确定的"潜在均衡"。

正因为如此，这里并没有对各种二元选择情况进行分类。由于上述原因的存在，这些二元选择的其他重要特征可能像收益那样具有重大差别，所以我们只是讨论了二元选择的效果曲线形状。

【注释】

[1]"外部性"不是本书发明的术语，但由于它已被固化为经济学的一部分，所以你必须对它熟悉。它是指一个公司、一个机构或者某人的行为的效果，发生在公司记账系统、机构视野或个人兴趣和关系之外，但在别的记账视野或者个人的兴趣范围之内。

[2]在讨论参议院对法官卡斯韦尔的投票时，理查德·哈里斯（Richard Harris）对于在 $n=101$ 情况下的近似二元选择的相互依赖性进行了发人深省的描述（只有离开或者弃权两种选择）。其中，选择具有不同程度的可逆转性；不完全的甚至有时是被操纵的信息；具有特殊影响的小型网络；参与者之间迥异的偏好；等等。详见 Judge Carswell, "Annals of Politics," *The New Yorker*, December 5 and 12, 1970; *Decision*, Ballantine Book, Inc., 1971.

[3]下面更精确地说明了均衡位置的计算。用 X 表示选择 R 的人数（X 是整数）。曲线 L 和曲线 R 的线性表达式如下，$L=aX+b$，$R=cX+d$；当 $L=R$ 时，这两条曲线相交，即 $X=(d-b)/(a-c)$。（因为曲线 L 更陡，并且左端点低于曲线 R，所以分子和分母都是正数。）如果从 L 变成 R 或从 R 变成 L 都不能增加收益，就实现了均衡。从 L 变到 R 增加了一个选择 R 的人数，所以第一个条件是 $aX+b \geqslant c(X+1)+d$；这等价于 $X \geqslant (d-b+c)/(a-c)$，它表示从点 $c/(a-c)$ 到交点右侧的点 $(d-b)/(a-c)$ 之间的距离。从 R 变成 L 减少了一个选择 R 的人数，所以第二个条件是 $a(X-1)+b \leqslant cX+d$；这等价于 $X \leqslant (d-b+a)/(a-c)$，它表示点 $a/(a-c)$ 到交点右侧的距离。因此，X 的均衡价值处于一个单位范围之中［其上限和下限之间的距离为 $(a-c)/(a-c)$］，也就是从点 $c/(a-c)$ 到交点右侧的距离。在这个单位范围内必然有 X 的唯一整数值。（除非这个范围的两个端点正好位于两个整数点上，在这种情况下就有两个不同的均衡值。此时，个人可以在两个选择之间相互变换且不改变他的收益或损失。）举例来说，如果曲线 L 的斜率是曲线 R 斜率的两倍，那么均衡值就位于交叉点右边一个或两个单位范围内。如果人口数量很大，那么均衡值与交叉点之间的距离就会非常小，在图上无法反映出这个很小的距离。

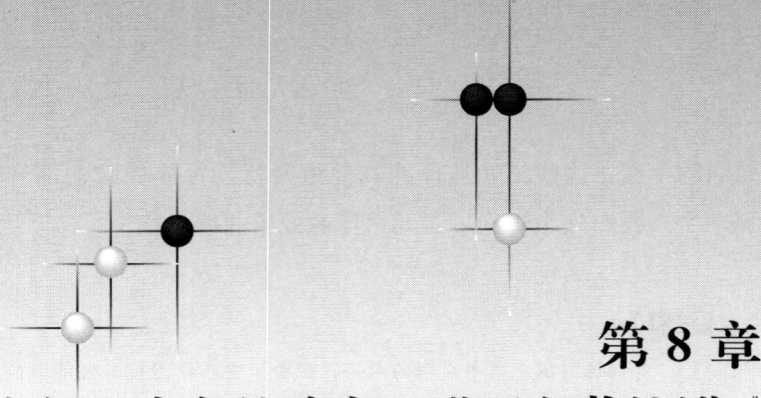

第 8 章
惊人的六十年：广岛的遗产（诺贝尔奖演讲）*

在过去的半个世纪中，最引人瞩目的大事件恰恰是一件未发生的事：我们享受了 60 年没有任何核武器在怒火中被引爆的时光。

这是何等令人震撼的成就！即使不称之为成就，也是一份不可思议的幸运。1960 年，英国小说家斯诺（C. P. Snow）在《纽约时报》的头版断言：除非有核国家大幅削减它们的核武库，否则在 10 年内发生热核战争几乎是一种"数学上的必然"。当时，没人觉得斯诺的这番言论过于夸张。

现在，这种"数学上的必然"增加了 4 倍之多，核战争却未爆发。我们能否挺过下一个 50 年？

对于核武器的军事威力和潜在的恐怖作用，人们从未有过任何质疑。

如今，这些武器仍然背负着 20 世纪 50 年代初期杜勒斯所察觉的禁忌。这些武器是独一无二的，而这在很大程度上源于人们对它们的独特看法。我们通常将其他大多数武器称为"常规"武器，而这个词有两种截然不同的含义：一种含义是"普通的、熟悉的、传统的"，这可用来描

---

* 本章根据作者的诺贝尔奖演讲节选。

述食物、服饰或住宅。另一种更有趣的含义是,某些东西仿佛是通过共识、协议或惯例产生的。将核武器视为特殊之物,从本质上说,是因为其遵循的既定惯例就是特殊的。

确实,它们令人震惊的毁灭能力远超常规武器。但早在艾森豪威尔执政末期,核武器的爆炸威力就已经能够小于最大规模的常规武器了。对于某些军事决策者来说,"小型"核武器似乎并未沾染上那些禁忌。他们认为:这些禁忌应当仅适用于与日本广岛或太平洋比基尼环礁相关的那种规模的核武器上。但那时,核武器已成为一类特殊的存在,它们的规格无法成为免受谴责的借口。

在过去的半个世纪里逐渐形成并成熟的态度、惯例或者传统,是我们应当珍视的财产。我们不能保证它能存续下去,而且并非所有拥有或潜在拥有核武器的国家都认同这种惯例。如何维护这种约束?哪些政策或活动可能会对其构成威胁?如何打破或解除这种约束?哪些制度安排可能会支持或削弱这种约束?这些都值得我们认真思考。这种约束如何形成?它是不是不可避免?它是不是经过精心设计的结果?它是否涉及运气因素?在未来几十年里,我们是否应该将其评估为稳固或脆弱?这些都是值得深入研究的问题。保持这一传统,并且尽可能地将其推广到那些未来也可能拥有核武器的国家,与推动《不扩散核武器条约》的延续同样重要——该条约经过首个25年后,目前正处于重新谈判阶段。

麦乔治·邦迪在其著作①中记录了总统艾森豪威尔、国务卿杜勒斯有关核武器的精彩故事。在1953年2月11日的国家安全会议上,"国务卿杜勒斯讨论了关于禁止使用原子弹的道德问题……他的观点是:我们应该破除这一错误的界限"。我不知道当时政府内部有没有分析过哪些举措可能会打破这种界限,或是哪些行为或不作为将保留和加强这层界限。显然,国务卿相信,或许连整个国家安全委员会都认为:即使禁止核武

---

① McGeorge Bundy, *Danger and Survival: Choices about the Bomb in the First Fifty Years*, New York: Random House, 1988.

器使用的界限被认为是错误的，对核武器使用的限制仍是真实存在的，但这种自我限制并不受欢迎。

1953年10月7日，杜勒斯再次表示："我们必须设法消除使用这些武器的禁忌。"仅仅几周后，总统在一份《基本国家安全》的文件中批准了如下声明："在敌对行动中，美国将像其他武器一样考虑核武器的使用。"这个声明肯定是口头意义大于实际意义。禁忌并不是简单地通过声明它们消失就能被消除的，即使是在声明者的心中也难以轻易实现。六个月后，在北约的一个限制级会议上，美国的立场是，核武器"现在必须被作为事实上的常规武器"。同样，说到并非能够做到。有时，墨守成规比纸面上的明文规定更为坚固，因为它们潜藏于那些可能并不愿轻易改变观念的头脑中，而不是被写在可以轻易撕毁的纸张上。

此外，艾森豪威尔在回答一个提问时曾说："在任何战斗中，在严格限于打击军事目标，严格出于军事目的的情形下，核武器是可以被使用的。我认为，没有理由不像使用子弹或其他任何武器那样使用它们。"我同意邦迪的判断，这是一次口头上的强硬表态，而不是一项政策决定。

在核武器的地位问题上，肯尼迪和约翰逊政府与艾森豪威尔政府形成了鲜明对比。内阁成员的角色也发生了改变。在第二次世界大战后出生的人，几乎没人记得艾森豪威尔的国防部长查尔斯·威尔逊的名字。但大多数学过美国历史的人都知道约翰·福斯特·杜勒斯。只需对邦迪的书稍加研究，就会发现二者的反差。在邦迪所写著作的索引里，杜勒斯被提及31次，而威尔逊仅被提及2次。在肯尼迪和约翰逊时期，情况则截然相反：国防部长罗伯特·麦克纳马拉被提及42次，而国务卿迪安·腊斯克仅被提及12次。

肯尼迪政府的反核运动是由五角大楼领导的。1962年，麦克纳马拉开启了他与肯尼迪总统共同的活动，通过在北约构建昂贵的常规军事力量来减少欧洲对核防御的依赖。在随后的几年中，麦克纳马拉认为核武器根本不像艾森豪威尔和杜勒斯所倾向的那样"可用"。毫无疑问，1962

年 10 月的古巴危机加深了肯尼迪本人和他的一些关键顾问对核武器的反感程度。

艾森豪威尔与肯尼迪-约翰逊对待核武器的态度形成了鲜明对比，这在约翰逊于 1964 年 9 月的一段声明中得到了精辟的总结："毫无疑问，常规核武器是不存在的。在过去充满危险的 19 年中，没有任何一个国家向另一个国家使用过核武器。现在，做出这样的决定属于最高级别的政治决策。"[①] 这一声明反对将核武器的使用仅基于其军事效用来评判的观念。它否定了杜勒斯"错误界限"的说法："最高级别的政治决策"与"如同其他武器一样使用"形成了鲜明对比。

我对"充满危险的 19 年"这个表述的印象尤为深刻，这 19 年对核武器的隔绝正是使任何使用核武器的决定成为"最高级别的政治决策"的一部分原因。

在此，我们不妨停下来思考一下"没有所谓的常规核武器"这一说法的含义。具体说来，为什么一个不超过第二次世界大战中最大炸弹的核弹不能被视为常规武器？为什么对付潜艇的爆炸威力有限的深水核炸弹不能被视为常规武器？为什么用于阻止坦克前进或在山口引起山体滑坡、阻塞道路的核地雷不能被视为常规武器？

这个问题有两种回答方式：一种主要是出于直觉性的，另一种则是分析性的。但两者都基于一种信念或感觉（一种分析难以触及的感觉），即核武器本质上就是不同的。直觉性回答的最佳表述为："如果你非要问这个问题，那就说明你无法理解答案。"核武器的特殊性，用逻辑学家的话来说，就是很简单的、公理性的，对此进行分析，既非必要，也是徒劳的。

另一种分析性回答是基于法律推理、外交、谈判理论以及培训和纪律理论，包括自律理论。这种观点强调明确的界限、潜在的滑坡效应、清晰定义的边界以及形成传统和隐性规范的基础。（就像有时会听到戒酒的人在克制不住时说的"只喝一小口"。）尽管出发点不同，但这两种说

---

① *New York Times*, September 8, 1964, p. 18.

法最终得出了相同的结论：一旦核武器被引入战斗，它们将无法或很可能无法被控制、约束和限制。

有时，其论据很明确：无论最初使用的武器有多小，武器的规模都会不可避免地升级，不会自然停止。有时，其论据是军队需要受到纪律约束，一旦它们被允许使用任何武器，就不可能阻止其升级。

"中子弹"就是一个典型例证。这是一种炸弹或潜在炸弹，由于其体积非常小，再加上其制造材料的原因，能够释放出"瞬发中子"，而这些中子在爆炸和热辐射相对较弱的距离内仍能致命。正如宣传的那样，它能在不对建筑物造成巨大破坏的情况下杀死人。在卡特政府期间，生产和部署这种武器的议题引发了反核运动，导致该项目仍然停留在设计阶段。其实，从15年前开始，关于这个炸弹（至少是相同的概念）就引发过激烈的争论。正是在那时，人们反复推敲得出的反对理由在20世纪70年代被再次使用。这一反对理由简明而有力，无论其是否应当成为决定性的因素，它都是有效的。那就是不应模糊核武器和常规武器之间的区别——这被称为防火墙；同时，人们担忧，由于中子弹的当量小，或所谓的杀伤性"温和"等原因，会强烈诱使人们在禁止使用核武器的地方使用这种武器，而这种武器一旦使用，将侵蚀这一阈值，模糊这一防火墙，并通过渐进的步骤为核武器的升级铺平道路。

该观点与反对所谓的和平核爆炸（peaceful nuclear explosions）的观点并无二致。反对和平核爆炸的关键原因是，它们会使世界逐渐习惯核爆炸，削弱了"核爆炸本质上是恶的"这一信念，并削弱了对核武器的抑制。

这种强烈的反感，在美国武器控制专家和能源政策分析师普遍拒绝20世纪70年代提出的一种生态清洁电力来源的设想中，表现得淋漓尽致——该设想计划在地下洞穴中引爆微型热核弹以产生蒸汽。我见证了这一想法被一致而无须论证地驳回，仿佛反对理由不言自明。在我看来，反对的理由仍是：即使"好"的热核爆炸也是有害的，应当一直保持这种状态。(我可以想象艾森豪威尔的说法:"在任何能源危机中,如果这些东西可以在严格意义上的民用场所用于严格意义上的民用目的,我认为没有理由不使用它们,就像使用一桶石油或任何其他东西一样。"还有,杜勒斯会说:"我们必须设法消除使用这些清洁热核能源的禁忌。")

重要的是,不要认为只有核武器才具有这种普遍不同的特性,而且它们与数量或规模无关。第二次世界大战没有(大规模地)使用毒气。艾森豪威尔-杜勒斯的论点本可以适用于毒气:"在任何战斗中,如果这些毒气可以用于严格意义上的军事目标和严格意义上的军事目的,我认为没有理由不使用它们,就像使用子弹或其他任何武器一样。"但据我们所知,作为盟军远征军的最高指挥官,艾森豪威尔将军从未提出过这样的政策。

尽管如此,这些非此即彼的定性阈值往往容易受到削弱。一个希望打破禁忌的杜勒斯,不仅可能在重要时刻尝试绕过禁忌,而且可能在看似不那么重要的时刻动用聪明才智去消解这些障碍,以便在未来某个时刻,当这些障碍成为真正的障碍时,可以轻松克服。

对核武器的反感(甚至可以说是憎恶),即使在没有被完全理解或承认时,也能逐渐增强并深植于军事理论之中。肯尼迪政府在欧洲推动了一场声势浩大的常规防御运动,其目的是在欧洲发生战争的情况下,核武器肯定不应也很可能不会被使用。在整个 20 世纪 60 年代,苏联官方一直否认在欧洲可能发生非核冲突的可能性。然而,苏联却在欧洲投入巨资发展非核能力,尤其是具有投掷常规炸弹能力的飞机。这一昂贵的能力在任何最终可能演变为核战争的冲突中都将毫无用处。这反映了苏联默许双方都有能力进行非核战争,而且对双方都有利。这种利益价值连城,那就是保持战争的非核化——通过拥有打一场非核战争的能力来保持战争的非核化。

军备控制通常与限制武器的拥有或部署相联系,因而这种双方投资于非核能力的行为常常被忽视。实际上,这是一种没有公开承认但相互制约的军备控制的一个明显实例。这不仅是对使用核武器的潜在限制，也是使武器配置能够在非核战斗中具备能力的投资。这提醒我们，对"首次使用"的限制，即使在其中一方拒绝承认的情况下也可能是非常强有力的。

在苏联解体前，除了《反弹道导弹条约》之外，这种在欧洲形成的惯例可能是最重要的东西方军备谅解。这是真正的军备控制，即使它是非明确的，甚至被否认——就如同双方签订了一项条约，承诺为了避免核战争，将大量的财富和人力资源投入常规部队中。对限制使用核武器的投入既是实际的，也是象征性的。

在阿富汗旷日持久的战争泥潭中，苏联已经接纳这种核武器禁忌的事实被充分展示。我从未读到或听说过关于苏联可能会为了避免在这个国家中遭受昂贵且耻辱的失败而打破不使用核武器传统的公开讨论。对使用核武器的限制是如此众所周知，人们的态度是如此自信，以至于在阿富汗使用核武器不仅会遭到几乎举世的谴责，甚至连想都不会想。

但部分原因可能是约翰逊总统的19年核沉默已延续到第四个乃至第五个十年，每个有责任感的人都意识到，这一不间断的传统是我们共同的财富。"我们必须要问，一旦这一传统被打破，它能否自我修复？"

我们肯定不知道答案是什么。一种可能是，广岛和长崎的恐怖会重演，核武器的诅咒会以更大的威力再次降临。另一种可能是，长期的核沉默被打破后，核武器会成为军事上有效的工具，尤其是在单方面对没有核武器的对手使用核武器时，可能像一些人认为广岛原子弹所做的那样，减少战争双方的伤亡。这在很大程度上取决于武器能否被谨慎地限制在军事目标上，或者是以明确的"防御性"模式使用。

1991年的海湾战争，我们没有受到使用核武器的诱惑。众所周知，伊拉克（可能）拥有并愿意使用所谓的"非常规"武器——化学武器。如果化学武器对美军造成了毁灭性的影响，那么如何适当回应的问题就会引发对核选项的考虑。我相信，在那种情况下，如果总统认为必须从常规武器升级，战术核武器将成为军事首选。陆海空三军对核武器的使用都已训练有素且装备精良；它们对核武器在不同气候和地形下的效果有深入的了解。军人历来鄙视毒药（despises poison），因而使用我们最擅长的非常规武器进行回应的诱惑将非常强烈。这样做将结束那充满危险的45年历程。我们希望未来没有哪位总统需要面对这样的"最高级别的政治决策"。

我之所以如此关注核武器的现状以及我们是如何走到这一步的，是因为我相信：核武器的发展与核武库的发展同样重要。与核武器的研发、生产和部署有关的不扩散努力比大多数权威当局所能预料的要成功得多；我认为，反对使用核武器的传统所积累的力量同样令人印象深刻、同样宝贵。我们依赖不扩散努力来限制越来越多的国家生产和部署核武器；我们可能更依赖对使用核武器禁忌的普遍共识。保持这些禁忌并将其扩展至可能目前并不认同这些禁忌的文化和国家利益集团（如果我们知道如何做的话），将成为我们核政策的关键一环。

我讨论的不使用核武器的情况中，每一种情况都有可能是对非拥核国使用核武器。美国与苏联不使用核武器的动机不同：核报复的后果使得任何主动挑起核战争的行为都显得不理智，除非处于最极端的军事紧急状态，而这种军事紧急状况又从未真正成为一种诱惑。美苏对峙的经验可能会给印度人和巴基斯坦人留下深刻印象；最大的风险在于，一方或另一方可能会面临某种军事紧急情况，从而需要对武器进行某种有限的试验，但没有历史经验可以告诉我们或告诉他们接下来会发生什么。

近来，人们越发担忧伊朗和朝鲜可能已经或即将掌握一定数量的核爆炸装置（利比亚似乎已经退出了这场角逐）。要遏制或阻止它们追求这类武器的欲望，需要极其精湛的外交技巧和国际密切合作。同样，建立或强化那些抑制使用这类武器的制度，也需要不亚于此的技巧。

原本的19年已经延伸至60年。艾森豪威尔所轻视或假装轻视的禁忌，在10年后却让约翰逊总统深感敬畏，现已演化为一种几乎被普遍认同的强大传统。

接下来，可能拥有核武器的是伊朗、朝鲜，或许也可能是某些恐怖组织。它们是否会接纳这一几乎全球性的对核武器使用的禁忌，或至少因这一禁忌广受赞誉而受到约束？

部分答案将取决于美国是否认同这种禁忌，尤其是美国是否将其视为一项值得珍惜、加以强化和保护的资产，还是像艾森豪威尔时期的杜勒斯一样，认为"我们必须设法消除使用这些武器的禁忌"。

最近，很多人都在讨论"威慑"是否已经过时，对美国的安全是否不再起作用。没有了苏联需要去威慑；俄罗斯更担忧车臣而非美国；恐怖分子不管怎样都很难被震慑——我们根本不知道他们珍视什么，从而我们可以威胁什么，更不知道他们是谁以及在哪里。

对于恐怖分子来说，任何一个能够获得足够制造核弹的裂变材料的组织，都必然依赖于众多资深的科学家、技术人员和机械师。这些人将不得不远离家庭和日常工作，数月隐居，其间几乎唯一的话题就是他们的原子弹可能对谁有利。他们很可能会因为自己的贡献而感到自己有权参与任何有关该装置使用的决策。

我希望他们在经过几周的辩论后能得出下述结论——从恐怖分子的视角看，核弹最有效的用途在于施加影响力。如果他们能展示出拥有一枚可用的核武器——而我希望他们在不实际引爆的情况下做到这一点——这将使他们获得某种程度上的国家地位。威胁对军事目标使用核弹，并在威胁奏效时保持核武器的完整性，可能比将其用于纯粹的破坏行为更具吸引力。即使恐怖分子也会认为，杀伤大量人口不如遏制一个大国来得令人满意。

美国虽然反应迟缓，但最终在1961年意识到，核弹头需要极其严格的保管，以防止意外、故障、盗窃、蓄意破坏或类似于电影《奇爱博士》里未经授权的冒险。这总会带来一个两难境地：对违反《不扩散核武器条约》的国家，我们是提供技术以确保弹头安全，还是保留技术让武器不那么安全。至少,我们可以尝试帮助核俱乐部的新成员认识到美国在成为核大国的头 15 年里未曾充分认识到的事情。

据我所知,支持《全面禁止核试验条约》(于 1999 年被参议院否决)的理由中,最有力的莫过于该条约有可能增强几乎所有国家对核武器的反感。尽管这一条约名义上仅涉及试验,近 200 个国家批准《全面禁止核试验条约》所产生的象征意义应能极大地强化不使用核武器的惯例,而任何使用核武器的国家都将被判定为广岛遗产的践踏者。但我从未听到任何一方在关于《全面禁止核试验条约》的辩论中提出这一理由。若如我所愿,当《全面禁止核试验条约》再次摆在参议院面前时,这一重要的潜在好处不应再被忽视。

对于美国政府来说,有关核武器的最关键问题是,普遍存在的对核武器的禁忌及其对核武器使用的限制是对我们有利还是有弊?如果正如我坚信的那样,这是符合美国利益的,那么我们必须权衡继续依赖核武器(即美国随时准备使用核武器)以及美国需要新的核能力(以及新的核试验),更不用说对敌人使用核武器,将会对过去 60 年来通过普遍禁核而培养起来的信念所造成的腐蚀性影响。

致　谢

当我回过头来看这本书时，我惊讶于自己居然写了如此之多，包括那些令我欢欣鼓舞的事情也如此之多。我是应人之邀写下这本书的。朱利叶斯·马格力斯（Julius Margolis）恳请我利用费厄斯讲座来整理一些他知道的我正在思考的想法；尽管我多少已经开始整理这些思想，但无论如何肯定没法这么快完成。伊曼纽尔·梅斯森尼（Emmanuel Mesthene）早些时候曾敦促我将这些思想记录下来，因为他知道我在研究这个课题。本书中的一些章节（比如第2章和第7章）都经过了多年雕琢，年限之长你可能难以置信；如果你喜欢本书，那么你应该感谢许多人的共同努力，他们在私下里和以公开的方式积极热心、慷慨无私地给予了我很多帮助，如果没有他们，我的工作将会更加艰难。他们是格莱厄姆·艾利森（Graham T. Allison）、菲利普·海曼（Philip B. Heymann）、曼库尔·奥尔森（Mancur Olson）、霍华德·雷法（Howard Raiffa）、查尔斯·舒尔策（Charles L. Schultze）、伊迪思·斯托基（Edith M. Stokey）、迈克尔·斯彭斯（A. Michael Spence）、理查德·泽克豪泽（Richard J. Zeckhauser）。

如果说本书的文字清晰易读，那么在很大程度上应归功于乔伊斯·奎尔奇（Joyce H. Quelch）女士。她除了完成秘书的所有工作之外，还以飞快的速度和善意的幽默完成了出色的打字工作，这让我能够尽情地进行修改润色。

第 3 章和第 4 章中的某些部分原出自罗宾·马里斯（Robin Marris）编写的《公司社会》（*The Corporate Society*，Macmillan，1974），在征得哈佛大学校委会的授权后，我得以使用。第 5 章早期的版本原出自贝拉·巴拉萨（Bela Balassa）和理查德·纳尔逊（Richard Nelson）编写的《经济发展、私人价值和公共政策》（*Economic Progress, Private Values, and Public Policy*，North-Holland Publishing Company，1977）。另外，第 7 章还有一个较长的版本，见《曲棍球头盔、隐藏的武器和夏令时——具有外部性的二元选择研究》（Hockey Helmets, Concealed Weapons, and Daylight Saving: A Study of Binary Choices with Externalities），载《冲突解决杂志》（*Journal of Conflict Resolution*），第 17 卷，第 3 期（1973 年 9 月），第 381－428 页。本书得到了塞格出版有限公司的使用授权。

Micromotives and Macrobehavior by Thomas C. Schelling

Copyright © 2006 by W. W. Norton & Company, Inc.

Simplified Chinese version © 2025 by China Renmin University Press Co., Ltd.

All Rights Reserved.

图书在版编目（CIP）数据

微观动机与宏观行为 / (美) 托马斯·C. 谢林著；邓子梁等译. -- 北京：中国人民大学出版社，2025.8.
(细说博弈). -- ISBN 978-7-300-34008-1
Ⅰ. F20
中国国家版本馆 CIP 数据核字第 2025BF3029 号

细说博弈
微观动机与宏观行为
托马斯·C. 谢林　著
邓子梁　等　译
Weiguan Dongji yu Hongguan Xingwei

出版发行	中国人民大学出版社	
社　　址	北京中关村大街 31 号	邮政编码　100080
电　　话	010-62511242（总编室）	010-62511770（质管部）
	010-82501766（邮购部）	010-62514148（门市部）
	010-62511173（发行公司）	010-62515275（盗版举报）
网　　址	http://www.crup.com.cn	
经　　销	新华书店	
印　　刷	北京昌联印刷有限公司	
开　　本	720 mm×1000 mm　1/16	版　次　2025 年 8 月第 1 版
印　　张	15.25 插页 1	印　次　2025 年 8 月第 1 次印刷
字　　数	196 000	定　价　79.00 元

版权所有　侵权必究　印装差错　负责调换